此书经由陕西省委党校资助出版

列宁民族自决权思想研究

Liening Minzu Zijuequan Sixiang Yanjiu

陈娥英　著

中国社会科学出版社

图书在版编目（CIP）数据

列宁民族自决权思想研究／陈娥英著．—北京：中国社会科学出版社，2016.8

ISBN 978 - 7 - 5161 - 7834 - 8

Ⅰ.①列… Ⅱ.①陈… Ⅲ.①列宁主义—民族自决权—思想评论
Ⅳ.①A821.64

中国版本图书馆 CIP 数据核字（2016）第 057563 号

出 版 人　赵剑英
责任编辑　朱华彬
责任校对　李　莉
责任印制　张雪娇

出　　版　中国社会科学出版社
社　　址　北京鼓楼西大街甲 158 号
邮　　编　100720
网　　址　http：//www.csspw.cn
发 行 部　010 - 84083685
门 市 部　010 - 84029450
经　　销　新华书店及其他书店

印　　刷　北京金瀑印刷有限公司
装　　订　廊坊市广阳区广增装订厂
版　　次　2016 年 8 月第 1 版
印　　次　2016 年 8 月第 1 次印刷

开　　本　710 × 1000　1/16
印　　张　17.75
插　　页　2
字　　数　291 千字
定　　价　65.00 元

序　言

民族问题是当今国际政治中的热点问题，也是我国全面建成小康社会难以规避的重要问题。正确处理民族问题并解决由民族问题引发的民族分歧、对立、冲突、分裂，实现民族平等、和谐、共同发展，直接关系到中国的繁荣、稳定、兴衰乃至世界的和平与发展。这就要求我们必须加强民族问题的研究，为我国民族区域自治制度的发展完善，以及民族政策的制定和实施提供理论支撑。因此，列宁民族自决权思想研究具有重要的理论价值与现实意义。

从理论层面看，民族问题十分复杂，对民族自决权的看法也各不相同。欧洲资产阶级学者和政治家最早提出民族自决权思想，马克思和恩格斯亦将民族问题作为研究的重要内容。他们结合欧洲和亚洲民族解放运动的发展，对民族自决权问题进行了鞭辟入里地深入研究。其突出特点是把民族解放和民族自决权的实现同世界无产阶级革命、人类的解放密切联系在一起。他们指出，无产阶级对资产阶级的胜利，同时就是一切被压迫民族获得解放的信号。列宁民族自决权思想是马克思主义民族自决权思想的继承和发展，强调民族解放和民族自决权的实现离不开世界无产阶级革命，是世界无产阶级革命的生力军和重要组成部分。列宁的民族自决权思想与美国前总统威尔逊的民族自决权思想都对当时世界秩序的建构起了重要作用，二者有何相同之处及不同之处？列宁的民族自决权思想对马克思恩格斯民族自决权思想有哪些丰富与发展？这些都值得认真研究。

同时，与列宁同时代的第二国际理论家们对民族自决权问题提出不同看法，有些公开反对列宁的观点。俄国国内一些政治派别也否定民族自决权。对此，列宁进行了深刻批判和坚决斗争。毫无疑问，搞清楚这些错误看法的实质，以及围绕这些看法展开的辩论，是全面理解列宁民族自决权思想不可或缺的理论背景。毋庸讳言，斯大林在民族自决权问题上同列宁存在分歧，斯大林时期苏联的民族政策特别是具体做法同列宁时期相比也出现一些变化。如何看待这些分歧和变化，孰对孰错，有必要通过实事求是的研究得出符合实际的结论。

从现实层面看，苏东剧变，世界震惊，也引起人们的深刻反思。苏东剧变具有多方面的原因，其中一个因素是苏联党和国家在处理民族问题上存在错误和不足，从而影响了民族团结与和谐。有学者认为，以民族为主体建立民族国家的“联邦制”方案，便利了各加盟共和国的分离，直接导致了苏联的解体。由此，人们自然联系到列宁的民族自决权思想，质疑其正确性，甚至认为“成也萧何，败也萧何”。客观来看，列宁的“联邦制”建国方案的确造就了苏联，但并不能由此断定它断送了苏联。不过，人们对列宁民族自决权思想的关注度却明显提高，由此引发不少争论、分歧意见，也存在一些错误认识。如何正确认识列宁的民族自决权思想及其在苏联的实践，如何看待苏联的民族政策及其经验教训，就成为一个需要认真研究的问题。

同前苏联一样，中国是多民族的社会主义国家。中国从具体国情出发，借鉴苏联经验，创建了民族区域自治制度，实现了各民族的平等、团结和共同发展。但在国内外敌对势力的策划、推动下，“台独”、“藏独”、“疆独”等民族分裂活动也很猖狂。他们甚至打着争取“民族自决权”的旗号欺骗公众，蛊惑人心。民族自决权也就成为一个敏感话题，对列宁民族自决权的研究难免受到影响。更有甚者，一些人错误地认为，坚持列宁民族自决权思想就涉嫌支持民族分裂。中国正在崛起，全方位、多领域的国际合作日益拓展，这也需要深化包括民族问题在内的相关理论研究，为党和政府正确分析判断局势，制定行之有效的方针政策提供理论支撑。如何认识列宁民族自决权思想的核心价值、历史地位和现实意义，对各种相关的学术观点进行辨析，以正视听，成为一个值得研究的重大课题。

《列宁民族自决权思想研究》一书，集中反映了陈娥英在中国人民大学攻读博士学位期间的研究成果。作为她的导师，本人见证了她对列宁民族自决权思想的艰难思索历程。读博四年的探索，外加前期的学术积累和博士论文通过后的补充完善，可谓“十年磨一剑”。该书内容丰富，值得一读。其主要贡献和特点有：

第一，系统梳理了列宁民族自决权思想。学术界对列宁民族自决权思想的研究，相对较为分散，缺乏系统性和完整性。这不仅影响了人们对列宁民族自决权思想全面、正确的认识和客观评价，也制约了相关研究的进一步深化。该书系统梳理了列宁民族自决权思想的发展演变，弥补了前人研究的不足。

该书按照历史的逻辑顺序，梳理了列宁民族自决权思想的理论渊源及其产生的时代背景。该书认为：列宁民族自决权思想的主要理论渊源是马克思主义民族自决权思想和西方资产阶级民族自决权思想。列宁民族自决权思想是马克思主义民族自决权思想的继承和发展；它在肯定和借鉴了西方资产阶级早期民族自决权思想中有益看法的同时，揭露和批判了它维护和粉饰西方殖民统治的本质；列宁民族自决权思想的时代背景，即资本主义发展到垄断阶段，进入帝国主义时代，民族解放运动不断高涨并成为世界无产阶级革命重要组成部分；列宁民族自决权思想为帝国主义时代无产阶级革命和民族解放运动、特别是俄国革命指明了方向。

列宁民族自决权思想有一个产生发展的过程。该书认为：列宁在筹建俄国无产阶级政党过程中提出民族自决权思想；“一战”爆发前，欧洲各国社会主义政党围绕民族自决权的大辩论，促进了列宁民族自决权思想的进一步发展；“一战”后，各种民族自决权思想展开了激烈交锋，列宁在与反对民族自决权主张的斗争和与各种错误观点的辩论中，进一步凝聚和升华自己的思想，形成了比较系统的马克思主义民族自决权理论。总体上看，该书的概括和梳理是准确的，思路清晰，观点明确，值得肯定。

列宁民族自决权思想内容十分丰富。该书抓住重点和关键问题，阐释了列宁的主要观点，使读者比较容易了解和把握列宁民族自决权理论的要义。该书认为，列宁民族自决权理论的主要内容和观点包括：民族自决权是民族分离权，是民族独立和成立民族国家的权利；

每个民族都应根据自身的具体历史和所面临的经济、政治、社会条件，选择相应的争取民族自决权的内容、形式和方法道路；不同历史时期，争取民族自决权任务各有侧重：民主革命时期的民族自决权思想要服从和服务于无产阶级革命，帝国主义战争时期的民族自决权思想要服从和服务于反对帝国主义、殖民主义的斗争和民族解放运动，社会主义时期的民族自决权思想要服从和服务于巩固社会主义国家政权、进行社会主义建设。

第二，比较研究了列宁、威尔逊和斯大林的民族自决权思想。进行比较研究是该书的一个贡献和突出特点。威尔逊的民族自决权思想在西方政治思想史上占有重要地位，尤其是对“一战”后世界秩序的重构和殖民地民族解放运动的发展产生了巨大影响。该书通过比较研究认为，列宁和威尔逊民族自决权思想的相同之处在于：都反对继续维护以欧洲为中心的旧国际秩序，主张建立平等自由民主的新国际秩序，倡导道义力量，反对武力威胁，支持民族自决权。因阶级立场和根本出发点不同，二者观点也存在根本区别：列宁完全站在全世界被压迫民族和无产阶级的立场上，坚决支持殖民地半殖民地被压迫民族的解放事业，坚决支持被压迫民族通过反对帝国主义、殖民主义的斗争，争取民族自决权；威尔逊则站在美国政府的立场上，企图通过支持民族自决权，削弱欧洲老牌帝国主义国家的势力，为美国谋取道义制高点和实际战略利益。

同时，该书对斯大林和列宁在民族自决权问题上的分歧进行了比较研究。该书认为在革命战争时期和革命胜利初期，斯大林曾拥护和积极贯彻落实列宁民族自决权思想。即使列宁逝世后，斯大林仍努力提高非俄罗斯民族的政治地位，根据其具体情况建立和建设管理体制，大力促进民族经济文化的发展。但在如何组建多民族国家形式和实现民族联合的问题上，斯大林和列宁始终存在分歧意见。随着农业全盘集体化和工业国有化的实现，苏联宣布建成社会主义，向共产主义过渡。在这种超越社会主义发展阶段、急于向共产主义过渡思想的指导下，苏联的民族政策出现了不同程度的偏差。在民族问题上，斯大林逐渐背离了列宁民族自决权思想，不断削弱乃至取消各民族自决权，对少数民族采取歧视和压制的政策。这种做法产生了严重后果，埋下民族矛盾和分裂的祸根。

该书的这些分析无疑是实事求是的。

第三，评析了列宁民族自决权思想的实践和研究，并提出自己的独立见解。列宁民族自决权思想推动了殖民地民族解放运动和争取民族自决权斗争的发展，促进了民族自决权的实现；而民族解放运动和争取民族自决权斗争的胜利，特别是苏联及其他社会主义国家实现民族自决权的实践，更使民族自决权思想得到广泛发展和普遍认可；二战后，民族自决权成为国际法的一项原则和国际人权准则。该书认为，苏东剧变后民族自决权思想面临新的挑战。苏联多民族国家的解体，既导致人们对苏联民族政策的批判和反思，也引起人们对民族自决权思想的质疑。苏东剧变后，世界范围内涌现出新一轮民族独立的浪潮，有些甚至与宗教极端势力和国际恐怖主义等同流合污，逆潮流而动，分裂民族国家，败坏了民族自决权的声誉，危害尤为严重。怎样看待这些问题，如何推进民族自决权的研究和实践，学术界的观点和看法也不尽相同，充满争议和岐见。

该书认为，就民族自决权本意来说，我们应当承认民族自决权。但它强调：各民族应当谨慎选择实现民族自决权的形式；民族自决权的实现要符合时代潮流，有利于国家统一、人民团结、经济发展及社会进步；在和平与发展成为当今世界时代主题的背景下，实现民族自决权要有利于世界和平与发展，既不能人为制造新的民族分裂，更不能采取恐怖主义手段谋取自身的利益；社会主义国家既要保障民族自决权的实现，又要维护国家的统一、领土完整，坚决反对和打击任何以民族自决权为借口，分裂国家、破坏民族团结的言行；我们应当注重培养国民的公民意识、国家意识，增强国民对国家的认同感、责任感和凝聚力；实现民族自决权的重心应当放在发展民族经济上。该书的这些看法和独立见解值得借鉴。

第四，做了一些有益的文本研究的基础性工作。作者在读博期间和撰写该书的过程中，全面系统地阅读了列宁有关民族自决权的著作、论文、书信等，并反复精读了其中一些篇章。难能可贵的是，作者还系统梳理了《列宁全集》（中文第二版）中列宁对民族自决权问题的全部论述，按照详略原则对其进行了甄别，具体指明了列宁在哪些论著中首次提出民族自决权概念，在哪些论著中对此进行了专门论述，在哪些论著中提及这个问题，并将其整理制表，作为附录列于书后。这不仅为论文的完成和专著的写作奠定了扎实的基础，而且为他人继续研究相关问题提供了便利。同时，该书资料翔实，言之有据，符合规范，也便于人们在此基础上继续深入研究。

民族自决权问题，无论在历史上还是在当今世界，都存在分歧和争议。列宁的民族自决权思想影响最大，又是社会主义国家制定民族政策的重要理论依据，自然备受关注。但是，如何认识和评价它，却众说纷纭。对列宁民族自决权思想的不同理解，会产生不同的后果，甚至会产生灾难性后果。由此可见，准确和完整理解列宁民族自决权思想尤为迫切和重要。

第一，不能把列宁的民族自决权思想简单理解为民族分离权。民族分离不是解决民族问题的根本途径，而是在一定历史条件下为实现各民族独立平等、共同发展创造条件。民族分离更不是解决民族问题的唯一选择，也不是任何情况下的最好选择。只有当殖民统治和民族压迫，阻碍民族相互平等、共同发展时，民族分离才具有必要性和进步性。实现各民族平等与自由发展，是解决民族问题的根本途径，也是列宁民族自决权思想的核心和宗旨。所谓民族平等，就是反对民族压迫，实现民族独立自主地处理本民族事务，民族无论大小强弱一律平等，对外同世界各民族平等交往。所谓自由发展，就是各民族都有自己的生存权、发展权，能自主选择发展道路、发展方式。这是人类社会长期奋斗和孜孜以求的美好理想和长远奋斗目标，需要全世界各民族艰苦奋斗，克服各种困难和障碍，为早日实现这一奋斗目标，促进各民族发展繁荣创造有利条件。

第二，不能脱离具体历史条件和时代背景，抽象理解和教条式运用列宁的民族自决权思想。列宁民族自决权思想形成于资本主义垄断阶段，即帝国主义和无产阶级革命的时代。殖民地被世界列强瓜分完毕，世界分为压迫民族和被压迫民族。被压迫民族面临主要任务是反对殖民主义、帝国主义和民族压迫，争取民族解放与国家独立。这样，民族自决权就同民族解放运动密切联系在一起，二者不可分割。反对殖民主义、帝国主义和民族压迫，坚决支持民族解放运动，无疑是列宁民族自决权思想的根本出发点和归宿。十月革命胜利后，新生的苏维埃政权，努力践行列宁的民族自决权思想。对内，废除旧沙俄的民族压迫制度，实现各民族平等，并在民族平等自愿原则的基础上建立了联邦制的社会主义民主共和国；对外，结束旧沙俄的殖民统治，废除各种不平等条约，并充分利用国家力量支援世界民族解放运动。

脱离列宁民族自决权思想产生的历史条件和时代背景，教条式照搬和运用列宁的民族自决权思想，不仅不能发挥这一思想应有的作用，甚至会产生负面影响。随着亚非拉民族解放运动不断取得胜利，一大批殖民地相继获得独立，建立了独立的民族国家。长期以来，这些新独立的民族国家经济发展缓慢，人民生活水平没有明显改善，内部民族、种群、宗教之间矛盾重重，冲突不断，乃至酿成暴力冲突和大规模战乱，国际恐怖主义乘机泛滥。解决这些民族国家的发展问题，关键是在坚持民族平等的基础上，齐心协力发展经济，努力提高人民生活水平，而不能以民族自决权为借口，分裂主权统一的民族国家。当今中国，国家统一、民族团结面临的主要威胁是“台独”、“藏独”和“疆独”，如果不顾事实，教条地、机械地解读列宁的民族自决权思想，是有害无益的。

第三，我国应当坚定不移地坚持和发展完善民族区域自治制度。这一制度保证了我国各民族平等、共同发展、繁荣昌盛，也保障了我国国家统一、领土完整，符合中国的具体国情，是中国特色社会主义制度的重要组成部分。由于历史原因，少数民族地区经济发展滞后，内地和边疆、东部和中西部地区还存在较大差距。国内外民族分裂主义、宗教极端主义和国际恐怖主义三股势力相互渗透、相互勾连，由外部势力所策划参与的民族分裂活动和恐怖袭击时有发生。面对此种现实情况，我们应当进一步坚决贯彻落实民族区域自治制度，进一步加强和维护民族团结。同时，积极采取各种措施促进民族地区经济发展、民生改善和社会进步。要把维护各少数民族合法权益和全面依法治国有机结合起来；要把尊重少数民族文化传统、宗教信仰、风俗习惯和维护国家统一、中华民族大团结有机结合起来；要把少数民族自治和全面加强党的领导、国家统一管理有机结合起来。要避免片面、无原则地强化民族独立意识，而要加强中华民族的整体意识、统一意识和国家意识，积极鼓励和支持各民族平等相待，相互交往，相互融合，共同发展。

《列宁民族自决权思想研究》一书的问世，既是作者博士学习的一个阶段性总结，也是今后学术研究的一个良好开端。希望作者再接再厉，不断取得更新的成果。

李景治

2016 年 7 月于北京

目　录

导　论

一　研究的意义

多民族国家民族自决权问题一直是备受关注的敏感问题。关于民族自决权思想的概念、内涵、适用范围及其实现形式等都存在着不同的诠释，仁者见仁智者见智，纷争不断。

民族自决权思想可上溯到17、18世纪资产阶级民主革命时期，为了对抗大一统的神权统治和封建王权，新兴资产阶级提出了民族自决权思想，它反封建反压迫反剥削的思想在北美独立战争和法国大革命中达到顶点，资产阶级利用民族自决权思想凝聚了民族力量，完成了民主革命，建立了独立的民族国家，推动了西欧诸国民族经济政治社会的发展。国内市场的统一，民主政治的建立和完善，促进了资本主义社会的快速发展。与此同时，为了适应资本主义对外扩张的需要，西欧诸国的民族自决权思想逐渐发生了异化，与当时盛行的社会达尔文主义相结合，对内大行同化之实，意图实现“一个民族、一个国家”；对外则以文明的传播者和落后民族“解放者”自居，打着民族自决的幌子，大肆对外侵略扩张，掀起了瓜分世界的浪潮，最终演变为世界大战。战争的惨痛教训使得人们最终摒弃了这种异化了的民族自决权思想。

列宁是第一个在现代意义上详细论述民族自决权思想的人，他的民族自决权思想对当今世界各民族产生的影响最为深远。在帝国主义时代，列宁从无产阶级革命利益出发，不仅批判了西欧异化了的民族自决权思想，同时继承和发扬了资产阶级民主革命时期朴素的民族自决权思想和马克思恩格斯的民族自决权思想，结合俄国、欧洲和世界民族解放运动的实际情况，对民族自决权思想进行了新的阐述和旗帜鲜明的实践。此后，民族自决权思想逐渐从资产阶级的民主思想，演变为无产阶级和广大殖民地人民反对帝国主义、推翻殖民统治、建立独立民族国家的指导思想。列宁民族自决权思想不仅成功解决了俄国复杂的民族问题，而且在亚非拉民族解放运动中发挥了重要作用。第二次世界大战后随着殖民体系的瓦解，世界上绝大多数民族实现了民族自决权，民族自决权也被写入联合国宪章，得到世界各国人民的认可。

民族自决权思想具有极强的实践性。不同时期历史条件和历史任务，决定了民族自决权思想不同的发展方向和实现形式。从民族自决权思想的实践来看，它既可以表现为团结和凝聚民族力量的“黏合剂”，也可以表现为分裂主权国家的“切割机”。20 世纪以前，民族自决权思想表现出团结和凝聚各民族的“向心力”，在它的号召下，西欧和中欧的许多民族逐渐凝聚起来，建立了独立统一的民族国家。20 世纪以来，民族自决权思想更多地表现出脱离宗主国和分裂主权国家的“离心力”，如第一次世界大战后俄罗斯帝国、奥匈帝国和奥斯曼土耳其帝国等解体后，中欧和东欧兴起了一大批新兴国家；二战后殖民体系的瓦解，世界上绝大多数国家获得独立；80 年代末苏东剧变，又分裂出了 20 多个民族国家。

为了自身的利益，西欧资产阶级在殖民时代，曾经极力否定落后民族和弱小民族的自决权。在殖民体系崩溃后，他们又支持多民族国家内的少数民族进行所谓的“民族自决”，分化瓦解新独立的民族国家。他们在民族自决权思想上的双重标准和恣意妄为，造成了民族自决权概念及其适用问题上的极大混乱。

与西方国家不同，列宁民族自决权思想的大力提倡和实际运用，对内解决了俄罗斯极其复杂的民族问题，避免了俄罗斯的四分五裂，在自愿平等基础上建立了多民族联合的主权国家；对外成功解决了同周边民族的边界和关系问题，赢得了周边民族的理解和支持，推动了欧洲和世界民族解放运动的发展。列宁关于民族自决权思想的成功运用，成为世界其他被压迫民族学习的榜样。

当今，列宁民族自决权思想的实践遇到了前所未有的挑战。与以前反宗教、反封建和反殖民压迫不同，20 世纪末苏东剧变引发的遍及全球的“民族自决”浪潮，发生在经过民主选举建立的合法主权国家内，这种分离主义时至今日仍然余波不断。在前苏东国家和前南斯拉夫地区，民族分裂分离和民族冲突时有发生。苏联在“民族自决”的口号声中分崩离析，而世界上绝大多数多民族国家内部都存在着民族矛盾和民族冲突，要求实现民族自决、独立建国或与他族合并的分离因素始终存在。甚至在西方发达国家内部，要求分离和自决的呼声也从未消失。列宁民族自决权思想成为上述分裂势力分裂主权国家的借口，使得列宁的民族自决权思想面临前所未有的挑战。

由此，结合新时期新情况加强对列宁民族自决权思想及其在俄国、东欧和世界的实践进行深入研究，学习借鉴列宁贯彻落实民族自决权思想的经验，对厘清民族自决权思想的概念、内涵、适用性等，正确应对当今时代各种各样的民族自决主张，正确解决国内民族问题，积极应对民族发展趋向，加快民族经济发展，采取正确措施解决民族问题等，具有重要的理论和现实意义。

二　国内外研究现状

民族自决权思想是国内外学者高度关注的问题之一，从不同的研究角度出发，他们对民族自决权思想进行了深入研究，取得了丰硕的研究成果。欧洲、北美和日本等国的学者对民族自决权思想的研究集中在它的渊源、概念辨析和发展方面，他们对于推动民族自决权思想发展的重要人物如列宁和威尔逊等人的思想也进行了研究。国内对民族自决权思想虽然也高度关注并进行了深入研究，但是专门研究民族自决权的专著很少，大多以论文为主。现将相关的研究现状进行分析述评。

（一）关于民族自决权相关理论研究

关于民族自决权的概念，学者们认为民族自决权是一个思想概念，主要指民族有权独立建国、有权按照自己的方式决定自己的命运，同时它也是一个过程[①]。“民族自决”一词源于德语“Selbstbestimmungsrecht”

① 潘小娟、张辰龙：《当代西方政治学新词典》，吉林人民出版社2001年版，第268页。

(自决), 强调主体民族而非种族的独立和平等[①]。最早使用民族自决权概念的是德国哲学家康德[②], 康德提出的有关国家独立的理论被视为自决的哲学理论基础, 此种观点有待商榷。国际法学者、牛津大学教授让·布朗利认为: "所谓民族自决原则或自决权, 是指内聚性民族团体 (cohesive national groups) ('各民族') 自己选择政治组织形式以及与其他团体的关系。这种选择的结果可能是成为一个独立国家, 也可能是与其他团体联合组成一个联邦国家, 还可能是在一个单一制国家内部实行自治或接受同化。"[③]

民族自决权的思想根源有三点: 一是人类平等思想; 二是作为合理存在的人类有选择的可能性的思想; 三是社会契约论。穆勒认为民族自决权是人类一项最基本的自由或权利, "凡存在民族感情的地方, 那就存在证明将该民族的所有成员置于一个属于他们自己政府 (统辖) 的根据……如果人们无权 (或不能) 决定自己归属于哪一类群体, 那么很难确知他们还能自由地做些什么"[④]。民族自决、政府的统辖范围和民族 (分布) 范围相符合是建立自由政体的一大前提条件。

在民族自决权的起源上, 国内外学者普遍一致地赞同民族自决权思想起源于西欧资产阶级民主革命时期[⑤]的观点。西欧是近现代最早建立起民族国家的地区, 也是民族自决权思想的发源地。不论国外还是国内学者都对以西欧为主的西方资产阶级的民族自决权思想和理论给予高度关注和深入研究。他们对资产阶级民族自决权思想的含义、发展演变及其局限性等问题进行了研究, 提出了许多正确的观点。奥地利国际法学家

---

① John Howard Clinebell and Jim Thomson, "Sovereignty and Self-determination: The Rights of Native Americans Under International Law", *Buffalo Law Review*, Vol. 27, 1978, p. 702.

② Ibid..

③ [英] 布朗利:《国际公法原理》(第5版), 曾令良等译, 法律出版社2003年版, 第645页。

④ John Stuart Mill, *Utilitarianism, Liberty, and Representative Government*, p. 486.

⑤ 陈联璧:《民族自决权新议》,《民族研究》2001年第6期。扬帆、植荣:《论民族自决权》,《首都师范大学学报》(社会科学版) 1993年第2期。张新桥、郜永红:《略论国际法中的民族自决权》,《廊坊师范学院学报》2003年第1期。周一良、吴于廑:《世界通史资料选辑: 近代部分》(上册), 商务印书馆1964年版, 第133页。高四梅、潘广辉:《民族自决原则的欧洲哲学渊源及在现代的发展》,《世界民族》2003年第4期。史晓红:《一战前欧洲民族自决原则的理论及实践》,《洛阳师范学院学报》2008年第6期。

阿·菲德罗斯认为“民族自决权的理念源于欧洲，初倡于1789年的法国大革命”[1]，在19世纪到20世纪的民族运动中得到进一步发展，主要目的是反对封建君权和神权，“并且同民族国家原则相结合，这个原则要求把国际社会组织为一些民族国家，因为只有民族国家是自然的创造物”[2]。它的出现是资产阶级反封建反教会斗争的需要，整个启蒙运动就是在谈自决。英国学者约翰·麦克里兰认为启蒙运动时期“形成完整的自决论，由卢梭粗启雏形，至康德而大备”[3]。虽然民族自决思想溯源于18世纪中期的资产阶级革命时期，但是早在13世纪文艺复兴时期就已经出现了民族自决思想的萌芽，这主要表现在意大利思想家马基雅维利等人的著作中。17—18世纪的资产阶级启蒙思想家从自然法和社会契约论出发，强调“人民主权”（Popular Sovereignty）观念，认为人民有摆脱外来控制和决定自己政府的自由[4]，以及人民选择政府的权利。18—19世纪欧美的民族运动是民族自决权的实践渊源[5]。

关于民族自决权的内容，高四梅、潘广辉认为，欧美资产阶级民主革命时期的民族自决原则包含两个内容：一个是政治上的独立权；另一个是建立国家之后拥有国内的自治权。民族自决的目的是实现合理的社会安排，使个人利益能得到最大限度的满足[6]。

关于民族自决权的局限性，欧阳杰认为，20世纪之前民族自决权思想仅仅是解决欧洲民族问题的内容空洞的理论原则，其原因一是民族民主运动还未成为时代的主题，其重要性没有凸显出来；二是西欧资产阶级奉行双重标准；三是没有对民族自决原则作出具体的解释和系统的理

① ［奥］阿·菲德罗斯：《国际法》，李浩培译，商务印书馆1981年版，第677页。

② 同上书，第679页。

③ ［英］约翰·麦克里兰：《西方政治思想史》，彭淮栋译，海南出版社2003年版，第692页。

④ John T. Rourke, ed. *Taking Sides: Clashing Views on Controversial Issues in World Politics*, 7th edition (Guilford, Connecticut: Dushkin Publishing Group. 1996): 350.

⑤ 董云虎：《从国际法看人权》，新华出版社1998年版，第147页。

⑥ 高四梅、潘广辉：《民族自决原则的欧洲哲学渊源及在现代的发展》，《世界民族》2003年第4期。

论阐述，指导性和操作性较弱[①]。

此外，有学者对西方国家在民族自决权问题上奉行的“双重标准”进行了批评，指出他们对待国际国内民族自决问题内外有别，一方面绝不容许他国插手本国的民族分离问题，更不允许国内少数民族进行“民族自决”（哪怕是通过“全民公决”这种方式），另一方面却对非西方国家（特别是反西方国家）的民族分离运动不遗余力地进行挑唆和支持。学者认为“民族自决”这种有缺陷的理论，通常是西方国家专门用来对付非西方国家的[②]。

（二）关于马克思恩格斯民族自决权思想的研究

马克思恩格斯是较早关注民族问题的人，他们关于民族自决权思想的论述，散见于其著作、演讲、通信、国际工人组织的决议和宣言之中，加之他们生活在阶级斗争非常激烈的时期，学者们更多地关注马克思恩格斯对于阶级斗争的研究，对他们民族自决权思想的研究相对较少。此部分研究的内容主要体现在他们提出民族自决权思想的时代条件、主要目的及其提出的时间考察纠错方面。在资本主义上升时期，马克思和恩格斯从无产阶级革命要求出发，充分肯定了民族自决权，认为被压迫民族应当拥有摆脱压迫民族的政治独立权[③]。马克思在1865年国际工人协会伦敦代表会议上论述波兰问题时首次提出了民族自决权概念[④]，他不仅对波兰民族解放运动给予高度关注，而且对于东西方各被压迫民族的前途命运也十分关心，他们在尖锐批评西方发达国家对外殖民扩张给东方民族造成了严重伤害的同时，提出了解决民族问题的重要观点和途径[⑤]。马克思恩格斯对民族自决原则的充分肯定，为列宁提出民族自决权原则

---

①　欧阳杰：《比较史学视野下的列宁与威尔逊的“民族自决权”思想》，《俄罗斯东欧中亚研究》2006年第5期。

②　田文林：《科索沃“独立”折射出国际斗争的深层问题》，《现代国际关系》2008年第4期。张玉玲、姚爱琴：《略论民族自决权与国家主权》，《西北民族大学学报》（哲学社会科学版）2005年第5期。

③　孟宪平：《民族自决权及其当代异化》，《许昌学院学报》2005年第3期。

④　陈波、边塞：《列宁的民族自决权思想及其人权意义》，《理论月刊》2006年第1期。

⑤　房广顺、杨捷：《民族自决权的历史发展与现实运用》，《沈阳师范学院学报》（社科版）1994年第2期。

奠定了基础[①]。总体上来看，国内学者对马克思恩格斯民族自决权思想的关注相对较少。

国外学者对马克思恩格斯民族自决权思想也进行了研究，充分肯定了他们对于当时世界范围内民族问题的观点。马克思恩格斯的民族自决权思想经历了一个发展变化的过程。日本学者松井芳郎认为19世纪50年代以前，马克思和恩格斯积极评价了世界市场的建立和殖民统治对促进资本主义制度在全世界发展所具有的历史意义，认为殖民地、附属国的解放不是通过民族自决，而是通过发达资本主义各国、特别是英国工人阶级的解放才可能实现。在19世纪60年代以后，马克思和恩格斯深入地研究了爱尔兰问题以后开始认识到，资产阶级只有维持殖民地统治才能维持本国的阶级统治。不实现殖民地的解放，资本主义国家的工人阶级就无法解放自己。要实现国际社会的民主变革和工人运动的国际团结，就必须首先实现各民族的自决。

（三）关于列宁民族自决权思想研究

鉴于列宁民族自决权思想在国际国内的巨大影响，学者们对其进行研究和分析是必然的。国内对列宁民族问题理论进行全面整体性研究的著作，首推华辛芝1987年出版的《列宁民族问题理论研究》，该书深入探讨了列宁民族理论的产生、形成和发展过程，对于列宁民族自决权思想，分专门的章节进行了研究。作者认为"列宁从创建布尔什维克党开始，就把民族自决权作为该党在民族问题上的纲领性要求。这是俄国布尔什维克党的民族问题纲领中最具特色的，最富号召力的一项要求"[②]。通过梳理列宁著作，作者对列宁论述民族自决权的专论、专著、书信、文件等进行了详细统计，认为列宁有关论述民族自决权思想的文章共有60多篇，有40多篇是在十月革命前写的，而十月革命后列宁仅在部分章节中论述了民族自决权。由此得出结论认为，列宁是在十月革命前无产阶级还未掌握国家政权的时候提出民族自决权的。这些研究为后来者进一步研究列宁的民族自决权思想提供了难得的宝贵资料，其研究成果并

① 王英津：《论马克思主义经典作家的自决观》，《求实》2008年第5期。

② 华辛芝：《列宁民族问题理论研究》，内蒙古人民出版社1987年版，第245页。

被国内学者多次引用。

列宁民族自决权思想主要集中在十月革命以前，学者对列宁提出民族自决权思想的缘由、发展阶段、特征及其局限性等进行了研究和分析[①]。姚爱琴认为列宁民族自决权思想经历了四个发展阶段[②]，谢忠和许彬等人认为列宁的民族自决权思想具有国情性、阶级性、融合性和彻底性等特征[③]。自决权问题研究的代表人物卡塞斯教授，对列宁强调民族自决权要服从无产阶级革命利益的思想，提出了质疑[④]。

列宁民族自决权思想的贯彻落实主要集中在十月革命以后，中国社科院的赵常庆等人对十月革命后列宁民族自决权思想在苏联的贯彻落实进行了深入研究，他们认为列宁不仅在法律上继续规定各民族的自决权，而且提出了结束战争和实现和平的具体措施[⑤]。

列宁和马克思恩格斯民族自决权思想的关系也是学者们关注的一个问题，很多学者认为列宁继承和发展了马克思和恩格斯关于民族自决的思想，并以民族自决权理论的形式把这一思想体系化了[⑥]。列宁民族自决权思想在战后民族自决权国际立法中受到广泛关注，日本学者把列宁关于民族自决权的理论和实践写入最具权威的国际法教科书[⑦]。美国政治社会学家安东尼·M. 奥勒姆认为，列宁对马克思主义理论做出了重大贡献，“如果说恩格斯著述的贡献在于对辩证唯物主义和历史唯物主义的本性第一次做了展开的表述的话，那么，列宁不但在革命实践上对马克思

① 徐博涵：《列宁晚期关于民族问题的思想理论与斗争》，《东欧中亚研究》1998 年第 4 期。欧阳杰、曾晓梅：《试析列宁阐发“民族自决权”原则的缘由及过程》，《井冈山学院学报》（哲学社会科学版）2006 年第 1 期。

② 姚爱琴：《对列宁“民族自决权原则”的历史考察和现实思考》，《青海民族研究》2005 年第 3 期。

③ 谢忠、许彬：《论列宁民族自决权理论的基本特点》，《求索》2007 年第 7 期。

④ Antonio Cassese, *Self－Determination of Peoples, A Legal Reappraisal*, Cambridge: Cambridge University Press, 1995, p. 18.

⑤ 赵常庆、陈联璧：《苏联民族问题文献选编》，社会科学文献出版社 1987 年版。

⑥ ［日］松井芳郎：《民族自决权与大国主义》，《世界民族》1982 年第 1 期。

⑦ ［日］寺泽一等主编：《国际法基础》，朱奇武等译，中国人民大学出版社 1983 年版，第 150 页。

遗产的主流，而且对这个理论宝库的本身，提供了重要补充”[①]。

（四）关于威尔逊民族自决权思想研究

美国总统威尔逊是和列宁同期倡导民族自决权思想的著名政治家之一，他是美国全球战略转折时期的掌舵人，他的外交理念对当时的美国和世界都产生了深远影响。国内外学者对威尔逊的民族自决权思想也进行了深入研究，主要集中在威尔逊民族自决权思想提出的历史背景、主要目的、主要实践及其结果等方面。威尔逊是在美国全球战略转折的时期提出了民族自决权思想，并且在处理菲律宾和墨西哥问题上付诸实践。第一次世界大战期间“十四点计划”体现了威尔逊的民族自决权思想[②]，其主要目的是针对战后欧洲战败国的处理问题提出来的。基辛格认为早在1917年1月，威尔逊就极力向国际社会倡导自决原则[③]。卡塞斯教授认为威尔逊在美国国会发表演说时提出的“十四点计划”中体现出了自决主张，他认为自决就是人民自由地选择他们自己的政府，决定政府的形式，自决的意思就是自治[④]。英国著名社会学家埃里克·霍布斯鲍姆认为，威尔逊民族自决思想的主要内容是主张各国边界与民族及语言、疆域一致重合，这一思想在凡尔赛条约和其他相关国际协定中得到了贯彻[⑤]。

第一次世界大战后，威尔逊的民族自决权思想在欧洲战后秩序安排和处理战败国问题上发挥了重要作用[⑥]。威尔逊民族自决权思想虽然在一定程度上符合了当时民族解放运动的时代潮流，但是它模糊易变，前后

---

① ［美］安东尼·M. 奥勒姆：《政治社会学导论》，董云虎、李云龙译，浙江人民出版社1989年版，第58页。

② 米克拉·波梅兰斯：《美国与自决权》，《美国国际法杂志》（1970），第70卷，第2页。转引自穆亚平、郑艳《亦论民族自决权》，《中山大学学报》（社会科学版）1998年第2期。

③ ［美］亨利·基辛格：《大外交》，顾淑馨、林添贵译，海南出版社1998年版，第201页。

④ Antonio Cassese, *Self – Determination of Peoples, A Legal Reappraisal*, Cambridge: Cambridge University Press, 1995, p. 19.

⑤ 杰瑞·J. 信普森：《主权的扩散：后殖民时代的自决》，《太平洋学报》2003年第1期。

⑥ 张澜：《伍德罗·威尔逊的民族自决思想》，《江西师范大学学报》（哲学社会科学版）2000年第3期。

不一的特点及其美国利益限制，使威尔逊民族自决权思想最终沦为一纸空文[①]。欧阳杰从思想史和政治社会学的角度对列宁和威尔逊的民族自决权思想进行了横向比较[②]。

（五）关于斯大林民族自决权思想研究

列宁由于身体健康状况等原因过早去世，苏联国内关于民族自决权思想的实践主要是由斯大林来领导进行的。斯大林对于民族自决权思想的看法与列宁既有联系又有区别，他对列宁民族自决权思想既有继承，同时也有背离。在领导苏联建设社会主义的过程中，斯大林在解决苏联民族问题时有成就也有失误，在国际国内造成了深远影响。国内学者对于斯大林民族自决权思想的研究，主要集中在斯大林和列宁关于民族统一形式问题的分歧以及斯大林处理民族问题的成就和失误两大方面。陈联璧研究了俄国各民族的独立和联合的过程[③]，以及斯大林和列宁在多民族国家苏联成立过程中关于民族自决权思想的分歧和斗争。赵长庆和陈联璧等人系统研究了苏联处理民族问题的理论与实践，分析了各位领导人执政时期在政治经济文化等方面，处理民族问题的功过是非，总结了苏联社会主义建设过程中的经验教训[④]。他们认为后来的苏联领导人虽然对于民族政策进行了局部调整，但是继承多于创新，致使苏联民族问题的解决最终归于失败。许新等人对于苏联解体过程中出现的民族自决权口号进行了分析研究[⑤]。陈联璧认为总结苏联民族自决权思想的教训，独联体各国几乎都否定了国内各民族的自决权[⑥]。张新平认为中亚各国在

---

① 史晓红：《从民族自决角度看威尔逊的墨西哥政策》，《世界史研究》2007 年第 1 期。

② 欧阳杰：《列宁的“民族自决权”思想及贡献——以政治社会学为研读新视角》，《江西社会科学》2006 年第 7 期。

③ 陈联璧：《民族自决权新议》，《民族研究》2001 年第 6 期。

④ 赵常庆、陈联璧、刘庚岑、董晓阳：《苏联民族问题研究》，社会科学文献出版社 2007 年版。

⑤ 许新、陈联璧等：《超级大国的崩溃——苏联解体原因探析》，社会科学文献出版社 2000 年版，第 22 页。

⑥ 陈联璧：《俄罗斯民族关系理论和政策的变化》，《东欧中亚研究》1999 年第 1 期。

否定民族自决权思想的同时，还否定了联邦制，宣布实行单一制[①]。

（六）关于民族自决权思想发展研究

民族自决权思想在第一次世界大战后得到了广泛的传播。美国匈裔学者罗南（Dov Ronen）[②]、英国学者以赛亚·伯林认为，“到了1919年，民族自决权的基本原则获得了普遍认同”[③]。战后各国签订的《凡尔赛和约》承认各民族享有民族独立权，并把它作为解决民族问题的理论。日本学者松井芳郎认为科学社会主义的自决权理论，通过社会主义国家的身体力行，直接鼓舞了亚非拉三大洲的民族解放运动，也间接有力地推动了作为国际法权利的自决权的确立，战后民族自决权思想被赋予重要地位[④]。

列宁民族自决权思想在第二次世界大战后被广泛引入东方被压迫民族的解放斗争中，推动了世界民族解放运动的迅猛发展，各国都结合本国历史和现实国情对民族自决权思想进行了发展和实践。学者们针对新的民族解放运动进行了详细的研究。慕亚平等从国际法、国家主权和人权等角度论述了战后民族自决权思想的发展演变。战后民族自决权思想不仅被写入联合国宪章[⑤]，而且成为了国际法的一项基本原则、人权的一项基本内容。王英津不仅对作为民族自决权主体的民族和人民进行了辨析[⑥]，还对战后国际范围内形成的自决权理论的三种版本进行了比较和评析[⑦]，对于新时代民族自决权的适用主体、适用范围和内容进行了界定和发展。

20世纪80年代后，苏东剧变使得主权国家范围内少数民族是否享有

---

① 张新平：《中亚五国民族和睦政策形成的因素分析》，《俄罗斯中亚东欧研究》2004年第4期。

② Dov Ronen, *The Quest for Self-Determination*, New Haven: Yale University Press, 1979, p. 4.

③ ［英］以赛亚·伯林：《论民族主义》，秋风译，《战略与管理》2001年第4期。

④ ［日］松井芳郎：《民族自决权与大国主义》，《世界民族》1982年第1期。

⑤ 慕亚平、郑艳：《亦论民族自决权》，《中山大学学报》（社会科学版）1998年第2期。

⑥ 王英津：《论作为自决权主体的“民族”与“人民”》，《福建论坛》（人文社会科学版）2008年第5期。

⑦ 王英津：《自决权理论的“三种版本”：比较与评价》，《学术探索》2009年第6期。

民族自决权的问题，成为西方学者关注的焦点，他们将这描述为自决权的危机。为了应对民族自决权出现的危机，他们从国际法或国际政治的视角，对民族自决的内涵进行了论述。很多欧美学者提出民族自决原则应有两部分组成，即对内自决权和对外自决权。其中以卡塞斯教授为代表，他们认为对内自决权主要指自主权、自治权以及发展自我经济、文化、宗教、习俗等权利；内部自决需要有一个法律秩序，在此秩序下个人和团体能够在持续的基础上就关系到生活的所有问题做出有意义的选择①。对外自决权则主要指独立权或脱离权，即从原主权国家脱离而组建新的国家的权利。这时，民族自决原则成了一个群体脱离主权国家的权利②。

在民族自决权的主体，即谁拥有自决权的问题上，国内许多学者认为，民族自决权的主体应该是被压迫民族和殖民地民族，或者主权国家，比如我们通常所说的中华民族、美利坚民族等③，一国内的其他少数民族则无权自决④。对西方学者提出的民族自决权思想内外划分的理论，国内许多学者持反对意见，认为这种划分造成国内政治和国际政治概念的混乱⑤，并为外国插手和干预国内政治提供依据⑥。但也有学者认为不区分对外自决权和对内自决权，就无法解决目前民族自决权面临的挑战和问题。邢爱芬认为民族自决权的内涵发生了很大变化，从对外自决发展为对内自决，从最初的一国要求建立独立国家的国内政治原则发展为国际法律原则，从脱离压迫民族建立独立国家的政治权，发展为关注本民族经济文化发展实现民族经济自决权⑦。任东来认为对外自决权是一次性原

① S. James Anaya, "A Contemporary Definition of International Norm of Self – Determination", *Transnational Law and Contemporary Problems*, 1993, p. 131.

② Antonio Cassese, *Self – determination of Peoples, A Legal Reappraisal*, Cambridge: Cambridge University Press, 1995.

③ 高四梅、潘广辉：《民族自决原则的欧洲哲学渊源及在现代的发展》，《世界民族》2003年第4期。

④ 宁骚：《民族与国家》，北京大学出版社1995年版，第200页。

⑤ 王英津：《论西方国家主流自决观的历史演变——从威尔逊到卡塞斯》，《唯实》2009年第12期。

⑥ 白桂梅：《国际法上的自决》，中国华侨出版社1999年版，第85—86页。

⑦ 邢爱芬：《当代自决权问题新探》，《理论前沿》2003年第13期。

则，如果一个主体民族实行自决后组成了独立国家，该国内的其他民族就不能再以自决为理由进行分裂活动。如北美独立战争中使用民族自决原则建立了独立国家，在南北战争中南方提出建立独立民族国家的自决要求，就被认为是分裂国家①。但是对内自决权则是一种持续的权利，必须通过不断的法律调整才能实现。

西方自决权强调自决权和人权不可分割，强调自决权的普遍原则。与西方学者不同，印度等发展中国家的学者认为民族自决权的主体是被压迫民族和殖民地民族，一国内的其他少数民族无权自决。印度学者兴戈兰尼认为独立国家的少数民族无权要求脱离主权国家，每一个国家和社会都有少数民族，它们要求分离会分裂主权国家。最好的解决办法是多数民族要保护少数民族的某些权利②。有学者认为，主权原则从逻辑上排除了自决权。如果国际法要保证现行国家的主权，就不能又同时允许主权在自决权的名下受到侵犯③。

从总体来看，关于民族自决权思想的研究内容比较丰富，涉及民族自决权思想的起源、发展以及近现代的实践等。但对列宁民族自决权思想的研究仍然存在需要进一步研究的内容。列宁民族自决权思想不但成功地解决了俄国的民族团结问题，而且对当时世界各民族的解放和发展都产生了重大影响，深入研究列宁民族自决权思想具有重要的理论和现实意义。要全面掌握列宁民族自决权思想，第一手资料莫过于列宁本人的论述，从研究现状来看，关于列宁关于民族自决权思想的文章数量统计方面，仅有华辛芝根据《列宁全集》第一版进行的统计，其余学者所引用的数据多出于此。当时出版的列宁著作并不完整，因此对列宁民族自决权思想的第一手资料的梳理必然缺乏系统性和全面性，这极大地限制了对于列宁民族自决权思想的全面把握，国内外研究者大多都是从列宁的少数几部重要著作中进行摘录，相互之间转引者居多，错引、错意的情况屡见不鲜，特别是有人将列宁在特定历史条件下所作的个别判断和结论，不加区别地曲解或者放大，甚至得出许多极为有害的结论。现

① 任东来：《自决原则在历史上的实践及其含义的演变》，《太平洋学报》1997 年第 3 期。

② ［印］兴戈兰尼：《现代国际法》，陈宝林译，重庆出版社 1987 年版，第 232 页。

③ Christian Tomuschat（ed），*Modern Law of Self－Determination*，*Martinus Nijhoff Publishers*，1993，*pp*. 7，23.

在《列宁全集》第二版已经由人民出版社出版，2001 年人民出版社还编辑出版了《列宁全集补遗》，对列宁的著作、书信、札记和会议记录等各方面内容进行了补充和完善，我们应当根据新的材料对列宁有关民族自决权思想的论述文章进行新的统计分析，对列宁民族自决权思想的形成背景、发展过程、主要内容、具体实践及其影响进行全面翔实的深入研究，以便对其历史作用作出正确认识和客观评价，并从中获得教益。

从国内外的研究现状来看，有以下几个问题需要进一步加强研究：一是关于民族自决权思想的理论渊源研究。国内外学者虽然都提及民族自决权思想起源于资产阶级民主革命时期，但是论述较为笼统，缺乏深入分析比较。二是关于马克思恩格斯民族自决权思想的研究。国内外学者在论述马克思主义民族问题时关注的重心是阶级斗争，对于他们关于民族自决思想的研究较为薄弱。三是关于列宁原著中列宁民族自决权思想论述的发掘、提炼。列宁原著中关于民族自决权思想的论述相当丰富，需要在分析文献的基础上加以提炼、总结，以便完整准确地把握列宁民族自决权思想。四是对于民族自决权内涵和实现形式的研究。现有研究中存在将二者混为一谈的情况，最普遍的错误是将自决权的实现形式等同于民族自决权本身。由此，导致民族自决权概念和适用情况争议不断。

三　研究中所要突破的难题、特色和创新

（一）研究中所要突破的难题

本书以列宁民族自决权思想的发展演变为研究主题，在研究的过程中拟突破的难点有两个：一是主要观点的提炼和分析。列宁本人关于民族自决权思想的论述涉及材料内容多，时间跨度大，再加上国内外专家学者研究的相关成果，要研究阅读的材料很多。因此，如何梳理列宁关于民族自决权思想的主要观点及其在当代的运用，是摆在笔者面前的一个研究难点。二是分析比较方法的运用。民族问题的研究涉及政治学、经济学、社会学、民族学、历史学、人类学和地理学等多学科知识，是一个重大的跨学科问题。笔者试图将资产阶级、马克思恩格斯、列宁、威尔逊和斯大林等的民族自决权思想及其在不同实践中的运用和发展，

进行综合比较研究，很好地把握和驾驭，提高研究的深度与精度，是本书研究的另一个难点。

（二）研究的特色和创新

本文研究的特色和创新主要有：

第一，研究角度和内容的创新。

目前学术界鲜有以列宁民族自决权思想为视角的专门研究，选取列宁民族自决权思想为视角是本书的特色之一。本书通过对其时代背景、理论渊源、发展脉络、具体实践等方面较为完整地的梳理，全面探讨了列宁民族自决权思想发展演变及其在实践中的运用，详细论述了列宁关于不同历史时期，面对不同的民族关系和不同的民族任务时，对待民族自决权问题的不同方针政策，具有很强的针对性和现实意义。研究内容和研究体系的安排，是笔者在全面梳理国内外研究现状和马克思恩格斯列宁斯大林原著的基础上，精心设计和安排的结果，也是本书的创新之一。笔者以经典原著为参照，尽力挖掘列宁民族自决权思想的精髓，据此对列宁民族自决权的内涵、发展脉络、适用范围及其实践进行了一些开拓性的研究。

第二，研究观点的创新。

通过梳理、挖掘分析，本文对列宁民族自决权面临争议进行简要评析，由此在观点上有以下启迪：

（1）列宁关于民族自决权的定义，是指在帝国主义历史条件下各民族的自决权而言的，不能照搬或者将其夸大。列宁针对帝国主义时代，少数大国民族压迫其他民族的殖民行为，认为民族自决权就是民族脱离异族集体的权利，就是成立独立国家的权利。有些民族分离者据此得出结论认为，民族自决权就是民族分离权，就是民族从现有集体中分离出去建立独立国家的权利，从而大肆分裂主权国家；此外大多数学者担心主权国家分裂而否定多民族国家内部各民族享有自决权。这两种观点都值得商榷。

（2）民族自决权是民族集体独立自主地处理本民族命运的权利。民族自决主要强调和坚持民族集体独立自主的正当性，是民族享有的自我决定权。民族无论大小强弱贫富都享有正当的独立自主的权利，享有自己决定自己命运的权利。

（3）所有民族都有自决权，但实现民族自决权的形式多种多样。主权国家内部各民族享有自决权并不一定会导致国家分裂。担心主权国家领土统一和主权完整，而否定主权国家范围内各民族享有自决权是不对的。民族可以独立建立单一性质的民族国家，也可以和别的民族联合组成联邦国家，也可以与别的民族合并建立单一制国家。各民族究竟应当采取何种形式实现自己的民族自决权，必须根据本民族所面临的不同的国际国内条件，作出最有利于本民族发展的选择。就当前的实际情况而言，各民族独立建国的自决权实现形式缺乏可行性，各民族应当尽量避免以分离形式实现民族自决权，给主权国家的统一带来动荡和冲突，应当将民族自决权的实现形式，限定在主权国家范围内的自治权上。

四　主要研究方法

（一）文献析出法

马克思恩格斯和列宁的原著，无疑是研究其思想的第一手资料。本文论文通过运用数学统计的方法，对经典作家原著中，关于民族自决权思想论述的专著、文章、会议决议、书信、笔记等，进行分门别类归纳统计。通过梳理原著，可以准确地把握经典作家在不同时期提出的观点和理论的时代特点、传承、变化和发展，找准他们针对某个或某些民族的自决权提出、发展变化的脉络，分析、对比和考察不同时代理论的继承性和新发展，以期达到清晰准确地了解其民族自决权思想的目的。

（二）多学科交叉分析法

关于民族问题的研究本来就是一个多学科相交叉的学科，它涉及政治学、经济学、社会学、民族学、人类学、历史学、地理学等相关学科的知识。本书采取多学科交叉分析的方法，力求全面地掌握民族自决权思想的发展脉络及其在实践中的运用。

（三）比较分析法

本书通过对列宁与资产阶级民主革命时期的民族自决权思想、马克思恩格斯民族自决权思想、威尔逊民族自决权思想、斯大林民族自决权思想的分析比较，全方位研究了列宁民族自决权思想的时代意义和现实作用，对于目前正确应对民族自决权思想提供了参考借鉴。

五　主要研究内容

本书主体共分八部分，由导论和正文七章组成，主要内容框架如下：

导论部分主要论述了选题的理论和实践意义，分析了国内外关于民族自决权思想的研究现状，论文研究拟突破的难题、主要创新、研究方法等。

第一章：列宁民族自决权思想的理论渊源及时代背景。本章主要介绍了列宁民族自决权思想的理论渊源主要有两个：一是西方资产阶级的民族自决权思想；二是马克思恩格斯的民族自决权思想。为了反对神权统治和封建王权，西方资产阶级提出了民族自决权思想。随着资产阶级的向外扩张，其自决权思想也逐渐异化。生活在自由资本主义时期的马克思恩格斯，从同情弱小民族的立场出发，肯定和借鉴了资产阶级早期的民族自决权思想，揭露和批判了资产阶级的殖民活动，主张各被压迫民族应当拥有推翻民族压迫和剥削、建立独立自主的民族国家的权利。列宁在资本主义发展的帝国主义阶段，提出了民族自决权思想，其主要目的是为了反对日益联合起来掠夺和瓜分世界的垄断资本，争取国际无产阶级革命斗争和世界民族解放运动的胜利，指导俄国革命。

第二章：列宁民族自决权思想的发展演变。列宁在筹建俄国无产阶级工人政党的过程中，提出了民族自决权思想。他关于将民族自决权写入无产阶级政党的主张，遭到了波兰社会党和崩得等组织的反对，并引发了关于民族自决权思想的第一次大辩论。1905 年革命后俄国国内掀起了民族主义的高潮，尖锐的民族矛盾引发了 1913 年关于民族自决权思想的第二次大辩论。通过与德国、奥地利以及俄国国内的各种民族自治思想和方案的辩论，列宁民族自决权思想获得了进一步发展。第一次世界大战的爆发，加剧了俄国、欧洲和世界范围内的民族矛盾，1915—1916 年间，在俄国、波兰、荷兰、德国等国之间发生了关于民族自决权思想的第三次大辩论。在同各种反对民族自决权思想的观点辩论后，列宁全面阐述了帝国主义时代的民族自决权思想，形成了比较完整的马克思主义民族自决权理论。

第三章：列宁民族自决权思想的主要观点。列宁关于民族自决权思想的论述极为翔实，他从当时帝国主义时代出发，指出民族自决权是民族分离权，是民族独立和成立民族国家的权利。每个民族实现自决权的形式内容各不相同，必须根据本民族历史经济条件，作出最有利于本民族发展的选择。列宁根据不同环境下民族自决权的具体要求和实现形式，论述了民主革命时期、帝国主义战争时期和社会主义时期的民族自决权思想，指出了未完成民主革命的中东欧和亚洲社会民主党坚持民族自决权思想的必要性和重要性。列宁坚持民主革命时期的民族自决权思想要服从和服务于无产阶级革命斗争的利益，社会主义时期的民族自决权思想要服从和服务于无产阶级巩固政权和保卫社会主义的需要。

第四章：列宁民族自决权思想的贯彻落实。十月革命后，掌握政权的布尔什维克党在列宁的领导下，不仅一如既往地坚持各民族的自决权，而且在新政权建设中逐渐将其制度化。苏维埃俄国在国家法律上规定了各民族的自决权，提出了实现民族自决权的一系列政策策略。在实践中针对各民族面临的不同历史经济条件，采用不同的形式贯彻落实各民族的自决权。列宁不仅承认芬兰和波兰等被沙俄强行兼并的民族独立，并允许其脱离俄国；而且承认了乌克兰等民族的独立，并促进其与俄罗斯民族的联合；此外通过建立自治共和国、自治州和边疆区等多种形式实现各弱小民族的自决权。列宁民族自决权思想的贯彻落实，在国际社会产生了广泛的影响。

第五章：列宁与威尔逊民族自决权思想比较。与列宁同时倡导民族自决权思想的还有美国总统威尔逊，因处在相同的历史发展阶段，面临维护世界和平和民族解放运动蓬勃发展的共同课题，二者的民族自决权思想具有相同之处。他们都反对旧的以欧洲为核心的国际秩序，主张建立平等自由民主的新的国际秩序，倡导道义力量，反对武力威胁。由于阶级立场和历史文化发展观念的不同，二者的民族自决权思想又存在着根本区别。列宁民族自决权思想具有坚定性和彻底性，不仅取得革命胜利，而且赢得了国内外人民的信任和支持。而威尔逊的民族自决权思想则表现言行不一，由于美国自身实力的限制和国内政治掣肘，威尔逊的民族自决权思想半途而废。

第六章：列宁与斯大林民族自决权思想比较。在革命时期和革命胜利后，斯大林大力支持和维护列宁民族自决权思想，在贯彻落实各民族自决权思想方面做出了巨大贡献。列宁去世后，斯大林在苏联国家建设初期，按照列宁民族自决权思想的要求，帮助非俄罗斯民族建立和完善不同形式的政治体制，提高非俄罗斯民族的政治地位，大力发展民族经济文化，取得了巨大的成就。但在组建多民族国家的形式问题和实现民族联合团结的进程上，斯大林和列宁产生了分歧。随着苏联宣布建成社会主义，向共产主义社会过渡后，斯大林逐渐背离列宁的民族自决权思想，对苏联社会发展阶段和民族问题作出了错误的估计，在实践中削弱和剥夺各民族的自决权，犯下了无法弥补的错误。

第七章：列宁民族自决权思想发展现状及其争议问题评析。列宁的民族自决权思想推动了殖民地民族的解放运动，促进了世界各民族自决权的实现。获得解放的各民族反过来又促进了民族自决权思想在国际社会的广泛发展。第二次世界大战后民族自决权思想发展成为一项国际法原则和集体人权，得到了国际社会的普遍认可。20世纪末，民族自决权思想不论在苏联还是国际社会的实践过程中都出现了问题，遇到了新的挑战。苏联领导人背离列宁民族自决权思想最终导致主权国家的解体，而国际社会中不时涌现的民族自决现象，对现有主权国家的统一造成了极大威胁。国内外提出了种种应对民族自决权思想实践危机的措施，但因各自的出发点不同，这些解决方案之间充满了争议和歧见。

从民族自决权的概念出发，应当承认所有民族都有自决权。但在民族自决权思想的实现形式选择上，各民族必须谨慎。在和平与发展成为时代主题的今天，实现民族自决权必须要避免分裂主权国家，对外维护国家主权统一和领土完整，对内谋求发展民族经济文化。在国家建设过程中要尽量淡化民族意识和民族权利，突出和培养国民的公民意识和公民权利，增强国民对于国家的认同感和凝聚力，将实现民族自决权思想的重心放在发展民族经济上。

第一章

列宁民族自决权思想的理论渊源及时代背景

马克思恩格斯认为任何思想理论和历史时代之间都是紧密联系的，“一切划时代的体系的真正内容都是由于产生这些体系的那个时期的需要而形成起来的。所有这些体系都是以本国过去的整个发展为基础的，是以阶级关系的历史形式及其政治的、道德的、哲学的以及它的后果为基础的。”① “历史从哪里开始，思想进程也应当从哪里开始，而思想进程的进一步发展不过是历史过程在抽象的、理论上前后一贯的形式上的反映……”②任何科学理论的构建都是对当时历史和现实的明辨与洞察。任何思想理论的产生都有深刻的理论渊源与鲜明的时代背景，列宁民族自决权思想也不例外。它是列宁在继承前人思想理论成果基础上形成和发展起来的，是19世纪末20世纪初帝国主义发展阶段，国际无产阶级革命和世界民族解放运动的产物。

第一节　列宁民族自决权思想的理论渊源

列宁并不是最早提出和使用民族自决权的人，早在文艺复兴时期的意大利等欧洲国家就已经出现了民族自决思想的萌芽，在后来资产阶级

---

① 《马克思恩格斯全集》第3卷，人民出版社1960年版，第544页。

② 《马克思恩格斯全集》第13卷，人民出版社1960年版，第532页。

民主革命时期民族自决思想进一步发展和完善，并在资产阶级民族国家的形成过程中发挥了重要作用。处于资本主义上升时期的马克思恩格斯，结合无产阶级革命和世界民族解放运动的情况，充分肯定了资产阶级民族自决权思想在反封建反压迫和创建民族国家过程中的积极作用。列宁在论及民族自决权思想时，充分吸收了前人的理论成果，其民族自决权思想的理论来源有二：一是早期西方资产阶级的民族自决权思想。二是马克思恩格斯的民族自决权思想。

一　西方资产阶级的民族自决权思想

民族自决权思想的产生和发展，是与资产阶级的产生、发展和壮大密切联系的，它的形成反映了早期西欧资产阶级要求废除封建王权、统一国内市场，建立独立民族国家的愿望。政治上资产阶级的发展过程，经历了与世俗王权结合反对大一统的罗马教权，到独立反对专制君主的封建王权，最后建立独立民族国家的过程。与此相对应，其指导思想也经历了从“神权至上”到“君权神授”，从“君权神授”到“民权神授”“天赋人权”“主权在民”和“社会契约论”的转变过程。北美独立战争和法国大革命将上述思想付诸实践，完成了资产阶级民主革命。此后，革命影响扩展到中欧。为了实现民族统一，反抗外来民族压迫，欧洲思想家将论证个人独立自主的个人自决思想，发展为民族自决思想，继而实现了德意志和意大利的统一。完成民主革命的西欧资产阶级对内大行同化之道，对外开始侵略扩张，其民族自决权思想逐渐异化。

（一）从罗马教会“神权至上”到封建君主“君权神授”

中世纪欧洲是一片分崩离析的封建王国，在日耳曼民族由北向南、由西向东迁徙的同时，基督教开始自南向北、从东向西广泛传播，最终形成了众多封建邦国构成的基督教统一世界，占统治地位的是大一统的罗马教会神权思想，它以普世主义和神权至上思想深刻影响着西欧的社会政治生活。普世性的基督教强化信徒的宗教认同，掩盖和排斥人们的民族差别。人民效忠和认同的对象具有双重性，一方面具有地方性，西欧人民认同地方组织如氏族、部落、封建领地等；另一方面具有世界性，都是基督教的信徒[①]。在一个基督教大世界里，国家和民族的观念都很淡薄，一切“民族的”差异几乎都被填平了[②]。

在中世纪后期，随着资本主义生产方式的萌芽，催生了新的市民阶级，他们要求结束封建割据，统一国内市场。这与国王们战胜教皇和控制封臣的要求不谋而合，二者联合起来摧毁了罗马教廷的大一统，消灭了封建割据的地方势力，建立了专制主义的君主国。外族的不断入侵，欧洲基督教世界的民族意识逐渐觉醒。在同入侵者斗争的过程中，从13世纪起法兰西、英格兰和西班牙等君主国逐渐兴起，它们统一了民族和国家，为后来现代意义上民族国家的形成奠定了基础。封建君主国的兴起和市民阶层的形成，瓦解了罗马教会完整的宗教思想体系。王权与市民阶层联合起来与罗马教会和封建贵族进行对抗，社会观念上出现了拥护王权、争取国家统一、否定教权和消除地方割据的理论，尤以13世纪欧洲的文艺复兴运动表现得最为突出。

文艺复兴运动以人文主义精神对抗神权至上的地位，极大地冲击了教会的统治。文艺复兴运动以人权代替神权，以世俗的权威代替宗教权威，第一次把人作为中心，开始真正关注个人及其群体的利益，他们把效忠和认同的对象从宗教转移到了世俗的权威——对君主的认同，国王统治下的独立主权国家的形成，加强了人们的交往和一体化程度，政治、经济、文化和社会日益紧密地联结起来，促进了民族意识和民族感情的觉醒和萌发。

新兴资产阶级的代表，意大利著名启蒙思想家马基雅维利（1469—1527）的民族独立统一思想，被认为是自决思想萌芽的典型代表。面对政治上四分五裂的意大利，他积极呼吁结束封建割据对立和分裂状态，加强王权，建立强大的中央集权国家。他认为实现意大利民族独立和国家的统一，是意大利人民不可剥夺的权利，坚决主张“将意大利从蛮族手中解放出来”[③]。

教会的权威在西欧文艺复兴和宗教改革运动中遭到了决定性打击。

① 王联：《世界民族主义论》，北京大学出版社2003年版，第24—25页。

② 钱乘旦：《欧洲文明：民族的融合与冲突》，贵州人民出版社1999年版，第9—10页。

③ ［意］马基雅维利：《君主论》，潘汉典译，商务印书馆1985年版，第121页。

宗教改革运动的实质就是为世俗的王权制造合法性。16世纪后期由新、旧教之间的矛盾引发的30余年（1563—1598）宗教战争，中断了欧洲民族国家的形成进程，人们渴望强大的王权来恢复秩序。随着教会权威的下降，王权开始凸显强大的力量，在不断进行的战争冲突中形成了一系列脱离教会的封建王权和专制君主国家。17世纪荷兰摆脱西班牙的殖民统治而独立，为了替新独立的荷兰共和国辩护，著名的法学家格劳秀斯首次将主权概念引入国际法，从国际法角度提出了民族平等的主权学说。他在《战争与和平法》中突出强调国家对外主权的独立性、平等性和自保性，成为最早从国际法角度论述民族自决思想的人，成为最早倡导民族自决理念的思想家之一。

（二）从"君权神授"到"民权神授""人民主权"

封建君主专制国家的建立促进了国家统一和民族意识的成长，催生了西欧现代民族的形成，但专制君主国还不是民族国家。当时频繁爆发的阿拉伯人入侵西班牙、蒙古人入侵中东欧、土耳其人入侵巴尔干半岛等战争，起到了催化和激发各民族意识的作用，促进了现代民族的形成和民族运动的兴起。在与入侵者进行战争的过程中，逐渐形成了现代西班牙民族、统一的俄罗斯民族、波兰民族。而英法百年战争不仅造就了英法两个国家，同时也形成了英法两个现代民族①。

随着生产的发展，绝对专制王权日益成为资本主义发展的障碍。17—18世纪资本主义的经济发展，使新兴资产阶级的力量进一步壮大，他们希望废除封建贵族的特权，消除封建割据，发展民族经济，增强民族力量，建立资产阶级专政的民族国家。为此，他们发动了启蒙运动，全面抨击君主专制，用政治自由、信仰自由、"天赋人权"、法律面前人人平等、人民主权等思想，对抗封建社会的专制暴政、宗教压迫、"君权神授"和"王权至上"的思想。由此，天赋人权论、人民主权论、人民决定政府论、自然法和社会契约论、人民有权反抗暴政论等启蒙思想开始大量涌现。

英国思想家弥尔顿（1609—1674）明确提出"民权神授"的思想，

① 李红杰：《由自决到自治》，中央民族大学出版社2009年版，第45页。

认为人们的权力至高无上，统治者的权力是派生的，剥夺人民的权力就是侵犯人民的天赋人权[①]。从天赋人权论出发，弥尔顿得出了完全的人民主权论。思想家约翰·洛克（1632—1704）认为人们在自然状态中拥有自然权利，因此人是生而自由的。人们通过社会契约组成国家后，让渡出部分权利，但自由、平等、财产权作为人的基本权利保留了下来，这些基本权利的保障依赖于国家制定的法律。立法权是国家的最高权力，是神圣不可变更的[②]。他认为人民的权力至高无上，主权应在人民手中。统治者的权力来自他与其国民之间的社会契约，政府建立的合法性基础是人民的同意。人民有反抗暴政的权利[③]，被征服者的后裔有权摆脱征服者强加给他们的政权。他因上述民主思想而被马克思和恩格斯称作是“自由思想的始祖”[④]。

法国的卢梭（1712—1778）在《社会契约论》中提出三大思想，一是人民主权思想。全体人民根据自身利益订立社会契约，人民的公益是最高权力，这个权力是不可分割、转让、限制或侵犯的，政府官员只是接受人民的委托，只能对人民服从。二是人民革命权。当人民主权被人篡夺并用以压迫人民时，人民就有权发动起义，推翻暴政。国家是建立在全民族基础上的政治共同体，即民族国家。在民族国家中，人民主权是公民紧紧依恋祖国，热爱祖国保证民族共同体稳固存在的凝结剂，国家权力来源于人民。应当根据当地人民的意愿通过全民表决来解决领土纠纷。三是个人自由的神圣性。卢梭表明了集体自由和自决的正当性，他为当时科西嘉人争取民族自由反对热亚那统治的斗争提供了理论声援[⑤]。他关于民族自由和集体自由的思想体现了民族自决的早期含义。

经过启蒙思想家的论证，资产阶级民主思想广为传播。人民主权思想的诞生，使得人民的权力代替了王权，全民族的利益代替了王朝的利

① ［英］约翰·弥尔顿：《为英国人民声辩》，何宁译，商务印书馆 1978 年版，第 71、109—110 页。

② ［英］约翰·洛克：《政府论》（下卷），叶启芳等译，商务印书馆 1964 年，第 59、82 页。

③ 马啸原：《西方政治思想史纲》，高等教育出版社 1997 年，第 256 页。

④ 《马克思恩格斯全集》第 7 卷，人民出版社 1959 年，第 249 页。

⑤ ［法］卢梭：《社会契约论》，何兆武译，商务印书馆 1982 年版，第 69 页。

益。为了更好地实现和维护共同利益，人们建立了国家，国家的权力来自人民，全体人民的利益形成民族利益，国家政权的首要目标就是实现民族利益。资产阶级要求国家权力从君主专制转移到人民手中，由全体公民组成的人民权力和全民族利益代替王权和王朝利益。

（三）从民族独立统一到民族平等和不干涉别国内政

西欧北美资产阶级力量的壮大和启蒙思想家的理论准备，为资产阶级奠定了民主革命的阶级和思想基础。17—18 世纪的西欧和北美掀起的民主和民族解放运动，不但在民族国家范围内要求民族独立统一，而且提出了国家间民族平等和独立自主的国际政治原则。他们提出了要求尊重民族独立、国家主权完整，不干涉别国内政等思想。

18 世纪末的北美独立战争，是近代意义上第一个争取国家独立和民族解放的战争，标志着民族独立自主思想开始进入国际政治领域。战争期间北美人民首次在政治上清晰地表述了民族自决思想，使其首次作为殖民地人民享有的一项权利变成现实①。独立战争的领导者们继承了英国自洛克以来的自由主义传统和法国启蒙思想，抨击英国暴政，塑造美利坚民族精神。他们运用天赋人权说、社会契约论和人民主权学说，讨论殖民地人民的权利和争取独立与解放的合理性和合法性，认为一个公正和自由的政治社会只能建立在被统治者同意的基础上，没有经过人民同意和批准的任何政权都是非法的，这从根本上动摇了英国的殖民统治。

随着斗争的发展，北美人民对国家与公民的关系有了新的认识。他们认为在一个以人民主权为中心的新的共同体中，国家与公民的利益是一致的，国家保障公民的自由、平等和幸福。战争胜利后颁布的《独立宣言》，阐述了国家独立、民族分离的民族自决思想和主张，指出一个民族要“在世界列强中取得那‘自然法则’和‘自然神明’所规定给他们的独立与平等的地位”②，“就必须解除其与另一个民族之间迄今所存在着的政治联系”③。在这里，北美人是“一个民族”，而英国人则是“另一”

① 程国花：《“民族自决权”原则的历史作用、时代局限及其替代选择》，《江汉论坛》2005 年第 6 期。

② 王德禄等编：《人权宣言》，求实出版社 1989 年版，第 13 页。

③ 同上书，第 9 页。

民族[①]。“作为自由独立的合众国，他们享有全权去宣战、媾和、缔结同盟、建立商务关系或采取一切其他凡为独立国家理应采取的行动和事宜”[②]，北美独立是固有的神圣权利。北美独立运动及其《独立宣言》不仅在理论上继承和发展了启蒙思想家的思想，把民族、国家、主权这些口号运用到殖民地，而且在实践中推翻了英国的殖民统治，建立了独立的民族国家，提出世界各国是否承认殖民地的独立，是北美人民能否与其发展友好关系的前提。这是“民族自决权”第一次作为政治理想在实践中的自觉运用，它从一开始就成为反对殖民压迫的武器。

继北美独立战争之后，1789 年的法国大革命成为影响深远的重大历史事件，法国的资产阶级在启蒙思想的鼓舞下，进行了轰轰烈烈的反对封建王权和神权的斗争。革命者在《人权宣言》中明确提出民主主义和民族主义的口号，认为人民享有“反抗压迫”的权利。1791 年宪法规定，“法国决不从事以征服为目的战争，亦决不用其兵力反对任何民族的自由”；[③] 1793 年宪法重申：“法国人民决不干涉别国的政治，他们也不容许别国干涉自己的政治”。[④] 北美独立战争和法国大革命中提出的民族平等、民族独立和不干涉别国内政等原则和口号，对广大被压迫民族产生了巨大影响。资产阶级革命的胜利标志着民族国家的形成，国家成为全体公民按照人民主权原则结成的新的共同体，代替了国王和臣民。在主权国家范围内实现了全体公民利益和国家利益的重合，民族国家的建立促进了民族共同心理、情感、自由、民主、人权等政治文化的发展。

（四）从“个人自决”到“民族自决”

启蒙思想家对于个人自由和自然权利的论述，北美和西欧国家对于民族自由独立和民族解放的实践，使得反抗压迫的思想开始广泛传播。但是拿破仑的崛起暂时抑制了法国大革命，他对于周边民族的侵略，在

---

① ［美］J. 布卢姆等：《美国的历程》（上卷），杨国标、张儒林译，商务印书馆 1988 年版，第 171 页。

② 周一良、吴于廑：《世界通史资料选辑：近代部分》（上册），商务印书馆 1964 年版，第 93 页。

③ 同上书，第 133 页。

④ 王鹏飞：《近代国际关系史》，北京师范学院出版社 1990 年版，第 69 页。

客观上激发了当地民族的反抗意识，推动了中欧民族的形成。处于外来民族奴役和压迫之下，内部又四分五裂的民族中，要求实现民族团结统一以反抗压迫的要求尤为强烈。在当时德意志民族和意大利民族中，就涌现出了大量的民族学家，他们积极反对外来民族入侵，呼吁本民族实现团结统一。他们将自决思想逐步从个人自决发展为民族集体的自决。

最先从哲学角度论证自决思想的学者，是18世纪德国伟大哲学家伊曼纽尔·康德（1724—1804）。康德首先论证了个人具有自决权。他的伦理学的核心是人的“自治”或“自决”，他认为自由和平等是一种道德法则，是人的一种天赋权利。社会的安排和秩序是自律的个人的一项自决行动。个人的权利是不受时间约束的、永恒的，不能决定自己目标和未来的人不是一个真正的人①。个人所受到的限制只是自由意志应该受到的限制。这些限制就是自律，在自律约束下的行为就是自决行为。康德的个人自决理论，体现在政治上就是法律是公民自由意志的产物，是个人自决的结果。自由的个人是世界的中心和自己命运的主宰，上帝只是人在维护道德、自由过程中的创造物。他的个人自决理论，彻底颠覆了上帝中心论，成为民族自决权思想的直接来源。不过康德的自决建立在个体基础之上，强调的是个体的自决。其次康德认为国家和社会同样具有自决权。国家不能继承、交换、出售或捐赠，只有国家自己享有统治和处置国家的权力②。没有建立国家的所有人都有寻求自由的权利，每个社会都有自己进行统治或处置的权力，其他任何人都不能凌驾于它之上。康德关于个人、国家和社会享有不受外界干扰地自我管理或处置的权利，同后来民族自决权就是民族独立自主地处理自己命运的权利极其相似。

在康德的自由和自决观念的基础上，新康德主义者提出了民族自决理论。费希特（1762—1814）明确指出个人自由只有在团体（包括社群和民族）的生命中才具有意义，个人只有融入整体才能实现完全自由。因此，个人的完全自决最终要求民族的自决③，个人的完全自由意味着完全融入整体。客观世界存在多个具有特殊性和差异性的不同整体，这

---

① Philip Spencer, Howard Wollman, *Nationalism - A Critical Introduction*, London: Sage publications, 2002, p. 6.

② ［德］康德：《法的形而上学原理》，沈叔平译，商务印书馆1985年版，第139页。

③ ［英］埃里·凯杜里：《民族主义》，张明明译，中央编译出版社2002年版，第135页。

些特殊性和差异性就发展成为民族特性，其主要标志是语言和宗教。个体的自决要通过整体自决来实现，整体自决也即单个的民族要实现自决①。

早期的民族自决理论主要强调民族自由、平等和独立的重要性。费希特认为民族自由是民族坚持自己本源性的保证，处于法国侵略下的德意志民族，必须对内进行民族整合，对外争取民族自由。德意志诸国的隔离状态是违反一切天理和理性的②，德意志“要么维护住自己的自由，要么在沦为奴隶之前死去，除此之外他们究竟还有什么出路呢”③？费希特渴望民族平等，强调民族彼此间的尊重和包容，民族之间应当相互尊重各民族的民族特点和差异④，坚持民族平等。意大利独立之父马志尼（1805—1872）认为“只有通过国民契约才能实现”民族自决，通过自由、平等实现民族的自发团结。德国哲学家黑格尔（1770—1831）强调民族独立的重要性，认为“每个国家对别国来说都是独立自主的，独立自主是一个民族最基本的自由和最高的荣誉”⑤。

值得注意的问题是，大多数思想家在论及与民族自决理论相关的民族与国家关系时，都强调二者完全吻合，追求民族统一和民族成分的单一化和绝对化。他们认为只有单一和统一的民族组成的民族国家，才是真正意义上的民族国家，才能真正体现民族自然而平等的权利，保证社会的和谐与正常发展。包含异类的民族国家不仅违背了民族的自然权利，而且容易导致社会的混乱与冲突。费希特认为“一个民族就是在社会中一起继续生活，不断从自身自然而然地在精神上产生出自身的人们组成的整体”，必须“将这群人联合为一个自然的和自己组成的整体”⑥。民族国家“为了至少不暂时引起混乱，为了不使自己的均衡发展的进程受

① 高四梅、潘广辉：《民族自决原则的欧洲哲学渊源及在现代的发展》，《世界民族》2003年第4期。

② ［德］费希特：《对德意志民族的演讲》，梁志学等译，辽宁教育出版社2003年版，第184页。

③ 同上书，第118页。

④ 同上书，第190页。

⑤ ［德］黑格尔：《法哲学原理》，范扬、张企泰译，商务印书馆1961年版，第339页。

⑥ ［德］费希特：《对德意志民族的演讲》，梁志学等译，辽宁教育出版社2003年版，第111页。

到严重干扰，决不会愿意接受任何一个有另一种来源、讲另一种语言的民族，并与它混合”①。马志尼认为民族国家是一个不可分割的整体，民族成员如果分离，就不会得到同族兄弟的同情和帮助。如果使用同一种语言民族地区与该民族建立的国家分离，就不可能有民族的幸福和安宁②。因此，必须以民族的名义建立“一个自由而平等的同胞组成的国家”③。法国学者托克维尔（1805—1859）认为人民主权学说是维系整个英裔美国人观念的最后一环④，“它们彼此平等，同属于一个大家庭，出于同一来源，具有同样的文明、同样的语言、同样的宗教、同样的习惯、同样的民情、同样的思想方法和同样的肤色”⑤，他的人民主权学说将黑人和印第安人等少数民族排除在外。密尔（1806—1873）同样提出“自由制度的一个必要条件是，政府的范围应大致和民族的范围一致”⑥。罗素（1872—1970）认为“民族之间的边界必须与国家之间的边界相一致，这一原则在文明社会中是很少有例外情况的”⑦。

在西欧资产阶级革命的影响下，民族自决思想伴随着中欧民族意识的觉醒得以复活，并以空前的规模和速度推广开来。摆脱外来统治，实现民族独立和解放，逐渐成为中欧民族民主运动的重要内容。德意志、波兰、意大利、俄国和奥地利等国都不同程度地制定和实施民族团结统一的计划⑧。19世纪意大利与德国通过民族主义战争，摆脱了异族统治，实现了民族独立与国家统一。这是民族自决权思想在欧洲的又一次成功实践。随着民族自决思想的广泛传播，在国际会议文书上开始出现自决

① ［德］费希特：《对德意志民族的演讲》，梁志学等译，辽宁教育出版社2003年版，第180页。

② ［意］马志尼：《论人的责任》，吕志士译，商务印书馆1995年版，第88页。

③ 同上书，第264页。

④ ［法］托克维尔：《论美国的民主》上卷，董果良译，商务印书馆1997年版，第463页。

⑤ 同上书，第480页。

⑥ ［英］J. S. 密尔：《代议制政府》，汪瑄译，商务印书馆1982年版，第225页。

⑦ ［英］罗素：《自由之路》（上下册），李国山等译，文化艺术出版社1998年版，第435页。

⑧ ［美］罗杰·劳·威廉斯：《欧洲简史——拿破仑以后》，吉林师大历史系翻译组译，吉林人民出版社1975年版，第30—31页。

的主张[①]。民族自决成为当时民族主义者的最高要求和最集中的体现，建立民族国家成为其终极目标，“自由主义的民族主义、传统主义的民族主义和整合的民族主义都因不同的原因把焦点聚焦于自决的民族国家”[②]。

（五）从主张民族平等和独立自主到对外侵略扩张

民族自决权思想的孕育、形成和全面普及的过程，是逐渐脱去神权政治神秘面纱而披上现实政治世俗外套的过程，是告别王权政治而走进市民政治的过程，是国家主权人民化、人民族裔化的过程[③]。从最初的本意上来说，民族自决权就是指民族群体自主和独立之正当性，即民族享有自主地处理本民族命运的权利。它是欧美资产阶级民族国家建构的合法性基础，是早期凝聚民族国家的主要思想。

民主革命时期资产阶级的民族自决权思想，具有朴素的浪漫主义色彩和巨大的包容性，既强调和尊重各民族的自决权，又主张民族平等与自由。但随着民主革命的胜利，民族统一的实现，民族国家的建立，资产阶级的民族自决思想逐渐发生了异化，主要表现在对内实行同质化，对外进行侵掠扩张。

西方资产阶级在国内竭力追求“一族一国”，极力反对社会的多样性而追求其同质性，实施同化政策。在新兴民族国家上述思想的影响下，当时对社会的同化成为一种普遍现象，英国、法国、德国、意大利、奥匈帝国、俄罗斯等都不同程度地实行过民族同化政策。密尔大赞同化政策在多民族社会的未来发展中的积极作用，“经验证明，一个民族合并和被吸收到另一个民族是可能的，并且当它原来是一个低等的和较落后种族的时候，这种吸收对它就大大有利”[④]。这种观点不仅局限在国内对其他少数民族的同化，更严重的后果被蔓延到世界各国。

已经建立民族国家的西方大国对外以“文明”的“传播者”和落后

① Walker Connor, Nation - building or nation - destroying? *John Hutchinson and Anthony D. Smith*: *Nationalism I*, Routledge 2000, p. 57.

② ［澳］安德鲁·文森特：《现代政治意识形态》，袁久红等译，江苏人民出版社 2005 年版，第 431—432 页。

③ 李红杰：《由自决到自治》，中央民族大学出版社 2009 年版，第 93 页。

④ ［英］J. S. 密尔：《代议制政府》，汪瑄译，商务印书馆 1982 年版，第 226—227 页。

民族的“解放者”自居，认为有义务去帮助和开化那些“愚昧落后”的种族和民族。为了适应帝国主义扩张的需要，民族自决权思想与达尔文的进化论学说相结合，变得越来越沙文主义和军国主义①。以英国的赫伯特·斯宾塞（1820—1903）为代表的社会达尔文主义，提出所谓的社会有机体论，认为社会如同生物一样，是一个有机体。社会进化过程与生物进化过程一样，适者生存、优胜劣汰。社会达尔文主义与种族主义、殖民主义和帝国主义思想交织在一起，形成了一股强大的社会思潮。民族自决被认为“适用于任何自称为一个‘民族’的群体”，其唯一目标是建立民族国家，“除了完全的国家独立之外，任何形式的自治都无法满足‘民族自决’”②。他们利用民族自决口号，任意干涉和控制新独立的民族国家，掀起了瓜分世界的浪潮。为了更好地对外扩张，他们大兴武力和推崇战争，将其看作是民族振兴和兴旺的根本。在英、德和法等国兴起了一大批极端的民族沙文主义者，他们极力鼓吹战争，宣扬武力。

二　马克思恩格斯的民族自决权思想

马克思恩格斯关于民族自决权思想的论述，是和19世纪无产阶级革命和世界民族解放运动分不开的，这时民族自决权思想从西欧北美发达资本主义国家向东欧和世界扩展。虽然马克思恩格斯关注的重心是无产阶级革命，但他们从同情弱小民族的立场出发，对于当时的民族解放运动同样给予高度重视。他们充分肯定了资产阶级民主革命时期的民族自决权思想，并对其进行了新的阐发。

（一）马克思恩格斯提出民族自决权思想的时代背景

中东欧民族运动兴起。中世纪时东西欧的差异并不显著，民族国家都还没有形成。当中世纪即将结束，西欧各个君主开始致力于摆脱神权的控制，在民族范围内建立世俗权力的统治地位时，东欧却在中世纪以

---

① ［美］斯塔夫里阿诺斯：《全球通史》下（第7版），董书慧等译，北京大学出版社2005年版，第529页。

② ［英］艾瑞克·霍布斯鲍姆：《帝国的年代》，贾士蘅译，江苏人民出版社1999年版，第179页。

来绵延不断的异族军事力量的侵扰下，进入了帝国时代[①]，东欧各民族遭受帝国统治下的民族奴役。经过多年的征战和兼并，1815 年形成了俄罗斯、奥地利、土耳其和普鲁士四国统治东欧的局面，其中以俄罗斯势力最为强大。从 1453 年君士坦丁堡陷落到 1918 年东欧的三大帝国——奥匈帝国、俄罗斯帝国和奥斯曼土耳其帝国最终瓦解为止，东欧经历了长达四个半世纪的帝国统治。帝国的出现中断了东欧民族发展进程，除俄罗斯外，其他东欧民族都先后失去了民族独立。

19 世纪上半期，西欧的英国、法国、西班牙、比利时和荷兰等民族实现了民族自决，建立了独立的民族国家，统一了国内市场，促进了资本主义的巨大发展。但另一方面，资本原始积累时期积聚的矛盾和问题开始集中凸显，社会贫富差距悬殊，阶级对抗严重，阶级斗争在社会总问题中处于支配地位。社会生产的无政府状态越来越严重，经济危机频繁爆发，社会生产力遭到极大破坏。为转嫁社会矛盾，摆脱经济危机的困境，争夺更多的原材料和倾销数量庞大的商品，西欧诸国开始积极对外侵略扩张。

在西欧资产阶级大革命的影响下，在他们大肆侵略扩张的活动中，19 世纪中叶东欧的民族解放运动如火如荼地展开了。他们要求摆脱帝国政制，完成民主革命，建立民族国家，实现民族自决。1848 年席卷欧洲的资产阶级民主革命，在不同程度上打击和动摇了封建专制制度及其残余势力的统治，使被压迫民族清醒地认识到，只有通过革命才能彻底摆脱民族剥削和压迫，实现民族的独立和解放。波兰、意大利、德国、匈牙利、捷克和南方斯拉夫人都掀起了声势浩大的民族解放运动，要求摆脱异族统治，争取民族解放和独立统一。

亚洲民族解放运动蓬勃发展。资本主义的侵略扩张，打破了东方社会的封闭性和相互隔绝的状态，社会分化加剧，民族资产阶级开始形成并获得了不同程度的发展。西方国家对于东方民族的剥削和掠夺，唤醒了东方民族的反抗意识，一场反帝反封建的民族解放运动的革命风暴在亚洲大地上酝酿形成。19 世纪 30—40 年代无产阶级作为一支独立的政治力量登上了历史舞台，他们同资产阶级展开了激烈的斗争。反对西方资

---

① 王联：《世界民族主义论》，北京大学出版社 2002 年版，第 74 页。

本主义的共同目标，将无产阶级革命和东方民族解放运动联系起来。

正是在上述时代背景下，马克思和恩格斯立足于无产阶级革命斗争的立场，对于欧亚各国民族解放运动给予高度关注和积极支持，他们在批判资产阶级统治和侵略的同时，充分肯定和借鉴了资产阶级民主革命时期的民族自决权原则，从同情和支持弱小民族的立场出发，主张被压迫民族拥有摆脱压迫民族的政治独立权。

（二）马克思恩格斯关于欧洲民族自决权思想的论述

马克思恩格斯从欧洲民族的现状出发，详细论述了欧洲各民族实现民族自决权思想的方式和措施。

解放中东欧民族的首要条件是推翻以沙俄为首的“神圣同盟”。在当时的欧洲，以沙俄为首的“神圣同盟”是整个欧洲革命人民的主要敌人，它是欧洲的宪兵，不但镇压本国人民的革命，而且到处镇压欧洲人民的革命。恩格斯指出：“1848 年的革命，立即唤醒一切被压迫民族起来要求独立和自己管理自己事务的权利”①，即要求实现民族自决。“推翻沙皇政府，消灭这个威胁着整个欧洲的祸害……这就是解放中欧和东欧各民族的首要条件”②。因此，马克思恩格斯根据各民族对待“神圣同盟”、本国封建专制制度和社会革命的态度，将当时的民族运动划分为革命的民族和反革命的民族，并且制定了对待两种民族运动的基本策略。他们积极支持和赞扬德意志、意大利、匈牙利等民族的革命的进步的民族运动，同时批判了捷克、斯洛伐克和南方斯拉夫人的反革命民族运动。

中东欧各国民族运动的目的是反对本国封建势力和外部势力双重剥削和压迫，进行民主革命，建立独立统一的民族国家。马克思认为中东欧各国民族运动负有双重任务，即对内反对封建统治，进行民主革命，对外推翻外来势力的压迫，建立独立统一的民族国家，实现民族解放。只有各民族获得彻底解放，才能获得真正的自由。鉴于此，他对当时中东欧各民族的民族运动进行了分析，认为德意志必须推翻封建专制制度，

---

① 《马克思恩格斯全集》第 11 卷，人民出版社 1995 年版，第 52 页。

② 《马克思恩格斯全集》第 37 卷，人民出版社 1971 年版，第 5 页。

把“全德国宣布为一个统一的、不可分割的共和国”[①]，除了反对本国封建专制制度和沙俄及其“神圣同盟”，完成资产阶级民主革命以实现国家统一外，还要解放各被压迫民族，其中包括德意志、波兰、意大利等民族。德意志民族要想从沙俄的铁蹄下解放出来，还必须首先放弃对波兰以及对其他民族的侵略和压迫，恢复波兰的民主、独立和主权。对于四分五裂的意大利来说，“争取恢复民族统一就成了一切政治运动的第一步，没有民族统一，民族生存只不过是一个幻影”[②]。只有依靠广大的人民群众，尤其是无产阶级，通过自下而上的革命运动，才能建立真正独立、统一和民主的意大利。

波兰作为东欧的大国，民族命运比较悲惨，它在历史上多次遭到周边国家俄、普、奥的侵略和瓜分，民族发展进程一再被中断。残酷的剥削和压迫激起了波兰人民的激烈反抗，民族起义连绵不断。虽然1830年、1846年、1848年和1863年先后四次民族起义均告失败，但显示了波兰人民反抗外来压迫，争取民族独立的决心和无所畏惧的精神。马克思认为波兰民族解放运动的性质是资产阶级民主革命，为此波兰在当时对外反对以沙俄为首的“神圣同盟”，实现民族独立和统一的任务更为迫切。正是在第一国际召开的讨论波兰问题的国际会议上，马克思首次提出了民族自决权概念，认为“必须在运用民族自决权原则的基础上，并通过在民主和社会主义基础上恢复波兰的办法，来消除俄国佬在欧洲的影响”[③]。对内波兰反对本国封建专制统治，建立民主共和国。波兰争取民主革命和民族革命的两大任务中，主要矛盾是争取民族独立。马克思恩格斯在纪念波兰起义的国际会议上指出，各民族都有独立生存的权利，民族自决权是民族享有的不容争辩的历史权利。恩格斯谈到波兰民族反对德、俄分割，争取独立时，明确指出：“它在欧洲各民族大家庭中独立生存的权利是不容争辩的。”马克思在讲话中指出，之所以同情波兰的命运，主要原因是同情其被奴役的命运，还有波兰民族反抗奴役的英勇斗争，“证

① 《马克思恩格斯全集》第5卷，人民出版社1958年版，第3页。
② 《马克思恩格斯全集》第21卷，人民出版社2003年版，第223页。
③ 《马克思恩格斯全集》第19卷，人民出版社1963年版，第164页。

明了它具有民族独立和民族自决的历史权利"[①]。

爱尔兰是一个农业国，英国为了自己的私利，不仅大量攫取爱尔兰的土地，而且强行移民，造成爱尔兰人流离失所。为了永久占有爱尔兰，甚至取消了爱尔兰的自治权，强制要求英爱合并。对于英国殖民统治下的爱尔兰独立问题，马克思的观点经历了一个变化过程。最初他认为，由于强大的英国统治，弱小的爱尔兰要想从英国统治下分离出去是不可能的。但是随着时间的推移和实践的发展，马克思逐渐改变了这种看法。在1867年以后他认为爱尔兰的分离是不可避免的，要解决的问题只不过是分离之后如何处理二者的关系而已。马克思结合英国和爱尔兰的实际认为在现有条件下爱尔兰要立即实现独立比较困难，应当先建立较容易为各方接受的英爱联邦，然后向单一制民主共和国过渡，爱尔兰应当把实行英爱联邦作为将来建立单一制的民主共和国的过渡形式[②]。"爱尔兰人需要的是：1. 自治和脱离英国而独立，2. 土地革命。"[③]

中东欧民族解放运动的重心是被压迫民族自身的斗争。马克思恩格斯曾经设想，首先在资本主义比较发达的英、法、德三国爆发无产阶级革命，然后支持和帮助被压迫民族实现民族独立和解放。他在纪念波兰1830年起义十七周年的国际大会上提出："在英国解放波兰，而不是在波兰解放波兰。"[④] 随着革命形势的发展，特别是被压迫民族解放运动的深入发展，马克思恩格斯很快意识到，被压迫民族在自身解放的过程中所起的作用不容忽视，被压迫民族才是解放自己的主力军，他们自身的努力对本民族的独立和解放起着决定作用。马克思说："对爱尔兰问题做了多年研究之后，我得出了这样的结论：不是在英国，而只有在爱尔兰才能给英国统治阶级以决定性的打击（而这对全世界的工人运动来说是有决定意义的）。"[⑤]

---

① 中国社会科学院民族研究所：《马克思恩格斯论民族问题》，民族出版社1986年版，第505页。

② 《马克思恩格斯全集》第31卷，人民出版社1998年版，第381页。

③ 同上书，第405页。

④ 中国社会科学院民族研究所：《马克思恩格斯论民族问题》，民族出版社1986年版，第117页。

⑤ 《马克思恩格斯选集》第4卷，人民出版社1995年版，第589页。

中东欧民族解放运动与无产阶级的国际合作相互促进、互为条件。一方面，中东欧民族解放运动对加强无产阶级的国际合作具有积极的推动作用，各民族首先必须实现民族范围内的民族自决，建立起独立统一的民族国家，才能在平等基础上实现无产阶级的国际联合和合作。“欧洲各民族的诚恳的国际合作，只有当其中每个民族都在自己内部完全自主的时候才能实现”[①]，只有恢复每个民族的独立和统一，才能实现无产阶级的国际联合，才能实现各民族和睦自觉的为实现共同目的的合作[②]。“无产阶级的国际运动，无论如何只有在独立民族的范围内才有可能”[③]。另一方面，欧洲无产阶级革命也推动着波兰、爱尔兰的民族解放运动。英、法、德等发达国家的无产阶级革命将牵制、消耗反动统治阶级的军事力量，减轻反动势力对波兰、爱尔兰民族的镇压和压迫，并增强被压迫民族争取民族独立和解放的信心，鼓舞他们不断革命的斗志。

民族解放运动服从和服务于整个无产阶级的革命事业。只有无产阶级完成了资产阶级民主革命，继而进行社会主义革命，消灭了阶级剥削和民族压迫的根源即私有制时，各被压迫民族才能获得最终解放。从这个意义上而言，“无产阶级对资产阶级的胜利同时就是一切被压迫民族获得解放的信号”[④]。据此马克思恩格斯坚决反对和批判了捷克、斯洛伐克和南方斯拉夫人等将民族运动置于无产阶级革命之前，一味强调民族独立的立场，他们将实现本民族独立的希望寄托在沙俄等封建势力身上的做法是极端错误的，他们的民族运动是反革命的民族运动。而其余民族运动如波兰、爱尔兰的民族解放运动则是欧洲无产阶级革命的一部分，它们的民族解放运动有助于欧洲无产阶级革命运动的发展。

压迫其他民族的民族是不能获得解放的。马克思恩格斯以德国、俄国与波兰的关系，英国与爱尔兰的关系为例，阐述了压迫民族只有放弃

---

① 中国社会科学院民族研究所：《马克思恩格斯论民族问题》，民族出版社 1986 年版，第 122 页。

② 同上书，第 123 页。

③ 《马克思恩格斯全集》第 35 卷，人民出版社 1971 年版，第 261 页。

④ 中国社会科学院民族研究所：《马克思恩格斯论民族问题》，民族出版社 1986 年版，第 116 页。

对被压迫民族的奴役和压迫，才能真正实现自身的真正解放。他们认为俄国对波兰民族的侵略和掠夺，不仅违背波兰人民的利益，而且使俄国广大人民在政治上处于被压迫的地位，在经济上和精神上背负着沉重的负担。“奴役其他民族的民族是在为自身锻造镣铐”①，“波兰的独立和俄国的革命是互为条件的”②，只要俄国禁止波兰独立，那么俄国人民就不能获得政治和社会的解放。俄国人民要获得解放和自由，就必须首先消除对其他民族的剥削和压迫。

德国和波兰的关系同样如此。瓜分和奴役波兰的德国反而使自己沦为沙俄的工具，“波兰的一块土地是女皇抛给普鲁士的一根骨头，使它在整整的一百年间驯顺地被拴在俄国的锁链上”③。恩格斯指出奴役别的民族的民族是要受到惩罚的④，德国要想获得解放，就必须把波兰从德国的压迫下首先解放出来⑤。“德国将来自由的程度要看它给予毗邻民族的自由的多少而定”⑥。德国只有与民族奴役政策实行彻底的决裂，支持恢复波兰的民族运动，实现受德国人压迫的各民族的自由，才能让所有革命的民族对沙俄乃至欧洲的一切反动势力开战，从而摧毁俄、普、奥“神圣同盟”，彻底打垮沙皇俄国。

爱尔兰是英国大土地所有制的支柱和土地贵族的堡垒，是英国政府维持庞大常备军的唯一借口，英国要最终获得解放，促进本国革命的发展，就必须撤出爱尔兰。马克思从英国无产阶级革命的视角指出，英国工人阶级解放的先决条件是尽可能地把英国和爱尔兰之间的强制合并，即对爱尔兰的民族奴役，变为平等自由的联盟，如果有必要还可以使二者完全分离⑦。加速英国社会革命的“唯一办法就是使爱尔兰独立”⑧。

① 中国社会科学院民族研究所：《马克思恩格斯论民族问题》，民族出版社 1986 年版，第 446 页。

② 同上书，第 515 页。

③ 同上书，第 844 页。

④ 《马克思恩格斯论民族问题》，第 504 页。

⑤ 《马克思恩格斯全集》第 4 卷，人民出版社 1958 年版，第 410 页。

⑥ 《马克思恩格斯全集》第 5 卷，人民出版社 1958 年版，第 178 页。

⑦ 中国社会科学院民族研究所：《马克思恩格斯论民族问题》，民族出版社 1986 年版，第 446—447 页。

⑧ 同上书，第 454—455 页。

取消英爱合并，在自由平等基础上，在爱尔兰民族真正支配自己命运的前提下结成自由联盟，不仅有利于爱尔兰民族走向单一的民主共和国，更有利于改善两国工人阶级间的关系，加强他们的国际合作，从而推进英国工人阶级乃至全人类的解放进程。“每一个民族（nationality）都应当是自己命运的主宰”①。

（三）马克思恩格斯关于亚洲民族自决权思想的论述

马克思恩格斯以高度的革命责任感和无产阶级解放的事业心，对亚洲的民族解放运动给予深切关注，他们考察了这些国家的历史和现状，揭露了欧洲殖民主义强国掠夺的本性，热情颂扬了东方民族反帝反封建的革命斗争精神，在肯定他们民族自决权思想的同时，对亚洲的民族解放运动寄予深切的希望。

揭露殖民主义对中国等亚洲民族压迫和剥削的罪行。马克思恩格斯认为英国和沙俄等殖民主义者对中国和印度等东方民族的侵略和压迫是非常残酷和野蛮的，他们是敲骨吸髓式的剥削和掠夺，是趁火打劫的卑劣行为。英国殖民主义者对中国进行的“非法的鸦片贸易年年靠摧残人命和败坏道德来填满英国国库”②，英国人对中国进行的鸦片贸易比美洲的奴隶贸易还要残忍，危害更大，因为奴隶贸易下人还有存活的可能，但是鸦片贸易不但严重破坏了中国的经济和社会，而且严重摧残中华民族的肉体和精神。“同鸦片贸易比较起来，奴隶贸易是仁慈的”③。鸦片战争时期“英国人控告中国人一桩，中国人至少可以控告英国人九十九桩”④。他们还揭露了沙俄对中国进行趁火打劫的卑劣行为，在一、二次鸦片战争期间，沙俄强迫中国政府签订不平等条约，谋取了大量的特权和领土，损害了中华民族的利益。英国殖民主义者对印度人民敲骨吸髓式的剥削和掠夺，中断了印度民族工业的发展进程和民族的独立，印度人民陷入无尽的痛苦和灾难之中。马克思指出：“不列颠人给印度斯坦带

---

① 中国社会科学院民族研究所：《马克思恩格斯论民族问题》，民族出版社1986年版，第381页。

② 《马克思恩格斯选集》第1卷，人民出版社1995年版，第704页。

③ 《马克思恩格斯全集》第12卷，人民出版社1962年版，第584页。

④ 《马克思恩格斯选集》第1卷，人民出版社1995年版，第704页。

来的灾难，与印度斯坦过去的一切灾难比较起来，毫无疑问在本质上属于另一种，在程度上不知要深重多少倍。”①

高度评价东方各民族的反帝斗争。哪里有压迫，哪里就有反抗。英法等西方国家对中印等东方国家的殖民统治，激起了东方民族的强烈反抗。恩格斯给予中国人民的反抗斗争以高度评价，认为“这是保卫社稷和家园的战争，这是保存中华民族的人民战争”②。马克思认为1857年印度反英大起义“十分可喜”③，属于进步的民族运动。他们认为西方殖民主义者对亚洲的侵略，在客观上打破了亚洲国家的闭关自守状态，促成了亚洲的社会变革。中国开始丢掉唯我独尊的愚昧、落后心态，承认和学习西方，这种进步与变革必将带动整个亚洲走上新生之路，“过不了多少年，我们就会亲眼看到世界上最古老的帝国的垂死挣扎，看到整个亚洲新纪元的曙光”④。

殖民地民族解放运动与资本主义国家的无产阶级革命之间相互联系、相互推动、不可分割。欧洲革命的爆发有利于东方殖民地民族的解放运动，东方民族的解放运动又会支援和促进欧洲革命。马克思在《中国革命和欧洲革命》一文中指出，英国人的入侵，引起中国革命的爆发，中国革命又会促进英国乃至整个欧洲的革命运动，这完全符合革命发展的辩证法。“中国革命将把火星抛到现今工业体系这个火药装得足而又足的地雷上，把酝酿已久的普遍危机引爆，这个普遍危机一扩展到国外，紧接而来的将是欧洲大陆的政治革命”⑤。印度1857—1859年的民族起义和中国的太平天国运动一样，在一定程度上加剧了资本主义世界的经济危机，使英国向印度的商品出口几乎完全停止，并牵制削弱了英国的军事力量，这不仅支援了中国、波斯等民族反抗殖民主义侵略的解放运动，而且削弱了英国在国内的统治力量，为英国无产阶级革命创造了条件。为此，他们把印度的民族起义称作欧洲无产阶级革命的“最好的同盟军”，认为它是在一定条件下促成欧洲革命的因素之一。马克思恩格斯关

① 《马克思恩格斯选集》第1卷，人民出版社1995年版，第761页。

② 同上书，第710页。

③ 《马克思恩格斯全集》第29卷，人民出版社1972年版，第142页。

④ 《马克思恩格斯选集》第1卷，人民出版社1995年版，第712页。

⑤ 同上书，第695页。

于殖民地民族解放运动、东方民族的革命运动以及资本主义国家无产阶级革命之间关系的论述，后来被列宁继承并发展成为被压迫民族联合起来的思想。

（四）马克思恩格斯关于无产阶级民族自决权思想的论述

通过对欧洲和亚洲民族解放运动的关注和研究，马克思恩格斯提出了无产阶级的民族自决权思想。

坚持国际主义，反对民族主义。马克思恩格斯认为无产阶级要最终取得社会主义革命的胜利，必须摒弃狭隘的民族主义，坚定不移地坚持和贯彻国际主义。他们高度评价了各民族无产阶级尤其是波兰民族的国际主义精神，赞扬波兰与德国人、马扎尔人结成同盟共同反对泛斯拉夫主义的做法，指出“波兰人是没有任何泛斯拉夫主义欲望的惟一斯拉夫民族”①，波兰人认为争得自由高于保持民族特征的做法证明它是一个有生命力和前途的民族②。波兰民族在争取自身解放的同时，还积极援助美国、法国等民族的解放运动③，这就是国际主义。在 1848 年欧洲大革命中，波兰人始终站在革命方面，“在巴黎、维也纳、柏林，在意大利和匈牙利，波兰人都参加了历次革命和革命战争”④。

巴黎公社革命体现的最基本精神是国际主义原则，坚持这一原则就必须反对资产阶级的民族主义思想。各国无产阶级必须高举国际主义的旗帜，坚决支持被压迫民族争取独立解放的斗争，把资产阶级民主革命进行到底，为无产阶级的社会主义革命和被压迫民族的彻底解放开辟道路。

坚持民族平等与民族独立，促进各民族的团结合作。民族是不断发展变化的，世界各民族之间没有优劣之分，都是平等的，都为推动社会发展做出了贡献。民族平等是开展无产阶级国际合作运动的必要条件，权利不平等的民族如压迫民族和被压迫民族之间，不会存在国际合作；

---

① 中国社会科学院民族研究所：《马克思恩格斯论民族问题》，民族出版社 1986 年版，第 213 页。

② 同上书，第 190 页。

③ 同上书，第 559 页。

④ 同上书，第 213 页。

民族独立是进行无产阶级国际合作的基础，只有每个民族都在自己内部完全自主的时候，才能实现欧洲各民族的诚恳的国际合作。为了使各民族都享有平等的权利，就必须加强国内外各民族的团结，放弃盲目排外和仇视其他民族的错误思想，克服民族偏见和民族优越感①。只有这样，才能打破民族封闭孤立的状态，增强世界无产阶级的力量。在当时的欧洲，各民族的无产阶级不但遭受本民族资产阶级的剥削和压迫，而且还受到异族资产阶级的剥削和压迫。随着资本主义大工业的发展以及世界市场的形成，各民族资产阶级之间建立起紧密的联系，他们联合起来对无产阶级实行剥削和压迫。资本主义大工业的发展，整个社会日益分化，使得世界各民族的无产阶级“失去了任何民族性”②，发达国家和发展中国家无一例外。在对外扩张的过程中，资产阶级加强了彼此之间的联系，结成了同盟。无产阶级也应当团结起来，在坚持民族平等和独立的基础上实现真正自愿平等的国际合作，一起反对共同的敌人。正是在此意义上，马克思恩格斯提出“工人无祖国”的论断，他们认为各民族无产阶级的团结合作在当时十分重要和紧迫，为了同共同的敌人进行斗争，他们提出了“全世界无产者，联合起来!”的革命口号。

坚持无产阶级专政，逐步向社会主义过渡。马克思恩格斯认为实现各民族的自决权只是各民族发展的一个阶段，实现共产主义、解放全人类才是各民族发展的最终目标，无产阶级和广大劳动人民是完成人类解放的主体力量。具体来讲，首先发达国家的无产阶级革命将率先取得胜利，然后帮助落后国家和民族走上社会主义的发展道路③。落后国家和民族在特定历史条件下，能够跨越资本主义的卡夫丁峡谷，缩短向社会主义发展的进程，直接走上社会主义的发展道路。它们的胜利除了西方无产阶级革命的外部推动外，还要依靠俄国等落后国家和民族自身的社会革命来从内部推动。如果俄国率先发生推翻封建专制制度的资产阶级民主革命，就会引发西方无产阶级革命的大火，而西方无产阶级革命的成功，反过来又会推动俄国迅速地从民主革命进入到社会主义革命。

① 《马克思恩格斯全集》第2卷，人民出版社1957年版，第274—277页。

② 《马克思恩格斯选集》第1卷，人民出版社1995年版，第283页。

③ 《马克思恩格斯全集》第23卷，人民出版社1972年版，第11页。

总之，在自由资本主义上升和发展时期，马克思恩格斯从西欧发达国家的无产阶级革命运动出发，充分肯定了民族自决权原则的历史作用，极力主张一切被压迫民族都有争取民族自决、实现民族独立的权利，无产阶级政党为了全人类的解放事业必须承认和支持民族自决权。只有通过各民族的自决和独立，才能建立起主权平等的民族国家，才能在民族国家范围内不断壮大无产阶级队伍，在平等的基础上实现无产阶级的国际主义合作，有效组织社会主义革命，逐步走向社会主义。实现各民族的自决权只是各民族发展的一个阶段，实现共产主义、解放全人类才是各民族发展的最终目标。这是无产阶级的民族自决原则同资产阶级民族自决原则的根本区别。以上关于民族自决权思想的理论论证和实践检验，为列宁进一步提出民族自决权思想打下了坚实的理论基础和实践基石。

第二节　列宁民族自决权思想的时代背景

列宁认为："在分析任何一个社会问题时，马克思主义理论的绝对要求，就是要把问题提到一定的历史范围之内，此外，如果谈到某一国家（例如，谈到这个国家的民族纲领），那就要估计到在同一历史时代这个国家不同于其他各国的具体特点。"① 要研究列宁的民族自决权思想，就必须将其还原于当时的历史背景之中进行考察。列宁的民族自决权思想是在资本主义发展到帝国主义阶段的背景条件下，根据俄国的民族特点提出来的。为此，必须考察资本主义发展的帝国主义阶段和俄国不同于其他国家的民族特点。

一　资本主义进入帝国主义发展阶段

19世纪70年代，资本主义获得了巨大发展，随着生产和资本的日益集中，资本主义进入帝国主义发展阶段。同时，为了获得更大利益，它们对外以传播文明为借口积极侵略扩张，掀起了瓜分世界的狂潮。资本

① 《列宁全集》第20卷，人民出版社1989年版，第401页。

主义国家的殖民活动不仅加剧了阶级矛盾，激起了无产阶级的强烈反抗，而且唤醒了被压迫民族的民族反抗意识。但是对于如何认识和对待西方国家的殖民政策和世界各民族的民族自决权问题上，国际工人运动内部发生了严重的分歧和激烈的争论。

（一）资本主义发展到帝国主义最高阶段

19 世纪 60—70 年代，科学技术的发展和工业革命的实现，使资本主义的生产和资本日益集中。到 20 世纪初，发达资本主义国家生产和资本集中程度加剧，垄断组织和银行资本结合起来，形成了金融资本和金融寡头，垄断成了全部经济生活的基础，并在各个主要资本主义国家确立了统治地位，发达国家资本主义进入帝国主义发展阶段。金融资本和金融寡头在国内的统治，加剧了政治经济矛盾，加强了垄断资本的对外扩张。他们用“民族自决”“民族独立”的幌子，直接侵略亚、非、拉等地区的领土，掠夺殖民地。许多国家变成了帝国主义的半殖民地或附属国，名义上拥有主权，维持政治独立，实际上在外交、经济和军事等方面依附于帝国主义强国并受其控制。19 世纪末 20 世纪初，世界已被列强瓜分完毕。少数帝国主义国家奴役着世界上绝大多数的国家和民族，世界民族分成压迫民族和被压迫民族。殖民地的瓜分是以列强的实力为根据的，而列强实力的对比关系又是不断发展变化的，因此在资本主义制度下重新瓜分殖民地成为不可避免。迅速崛起的德国要求按照实力重新划分势力范围和殖民地份额，这与老牌的帝国主义英法等的利益发生了冲突。为了维护各自的利益，各个帝国主义国家积极扩军备战，进行军备竞赛，妄图通过战争来实现对世界的重新瓜分。

（二）无产阶级革命和世界民族解放运动蓬勃发展

资本主义的扩张，唤醒了被压迫民族的民族意识，国际无产阶级革命和世界民族解放运动的发展进入高潮。资本主义列强和当地封建专制主义为了维护共同的利益而相互联合，在加紧对殖民地进行剥削和掠夺的同时，残酷镇压各国人民的反抗。饱受剥削压迫的各民族在同上述敌人进行斗争的过程中，催生了新兴的无产阶级和资产阶级，他们成为民主革命和民族解放运动的主力军。以无产阶级为主的革命力量不断壮大，他们掀起了反帝反封建的革命运动，世界进入了无产阶级革命时代。被压迫民族的资产阶级为了自身的利益，掀起了民主革命，如 1905—1913 年间爆发的波斯、土耳其和中国的资产阶级革命。为了争取更多的群众，他们举起了民族独立、民族自决的大旗，号召人民起来反抗殖民统治，摆脱“异民族”或“大民族”的压迫和奴役，争取民族解放和建立独立的民族国家。争取平等、自由、独立的斗争逐渐融合成一种不可抗拒的时代潮流。帝国主义时期压迫民族与被压迫民族的对立更加尖锐，世界各民族的民族解放运动日益发展，出现了以“亚洲觉醒”为代表的新一轮民族解放运动的高潮。它和无产阶级革命遥相呼应，成为无产阶级世界革命的重要组成部分。

（三）第二国际内部对时代问题认识分歧严重

马克思和恩格斯逝世以后，第二国际内部发生了巨大分化。在如何对待资本主义国家的殖民政策和瓜分殖民地斗争、民族自决权等问题上，国际工人运动内部褒贬不一。以德国的伯恩施坦等为代表的社会民主党人虽然反对旧的资产阶级的殖民政策，但是他们支持和赞成社会主义的殖民政策。他们撰文全面论证殖民地政策的进步性，认为地球及其资源是大家共有的，殖民行为是社会进步的杠杆之一，它可以将土著居民纳入文明制度，阻止其退化，还可以增加社会财富，使社会主义更容易实现①。此外，以石普林格尔、鲍威尔为代表的右派和以第二国际思想领袖自居的考茨基为代表的中派，虽然没有肯定殖民政策的“进步性”，但他们极力否定民族自决原则，要求代之以民族文化自治。甚至连第二国际的左派代表罗莎·卢森堡等人，也认为坚持民族自决原则是“老生常谈”，是“形而上学”。为了正确对待殖民地民族问题和指导无产阶级革命，第二国际于 1896 年在伦敦召开代表大会，就殖民地问题进行了激烈的辩论，大会最终通过决议一致谴责资产阶级的殖民政策，重申马克思的观点，宣布一切被压迫民族享有完全的民族自决权②。一切殖民地国家和殖民国家的工人阶级，都应当坚持国际社会主义，共同进行反对国际

---

① 梁守德：《民族解放运动史》，北京大学出版社 1985 年版，第 242 页。

② 陈联壁：《民族自决权新议》，《民族研究》2001 年第 6 期。

资本主义的斗争[①]。

二　沙皇俄国打破了民族压迫的世界纪录

经过三百多年的武力扩张，沙皇俄国成为地跨欧亚两大洲的庞大帝国，统治着一百多个民族地区和国家，民族关系十分复杂。高压同化的民族政策使得沙俄的民族压迫相当严重，民族矛盾十分尖锐，民族反抗此起彼伏。受封建专制统治的压迫，俄国资本主义发展缓慢，民主革命尚未完成。与资产阶级的软弱相比，俄国无产阶级的力量发展迅速，无产阶级革命和非俄罗斯民族的反抗斗争加速了俄国革命的爆发，迫切需要一个坚强有力的领导核心来领导各族人民进行民族民主革命。

（一）沙皇俄国的侵略扩张使俄罗斯成为多民族国家

沙皇俄国是以东欧平原上的莫斯科公国为中心发展起来的。13世纪末叶，东斯拉夫人建立的基辅罗斯国家解体之后，俄罗斯民族在莫斯科所处的东北罗斯地区建立一个面积只有1300平方千米的莫斯科公国。它同周围别的公国一样，遭受蒙古—鞑靼人的钦察汗国的统治。从14世纪起，莫斯科大公依靠替钦察汗征收贡赋的权力，打击和削弱其他公国，培植和加强本国力量，以后又利用钦察汗国衰落和内讧之际，摆脱蒙古人的统治。1547年伊凡四世（1533—1584）自称沙皇，开始对外侵略扩张[②]。到19世纪中叶，沙俄吞并了芬兰、波罗的海沿岸、绝大部分波兰、乌克兰、白俄罗斯、摩尔达维亚、高加索地区、中亚和西伯利亚等地区，由欧洲东北一隅的“弹丸小国”扩张成横跨欧、亚两大洲的庞大殖民帝国，统治着欧洲和亚洲的100多个非俄罗斯民族地区或国家，俄国版图从280万平方千米，扩大到2280万平方公里，约占欧洲土地的1/2和亚洲土地的1/3。沙俄对外侵略扩张的过程，也是多民族国家形成的过程。

① 周一良、吴于廑：《世界通史：近代部分》（下册），人民出版社1972年版，第206页。

② 赵常庆、陈联壁等：《苏联民族问题研究》，社会科学文献出版社2007年版，第5—7页。

（二）沙皇俄国的高压和同化殖民政策造成了尖锐复杂的民族矛盾

从总体来看，占统治地位的大俄罗斯民族占全国人口总数的43%，非俄罗斯民族人口占全国人口总数的57%，大多聚居在边境地区，经济、生活习惯、文化各方面与俄罗斯民族差距较大。殖民地民族在经济发达程度、语言文化、宗教信仰和风俗习惯方面也存在着较大的差异。西部的波罗的海沿岸地区、乌克兰、芬兰和白俄罗斯等地区经济文化水平较高；外高加索和中亚地区虽然具有悠久的古老文化，但是社会经济发展较为落后；至于伏尔加河中下游东岸、西伯利亚和北高加索地区，经济落后、文化水平低下。与西方国家和殖民地之间界限区分简单明了不同，沙俄与其殖民地之间的界限极为模糊，宗主国和殖民地连为一体。以沙皇为首的地主统治阶级在其疆界内，对被征服的各民族采取种种同化措施，妄图将其纳入俄罗斯民族，实现与俄罗斯民族的一体化。他们实行残酷的政治压迫、经济剥夺和文化同化，甚至大规模屠杀，非俄罗斯民族处境十分悲惨。沙皇“政府的政策彻头彻尾地表现出民族主义精神。当局竭力使‘统治’民族，即大俄罗斯民族享有种种特权”，“竭力把住在俄国的一切其他民族的权利削减得愈来愈小”①。

在政治上，沙皇政府不断消减芬兰和波兰的“自治权”，通过任命总督实现对其统治，对波罗的海沿岸地区、乌克兰和白俄罗斯则直接纳入管辖范围，实行同俄罗斯同样的行政管理系统。为了剥夺非俄罗斯民族的独立地位，沙皇提出了“专制、正教和民族”三原则，建立沙皇、东正教和俄罗斯民族的绝对统治，强制实行一体化。在经济上，大肆掠夺被占领地区的土地，征收名目繁多的苛捐杂税和徭役，如水土使用税、帐幕居住税、婴儿出生税、牲畜饲养税、赶集税、走路税等，巴什基尔人甚至因为眼珠是黑的和灰的，也要纳税②。此外，各级殖民官员、商人等也对各民族强取豪夺，牟取暴利。在文化上，沙皇政府实行愚民政策，极力阻碍和限制民族文化和教育事业的发展，“限制而且有时干脆取消当

① 《列宁全集》第23卷，人民出版社1990年版，第395页。

② ［苏］潘克拉托娃主编：《苏联通史》第2卷，山东大学译，生活·读书·新知三联书店1980年版，第29页。

地的学校、剧院和教育机关，以使群众愚昧无知”[①]。沙俄政府禁止非俄罗斯民族使用本民族语言，强行推行“义务国语制”，强迫各非俄罗斯民族学习、使用俄语。为了彻底征服非俄罗斯民族，沙俄在摧残他们语言文化的同时，还极力设法改变其宗教信仰，强迫他们皈依东正教。政治上的高压统治，经济上的极力盘剥，文化上的大俄罗斯民族主义强制同化政策，唆使一个民族去反对另一民族，散布民族仇恨，挑起民族冲突和民族间的相互残杀等，使得俄罗斯成了“各民族的监狱”。列宁愤怒地指出老沙皇“打破了民族压迫的世界纪录”[②]。

（三）沙皇俄国的殖民统治激起非俄罗斯民族的激烈反抗

从沙俄吞并各民族开始，各民族的反抗和斗争从未停止。19 世纪 30 年代的乌克兰民族起义，高加索各族人民的解放战争，1863 年爆发的波兰革命运动等，集中表现了非俄罗斯民族反抗民族压迫、争取民族独立的强烈要求和趋向。乌克兰、芬兰和高加索地区反抗沙俄殖民统治的民族起义和民族解放运动斗争从未间断，并且规模越来越大；农民反抗政府横征暴敛的战争更是此起彼伏，遍及伏尔加河、顿河流域和西伯利亚地区。从总体上来讲，这些斗争基本上属于自发性的分散斗争，没有明确的斗争纲领和目标，缺乏统一的坚强有力的领导力量，虽然削弱动摇了沙俄的统治，但终究难逃被镇压的结局。“沙皇君主制度同欧洲和亚洲的邻国相比是最反动最野蛮的国家制度”，各民族的自决权不仅“是遭受沙皇君主制度空前的民族压迫的俄国多数居民的要求”，“也是大俄罗斯居民本身的自由事业的要求，因为不根除黑帮的大俄罗斯民族主义，大俄罗斯居民就无法建立民主国家”[③]。

（四）沙皇俄国资本主义发展缓慢而无产阶级发展极为迅速

进入 19 世纪后，俄国国内的资本主义也缓慢地发展起来。在国内资产阶级和各民族掀起的此起彼伏的反抗斗争中，俄国不得不于 1861 年废

---

① 《斯大林全集》第 4 卷，人民出版社 1956 年版，第 316 页。

② 《列宁全集》第 28 卷，人民出版社 1990 年版，第 56 页。

③ 《列宁全集》第 24 卷，人民出版社 1990 年版，第 61—62 页。

除农奴制，此举促进了资本主义迅速发展，到19世纪末资本主义已成了占统治地位的生产方式，俄国已经成为一个资本主义国家。但与欧洲资本主义国家相比，经济上还很落后，沙皇专制制度原封未动，农奴制经济关系的残余还大量存在，严重地阻碍着经济和社会的进步。

20世纪初的俄国仍然处于沙皇专制统治之下，资产阶级民主革命尚未开始。与俄国相邻的国家中，奥地利的资产阶级民主革命已经完成，巴尔干诸国正在掀起民族独立运动，东部的波斯、土耳其和中国也酝酿着资产阶级民主革命①，这些革命运动给俄国境内备受压迫的非俄罗斯民族产生了巨大的冲击，激起了他们的反抗斗争，一些被压迫民族如波兰人、拉脱维亚人、立陶宛人、阿尔明尼亚人、乌克兰人等的资产阶级强烈要求建立或者恢复自己的民族国家。沙皇尼古拉二世对此视而不见，一意孤行。俄国国内的民族矛盾和阶级斗争日趋尖锐。

俄国资产阶级从一开始就同沙皇专制制度紧密交融，合为一体，同时他们的发展又受到沙皇专制制度的压制，发展缓慢，力量较小，因而不可能充当资产阶级民主革命的领导者。与资产阶级发展缓慢和力量相对弱小不同，俄国无产阶级虽然形成较晚但发展十分迅速，并且很快就走向了联合。随着资本主义的发展，工人阶级力量不断壮大，工人与资本家的阶级对抗日益加剧，工人阶级维护自身经济利益的运动蓬勃兴起，罢工斗争接连不断，俄国民主革命的任务历史性地落到了无产阶级身上。但此时的工人运动基本上处于自发阶段，缺乏统一的组织和科学理论的指导。在俄国先进工人和倾向革命的知识分子中广为流行的思想是民粹主义和合法马克思主义。19世纪90年代后半期，俄国社会民主党人将宣传马克思主义的范围从少数先进工人扩展到广大群众中间。

1895年秋，列宁建立的彼得堡工人阶级解放斗争协会，是俄国无产阶级革命政党的萌芽，标志着社会主义开始和俄国工人运动相结合。在它的影响下，俄国各地区相继建立了马克思主义小组和工人组织，大部分都同各自的民族密切联系②。1901年春，俄国的工人运动发展到了一个新的阶段，开始从经济罢工转为政治罢工和游行示威。1901年5月至12

① 华辛芝：《列宁民族问题理论研究》，内蒙古人民出版社1987年版，第49—50页。

② 梁守德：《民族解放运动史》，北京大学出版社1985年版，第254页。

月，由于世界经济危机的影响和国内发生大饥荒，激化了俄国社会经济发展的一切矛盾，人民群众革命情绪高涨。5月7日彼得堡的奥布霍夫钢铁厂工人的罢工变成了工人同军警的激烈搏斗，震动了全国。在工人运动的影响下，农民暴动频繁发生，学生运动声势浩大，自由派资产阶级反对专制统治的运动也活跃起来。整个俄国没有一个地方不回响着抗议专制制度暴行的呼声。列宁评述当时的情况时写道："我们正经历着一个暴风雨的时代：俄国的历史一日千里地向前发展，现在的一年有时要超过平静时期的几十年。人们在给改革后时代的半个世纪作总结，在为那些将长久决定全国命运的社会政治大厦奠立基石。"[①] 革命临近的征兆日益明显，俄国工人阶级迫切需要一个战斗的马克思主义政党，以便动员和团结各民族人民群众，完成资产阶级民主革命。

正是在资本主义发展的帝国主义阶段，为了捍卫马克思主义，解决俄国和世界面临的复杂的民族矛盾，完成无产阶级革命，列宁结合世界和俄国民族解放运动、国际和俄国无产阶级革命需要，继承前人特别是马克思恩格斯民族自决权思想的基础上，提出了民族自决权思想。

---

① 《列宁全集》第6卷，人民出版社1986年版，第365页。

第二章

列宁民族自决权思想的发展演变

列宁关于民族自决权思想的提出和发展经历了一个激烈的辩论过程，从早期建立无产阶级革命政党时首次提出民族自决权概念，到后来的整个革命时期，列宁同各种反对意见先后进行了三次大辩论，在激烈的论辩中逐步形成了完整的民族自决权思想。

第一节　列宁民族自决权思想的提出（1898—1905）

列宁早期的革命活动始于19世纪80年代末，中心任务是在俄国建立一个无产阶级革命政党，他对民族自决权思想的阐发也是从建党之初开始的。在建党之初，列宁明确提出了民族自决权思想，并结合亚美尼亚社会民主党人联合会的具体情况对民族自决权思想进行了阐释。列宁的主张遭到了波兰社会党和崩得等的激烈反对，引发了关于民族自决权思想的第一次大辩论。经过激烈的争论，民族自决权原则被首次写入无产阶级政党的纲领之中。

一　列宁在为无产阶级所写的党纲中提出了民族自决权思想

当时的俄国已经建立了一些马克思主义小组，但缺乏一个全国性的统一的无产阶级政党。为了完成建党任务，列宁先后写过两个党纲。第一个党纲《社会民主党纲领草案及其说明》写于1895—1896年间的彼得堡监狱，其中《党纲草案》写于1895年12月9日（21日）[①] 以后，《党纲说明》写于1896年6—7月。在该文章中，列宁提出"俄国社会民主党首先要求：1. 召开由全体公民的代表组成的国民代表会议来制定宪法。2. 凡年满21岁的俄国公民，不分宗教信仰和民族，都有普遍的、直接的选举权。……6. 宗教信仰自由，所有民族一律平等"[②]。此时列宁的党纲比较简单，只提出了民族平等的要求，对民族自决权问题还未提及。

1898年春，彼得堡、莫斯科、基辅和叶卡捷琳诺斯拉夫（今第聂伯罗彼得罗夫斯克）等地的社会民主主义组织举行了俄国社会民主工党第一次代表大会，宣告俄国社会民主工党的成立。这次大会选举了中央委员会，批准了《工人报》为党的正式机关报，发表了《俄国社会民主工党宣言》，但大会并没有制定出党纲和党章。列宁和其他许多马克思主义革命家正遭流放，党缺乏一个坚强的领导核心。沙皇政府的镇压使党的组织受到很大打击，党的中央委员会建立不久就被破坏，各地的社会民主党人大批被捕。地方党组织中小组习气浓厚，严重涣散。党内经济派占了优势，经济主义思潮的发展加剧了社会民主党人的思想混乱和组织涣散。俄国并没有建立起集中统一的无产阶级政党。

俄国社会民主党人对于把党统一起来的途径持有各种不同见解。崩得[③]、

① 在彼得一世改革过程中，俄国于1700年1月1日采用罗马独裁者儒略·凯撒于公元前46年创制的儒略历，也称俄历。俄历（儒略历）与公历（格里历）有所区别。俄历比公历晚：16世纪晚9天，17世纪晚10天，18世纪晚11天，19世纪晚12天，20世纪晚13天。俄历一直延用到1918年1月26日，后苏维埃政权宣布采用公历。本文在1918年2月14日前的时间为俄历，重要时间俄历与公历同标。2月14日后均为公历。

② 《列宁全集》第2卷，人民出版社1984年版，第71页。

③ 崩得即立陶宛、波兰和俄罗斯犹太工人总联盟，1897年9月在威尔诺成立。参加这个组织的主要是俄国西部各省的犹太手工业者。崩得在成立初期曾进行社会主义宣传，后来在争取废除反犹太人特别法律的斗争过程中滑到了民族主义立场上。从1901年起，崩得是俄国工人运动中民族主义和分离主义的代表。它在党内一贯支持机会主义派别（经济派、孟什维克和取消派），反对布尔什维克。——参见《列宁全集》第7卷注释46，第447页。

国外的“俄国社会民主党人联合会”① 和“南方工人社”② 等都提出了自己的主张。流放结束后，列宁肩负起重建无产阶级政党的任务。从1901年起，他以《火星报》为阵地，开始制订第二个党纲。1902年1月至2月间，在列宁的倡议和亲自参加下，《火星报》编辑部制订了自己的党纲草案，即《俄国社会民主工党纲领草案》。该纲领原则部分是编辑部委员弗雷提出的，实践部分是由整个委员会即《火星报》编辑部的五个委员提出的。由于列宁是该草案的主要起草人，这可以说是列宁为俄国社会民主工党制定的第二个党纲。

《俄国社会民主工党纲领草案》提出了俄国社会民主工党的最近的政治任务，即推翻沙皇专制制度，在民主宪法基础上建立共和国，民主宪法应当规定，实行人民专制，由人民选举代表组成立法会议，国家的最高权力全部集中到立法会议；立法会议和各级地方自治机关都由选举产生，“凡年满21岁的公民都有普遍、平等和直接的选举权；一切选举都

---

① 国外俄国社会民主党人联合会是根据劳动解放社的倡议，在全体会员承认劳动解放社纲领的条件下，于1894年在日内瓦成立的。1898年3月，俄国社会民主工党第一次代表大会承认联合会是党的国外代表机关。1898年底，机会主义分子（经济派）在联合会里占了优势。1898年11月，在苏黎世召开的联合会第一次代表大会上，劳动解放社声明，除《工作者》文集以及列宁的《俄国社会民主党人的任务》和《新工厂法》两个小册子外，拒绝为联合会编辑出版物。联合会从1899年4月起出版《工人事业》杂志，由经济派分子担任编辑。1900年4月，在日内瓦举行的联合会的第二次代表大会上，劳动解放社的成员以及与其观点一致的人正式退出联合会，成立了独立的革命组织“社会民主党人”。此后联合会和《工人事业》杂志就成了经济主义在俄国社会民主党内的代表。1903年，根据俄国社会民主工党第二次代表大会的决议，联合会宣布解散。——参见《列宁全集》第7卷注释45，第447页。

② 南方工人社是1900年秋初以《南方工人报》为中心在俄国南方形成的社会民主主义团体。《南方工人报》于1900—1903年秘密出版，共出版了12号。南方工人社与经济派对立，认为进行政治斗争和推翻专制制度是无产阶级首要任务。它反对恐怖主义，主张开展群众性革命运动。但是，南方工人社过高估计自由资产阶级的作用，轻视农民运动，并且不同意火星派关于把革命的社会民主党人联合在《火星报》周围以建立一个集中的马克思主义政党的计划，而提出通过建立各区域社会民主党人联合会的途径来恢复俄国社会民主工党的计划。在1902年春大批组织被破坏后，联合会就瓦解了。1902年8月，南方工人社开始同《火星报》编辑部就恢复俄国社会民主党统一的问题进行谈判。南方工人社发表了支持《火星报》的声明，这对团结俄国社会民主党的力量具有很大意义。1902年11月，南方工人社的成员参加了筹备召开党的第二次代表大会的组织委员会。但是南方工人社在这个时期仍有分离主义倾向，他们曾要求出版一种与《火星报》平行的全俄报纸。在党的第二次代表大会上，南方工人社的代表采取了中派立场。根据这次代表大会的决定，南方工人社解散。——参见《列宁全集》第7卷注释49，第448—449页。

采取无记名投票；每个选民都有权被选入各级代表会议；……废除等级制，全体公民不分性别、宗教信仰和种族一律平等；承认国内各民族都有自决权；……”① 民族自决权是在该纲领的实践部分提出来的，这是列宁首次明确提出民族自决权概念。

二　列宁对民族自决权思想的初步阐释

列宁民族自决权概念提出后，当时党内有人认为列宁的民族自决权思想不够明确。于是，列宁对民族自决权思想进行了首次阐释。

（一）列宁认为承认民族自决权思想是为了尽可能广泛地团结工农群众

1903 年 2 月列宁在《论亚美尼亚社会民主党人联合会②的宣言》中对民族自决权思想进行了首次阐释。他首先肯定了亚美尼亚社会民主党人联合会在民族问题上遵循了正确的原则，指出俄国一切社会民主党人在民族问题上都应当遵循两条基本原则，即“第一，不要求民族自治，而要求政治自由、公民自由和完全平等；第二，要求国内每个民族都有自决权。”虽然亚美尼亚社会民主党人联合会还没有将这两条原则在实践中完全贯彻，但它拟定的这两条基本原则是完全正确的。其次，他认为无产阶级的历史任务就是尽可能广泛地紧密团结所有民族中的工人群众，“为建立民主共和国和社会主义而斗争”。再次，列宁认为无产阶级政党关心的不是民族自决而是无产阶级自决。承认各民族的民族自决权，“这件事本身仅仅说明我们无产阶级政党应当永远无条件地反对任何用暴力或非正义手段从外部影响人民自决的企图”。无产阶级政党虽然一直坚持反对用暴力或非正义手段干涉人民自决的行为，但是从无产阶级方面来说，无产阶级政党“所关心的并不是各民族的自决，而是每个民族中的

---

① 《列宁全集》第 6 卷，人民出版社 1986 年版，第 194—195 页。

② 亚美尼亚社会民主党人联合会是亚美尼亚第一个火星派社会民主党组织，1902 年夏由斯·格·邵武勉、波·米·克努尼扬茨、阿·格·祖拉博夫、A. X. 胡马良等在梯弗利斯创立。联合会同俄国社会民主工党梯弗利斯委员会有密切联系，1902 年底并入该委员会。——参见《列宁全集》第 7 卷注释 52 条，第 449 页。

无产阶级的自决”。最后，列宁分析了俄国社会民主党的基本纲领，认为社会民主党应当将自决权的重点放在要求不分性别、语言、宗教、种族、民族等的公民完全平等和自由民主的自决权方面。无产阶级经常性和纲领性的职责，应当突出的是公民的自决权而不是民族的自决权。无产阶级只有在个别的特殊情况下，才会支持民族自决权①。

列宁对民族自决权概念的上述阐释，引起了党内外很多同志的质疑，其中以罗莎·卢森堡为代表的波兰社会党②反应最为强烈。此外，崩得也极力反对民族自决权，主张按照民族主义和联邦制原则建党，实行民族文化自治。围绕建立怎样的无产阶级政党和如何对待民族自决权问题，党内外展开了关于民族自决权思想的第一次大辩论。

（二）列宁批评了以罗莎·卢森堡为代表的波兰社会党关于民族自决权的思想

长期遭受外来民族压迫和统治的波兰是一个民族主义极其强烈的国家，当时小资产阶级民族主义政党——波兰社会党，以社会主义为旗号，以争取波兰独立为自己的基本纲领，在波兰工人中进行分离主义、民族主义的宣传，反对同俄国工人团结一致进行斗争。它认为恢复波兰国家的唯一道路是民族起义，而不是以无产阶级为领导的全俄反对沙皇的革

① 《列宁全集》第7卷，人民出版社1986年版，第87—90页。

② 波兰社会党是以在波兰社会党人巴黎代表大会（1892年11月）确定的纲领方针为基础于1893年成立的。这次代表大会提出了建立独立民主共和国，为争取人民群众的民主权利而斗争的口号，但是没有把这一斗争同俄国、德国和奥匈帝国的革命力量的斗争结合起来。该党右翼领导人约·皮尔苏茨基等认为恢复波兰国家的唯一道路是民族起义，而不是以无产阶级为领导的全俄反对沙皇的革命。从1905年2月起，以马·亨·瓦列茨基、费·雅·柯恩等为首的左派逐步在党内占了优势。1906年11月召开的波兰社会党第九次代表大会把皮尔苏茨基及其拥护者开除出党，该党遂分裂为两个党：波兰社会党——“左派”和所谓的波兰社会党——“革命派”。前者逐步转到了革命的和国际主义的立场，于1918年12月同波兰王国和立陶宛社会民主党一起建立了波兰共产党。后者于1909年重新使用波兰社会党的名称，强调通过武装斗争争取波兰独立，但把这一斗争同无产阶级的阶级斗争割裂开来。从第一次世界大战开始起，该党的骨干分子参加了皮尔苏茨基站在奥德帝国主义一边搞的军事政治活动（成立波兰军团）。1918年波兰社会党参加创建独立的资产阶级波兰国家。该党不反对波兰地主资产阶级对苏维埃俄国的武装干涉，并于1920年7月参加了所谓国防联合政府。1926年该党支持皮尔苏茨基发动的政变，同年11月，由于拒绝同推行“健全化”的当局合作而成为反对党。——参见《列宁全集》第7卷注释91，第457页。

命。波兰的社会党认为只要俄国四分五裂，那么就能实现波兰的独立，为此它认为只要波兰脱离俄国，就能削弱沙皇俄国的统治，至于推翻沙俄，则是俄国工人阶级的任务。俄国工人阶级推翻沙俄专制制度以后，波兰社会党坚持“使波兰同俄国脱离”[①] 的民族独立道路。波兰社会党在1903年3月《黎明》杂志上发表文章《俄国社会民主党对民族问题的态度》一文，指出列宁关于民族自决权的解释“令人惊异”，是“神秘的”“模糊不清”的，是学理主义和“无政府主义”的观点，“离开了本来的含义”，要求无条件地支持任何民族的自决，无条件地承认一切民族的独立。

作为左派领袖的罗莎·卢森堡同波兰社会党的错误路线进行了针锋相对的斗争，揭露他们的民族主义主张，提出了无产阶级国际主义和社会主义的口号。她认为民族独立问题对于波兰工人阶级只有次要的意义，他们的根本任务是联合各国无产阶级，特别是俄国无产阶级，并同他们结成最紧密的联盟，进行反对专制制度和资本主义制度的斗争。列宁充分肯定了卢森堡等波兰社会民主党人的历史功绩，指出这些同志“第一次在波兰这个完全浸透了民族主义要求和狂热的国家里，建立了真正马克思主义的真正无产阶级的政党”，“同醉心于民族主义的波兰小资产阶级进行了斗争”，“都是完全正确的”[②]。

但是，卢森堡在反对波兰社会民主党的民族主义时却走上了另一极端，认为马克思主义政党应当坚持无产阶级国际主义，不应该在自己的纲领中承认民族自决权，因为这会助长资产阶级民族主义，甚至提出应当拒绝给波兰自由和让波兰分离。

针对波兰社会党人和卢森堡等人的错误，1903年7月，列宁在《火星报》上发表了《我们纲领中的民族问题》进行回击，主要就承认民族自决权思想的条件问题进行了重点论述。

首先，列宁重申了他在《论亚美尼亚社会民主党人联合会的宣言》一文中的观点，认为“社会民主党将永远反对任何暴力或任何非正义手段从外部影响民族自决的企图”。但是，要把“无条件地承认争取民族自

① 《列宁全集》第7卷，人民出版社1986年版，第224页。

② 《列宁选集》第2卷，人民出版社1976年版，第541、545页。

决的自由的斗争”，同“必须支持任何民族自决的要求”区分开来。承认各民族争取民族自决的斗争并不意味着无条件地支持任何民族的自决要求。作为无产阶级政党的社会民主党，其主要任务“不是促进各民族的自决，而是促进每个民族中无产阶级的自决”。无产阶级政党要“使各民族的无产阶级最紧密地联合起来”，这才是全部工作的重点，只有在服从这个重点的前提下，只有在个别特殊情况下，无产阶级政党“才能提出并积极支持建立新的阶级国家或者用比较松散的联邦制的统一代替一个国家政治上的完全统一等等要求”①。列宁认为对波兰民主党的“强烈抗议”“值得详细地谈一谈，因为它把社会党人中在民族问题上很经常、很普遍的误解几乎暴露无遗了”②。

其次，列宁认为承认民族自决权并不意味着必须支持任何民族自决的任何要求。列宁以公民自由结社权和耶稣教徒的自由传道权为例说明，社会民主党人承认这些权利并不意味着它们“必须支持组织任何新的社团”，或者所有耶稣教徒的传教行为，承认上述权利丝毫不妨碍无产阶级政党“反对不适宜的和不明智的组织某种新的社团的想法”。“反对（当然不是用警察手段来反对）耶稣会教徒同无产者结社”③。对于民族自决权同样如此。承认民族自决权不应当在任何条件下都要求民族独立，必须使民族自决权服从无产阶级斗争的利益。波兰社会党“总是赞成无条件地承认民族独立。”这和“要求建立联邦制的国家制度、主张‘完全地无条件地承认民族自决权’的俄国社会革命党人”的观点是一致的。列宁从当时波兰、俄国以及欧洲的现实情况出发，认为波兰要求无条件地承认民族独立的想法“只不过是一种资产阶级民主主义的空话，”是根本不能实现的。只有波兰和俄国的无产阶级联合起来共同进行斗争，推翻沙俄的专制统治，取得无产阶级革命胜利，才能真正实现波兰的独立。“我们应当使民族自决的要求服从的正是无产阶级阶级斗争的利益。这个条件正是我们对民族问题的提法同资产阶级民主派的提法的区别之所在”④。列宁还引用了1896年卡尔·考茨基在《波兰完了吗?》一文中的

① 《列宁全集》第7卷，人民出版社1986年版，第218页。

② 同上书，第219页。

③ 同上。

④ 同上书，第220页。

观点和马克思恩格斯关于意大利统一与解放的观点说明“不应当在任何情况下都无条件地要求民族独立”，波兰独立“同正在进行斗争的国际无产阶级的阶级利益是相符的。……这个附带条件，无论如何必须加上。”民族独立同无产阶级的阶级利益是密不可分的，“不应当在任何情况下都无条件地要求民族独立”[①]。“马克思恩格斯曾经十分坚决地主张意大利的统一和解放，可是这并不妨碍他们在1859年反对意大利同拿破仑结成联盟”[②]。

最后，列宁指出波兰无产阶级只有同俄国无产阶级结成联盟才能获得解放。列宁从时代特点出发，分析了马克思、恩格斯生活时期的波兰和20世纪初的波兰所起的革命作用的不同，说明20世纪初的欧洲阶级的对抗是首要的，民族问题已经退居次要地位了，当时重要的是无产阶级的国际团结。波兰无产阶级可以把建立自由独立的波兰共和国作为自己的口号，虽然“在资本主义崩溃以前，恢复波兰的独立是不可思议的；但是也不能说绝对没有可能，不能说波兰资产阶级不会在某种情况下站到主张独立这边来，如此等等”[③]。波兰社会党通过让俄国四分五裂来实现波兰独立是极其错误的做法。因为资本主义经济的发展已经使各个资产阶级国家“更加紧密地结合在一起”，愈来愈齐心地联合起来支持沙皇反对无产阶级，由于沙皇势力强大和资产阶级的联合，波兰的无产阶级只有同俄国无产阶级结成联盟才能获得解放。与波兰社会党相反，俄国社会民主党人的纲领中不仅承认各民族在语言和民族等方面完全平等，“而且承认每个民族有自己决定自己命运的权利”[④]，承认支持民族自决权和民族独立要求必须服从于无产阶级的斗争利益。波兰工人“只有同俄国无产阶级结成最亲密无间的联盟，才能满足目前反对专制制度的政治斗争的要求，只有这样的联盟，才能保证政治上和经济上的彻底解放”[⑤]。在这里，列宁清楚明白地指出，每个民族有自己决定自己命运的权利，这就是无产阶级承认各民族享有的民族自决权的本质含义，但是承认民

① 《列宁全集》第7卷，人民出版社1986年版，第220页。

② 同上书，第220—221页。

③ 同上书，第223页。

④ 同上书，第225页。

⑤ 同上书，第226页。

族自决权的前提是符合无产阶级斗争的利益。

列宁认为俄国社会民主党人在波兰问题上所坚持的立场和观点，“完全适用于任何其他民族问题”。当时专制制度造成工人阶级之间的严重隔阂，这种隔阂是反对专制制度斗争中极大的弊端和障碍，无产阶级不能以党的独特性或者联邦制原则为借口将这种弊端合法化和神圣化，要反对这种表面的虚假的办法来解决问题。无产阶级要意识到统一的必要性，要坚信只有实现完全的统一，才能对专制制度发起总攻，要取得反对专制制度和日益紧密团结的国际资产阶级的斗争的胜利，就有必要在俄国政治制度中建立集中斗争的组织，“集中制是必不可少的”[①]。

从列宁和波兰民主党的争论中可以看出，列宁是从团结无产阶级的立场出发，提出民族自决权思想的。无产阶级在民族问题上同资产阶级民主派的根本区别是，要求民族自决服从于无产阶级阶级斗争的利益。承认民族自决权并不意味着必须支持任何民族自决的任何要求，它仅仅是反对从外部使用暴力和非正义手段，干涉民族自己决定自己命运的做法。要从历史和阶级情况出发考虑民族独立的要求。

（三）列宁批评了崩得按照民族建党的原则和民族文化自治主张

除了同波兰社会党进行辩论外，列宁还同崩得就建党问题进行了激烈的辩论。1901 年 4 月崩得召开第四次代表大会，认为俄国社会民主工党是居住在俄罗斯国家的各民族的社会民主党的联邦制联合体，决定让犹太无产阶级的代表崩得作为联邦的一个部分加入该党。1902 年夏开始筹备俄国社会民主工党第二次代表大会时，列宁强烈反对崩得联邦制的建党原则，认为如果承认崩得是独立的政党，那就把民族问题上的基本错误弄到荒谬绝伦的地步。因为当时最重要的任务是“俄国社会民主工党的主要核心的团结和统一的问题……只有在这个核心形成以后（或者至少是确实巩固了以后），才能考虑扩大核心以及核心同其他组织联合的问题”[②]。因此要坚决拒绝按民族主义原则采用联邦制建党，因为这会使无产阶级的各组织隔绝和疏远。就俄国当时的情况来看，在同沙皇俄国专制制度和俄国资产阶级进行斗争时，应当建立一个统一集中的战斗组

---

① 《列宁全集》第 7 卷，人民出版社 1986 年版，第 226 页。

② 同上书，第 85 页。

织，应当实现不分语言民族的团结一致的无产阶级，共同解决一切有关革命的理论和实际、策略和组织问题。“而不应当建立一些各行其是的组织，不应当分散成为许多独立的政党而削弱自己进攻的力量”[①]。列宁坚持在全党问题上的集中同地方组织在一切地方事务上的自治相结合的原则。并且举例说明1898年成立的俄国社会民主工党是俄国所有民族先进工人的联合组织，为了消除民族性，将党命名为“俄国社会民主工党，而不是俄罗斯社会民主工党”[②]。其主要目的就是消除党内民族的影响，实现各民族无产阶级的联合和团结。

1903年7月17日（30日）—8月10日（23日）召开了俄国社会民主工党第二次代表大会，会上崩得提出了建立保障民族自由发展机构的修正案和要求崩得作为犹太无产阶级的唯一代表，加入俄国社会民主工党的要求，该修正案即为民族文化自治的化名。列宁同崩得按照民族特征建党的主张和要求把民族文化自治列入纲领的提案进行了坚决的斗争[③]。大会先逐条讨论和通过党纲草案，然后由全体代表一致通过整个纲领。崩得的要求遭到大会的否定后，其代表团声明退出俄国社会民主工党，并离开代表大会。在列宁的努力下，“承认国内各民族的自决权”列入了党纲第九条。这是首次将民族自决权列入无产阶级政党的民族纲领之中。此后，它成为俄国无产阶级政党在民主革命时期民族纲领的基本原则。

第二节　列宁民族自决权思想的发展（1905—1914）

俄国社会民主工党成立后，领导无产阶级进行各种政治经济斗争，并最终发动了全国性的1905年革命。革命失败后，国内民族主义高涨，严重威胁着革命的发展。社会各阶级掀起反对民族自决权思想的浪潮，

① 《列宁全集》第7卷，人民出版社1986年版，第104页。

② 《列宁全集》第8卷，人民出版社1986年版，第464页。

③ 《列宁全集》第7卷，人民出版社1986年版，第508页。

引发了关于民族自决权思想的第二次大辩论。列宁分析批判了国内各阶级关于民族自决权思想的错误主张，阐明了俄国社会民主党的民族纲领。列宁民族自决权思想在此期间获得了进一步的发展。

一 俄国国内掀起否定民族自决权的浪潮

1905 年爆发的资产阶级民主革命极大地打击了沙皇专制统治，沙皇政府被迫同意召开国家杜马，实行议会制度。但是，1907 年后沙皇政府逐渐控制了局势并转入反攻，六三政变[①]标志着第一次俄国革命的结束和斯托雷平统治时期的开始。专制政府一方面通过颁布新的选举条例大大缩减农民和工人的复选人数，增加地主和资产阶级的复选人数，导致国家杜马中力量对比倾向地主资产阶级，另一方面，对农民和工人运动进行残酷的镇压。专制政府的上述做法，加剧了以工人阶级和农民阶级为代表的民主阵营同贵族大地主、大资产阶级和沙皇政府联盟的对立。统治阶级和本国资产阶级联合起来，大肆宣扬民族主义、“民族平等”、“保卫祖国”和发展“民族文化”等主张，转移无产阶级的斗争，以阻止国家瓦解为由极力否定民族自决权原则。与此相反，俄国国内各非俄罗斯民族的资产阶级，则纷纷提出实现民族独立或者实行民族自治等主张。

俄国上述现实同样影响到了无产阶级的政党，俄国社会民主工党内部民族主义问题也相当严重。1912 年 8 月取消派在维也纳举行会议，成立了由取消派、前进派、托洛茨基派和崩得派组成的反布尔什维克的八月联盟。代表会议通过的纲领仅仅提出了宪法改革、全权杜马、修订土地立法、结社自由、“民族文化自治”等与自由派同样的要求，对建立民主共和国和没收地主土地、实行民族自决权等要求只字未提。八月联盟

---

① 六三政变是俄国沙皇政府在 1907 年 6 月 3 日发动的反动政变。政变前，沙皇政府的保安部门捏造罪名，诬陷社会民主工党国家杜马党团准备进行政变。沙皇政府随之要求审判社会民主党杜马代表，并且不待国家杜马调查委员会作出决定就于 6 月 2 日晚逮捕了他们。6 月 3 日，沙皇政府违反沙皇 1905 年 10 月 17 日宣言中作出的非经国家杜马同意政府不得颁布法律的诺言，颁布了解散第二届国家杜马和修改国家杜马选举条例的宣言。依照新的选举条例，农民和工人的复选人减少了一半，而地主和资产阶级的复选人则大大增加，这就保证了地主资产阶级的反革命同盟在第三届国家杜马中居统治地位。六三政变标志着 1905—1907 年革命的失败和反革命的暂时胜利。——参见《列宁选集》第 23 卷注释 22，第 487 页。

成立后经过一年多的时间就瓦解了。此外，高加索社会民主党人提出全高加索实行区域自治，高加索境内各民族实行民族文化自治的主张。他们声称文化不等于地域，地域也不等于文化，民族文化事业“并不和一定的地域相联系，而和一定民族的存在相联系”。因此，“一切民族文化事业均应由各有关民族自己去掌管和领导”①。

总之，在1913—1914年间，崩得派、取消派、前进派、托洛茨基调和派、犹太资产阶级和小资产阶级民族主义者站在机会主义立场上，猛烈攻击俄国社会民主工党纲领中关于民族自决权的第9条，否定民族自决权原则，主张实行民族文化自治来代替民族自决权。列宁将机会主义对纲领进行的攻击称为“十二个民族的侵犯”②。列宁认为这些反对民族自决权的人虽然极力反对民族自决权，但是他们又提不出独立的论据，结果只是重复罗莎·卢森堡在1908—1909年间关于民族问题和自治的论述。在国内得不到支持后，他们求助于第二国际。而社会党国际局不了解俄国国内情况，支持崩得和取消派的机会主义立场，希望从中调解其与布尔什维克的关系。俄国社会民主工党内关于一个多民族国家的无产阶级政党纲领，有无必要承认民族自决权问题，展开了十分激烈的争论。

二　对俄国社会各阶级民族自决权立场的分析批判

为了揭露上述各派别各阶级民族自决权思想的实质，捍卫无产阶级政党的民族纲领，团结引导各民族的无产阶级共同斗争，列宁做了大量工作。1913年前后，他根据马克思恩格斯民族问题理论，结合俄国的实际情况对民族问题进行了深入的研究，同各种否定民族自决权原则的错误思想和主张展开了激烈的论战。通过对奥地利、德国、俄国国内的各种民族自治思想和方案的辩论，阐明了马克思主义政党关于民族自决权思想的主张。

---

① 梁守德：《民族解放运动史》，北京大学出版社1985年，第255页。

② “十二个民族的侵犯”原来是指1812年拿破仑第一对俄国的进攻。据说拿破仑当时统率着一支民族成分十分复杂、操12种不同语言的军队。这里是借喻机会主义各派对马克思主义纲领的一致攻击。——参见《列宁全集》第25卷注释139，第508页。

（一）列宁分析批判了以沙皇政府为首的统治阶级，对内极力否定民族自决权，分化瓦解工人运动，对外实行侵略扩张的殖民政策的错误立场

列宁认为，1905 年以前，为了维护自身的统治，维护大俄罗斯民族的特权，以沙皇政府为首的农奴主—地主阶级在资产阶级的支持下用暴力残酷镇压工人运动①。1905 年以后，他们认识到只靠赤裸裸的暴力镇压不行了，除了召开国家杜马等有限的政治改革，吸收少数资产阶级上层参政外，他们对外宣传各种各样能够削弱工人阶级斗争的资产阶级思想和学说，分化瓦解工人。由地主和贵族官僚等民族主义者组成的全俄民族联盟②，极力维护贵族特权和地主所有制，向群众灌输好战的民族主义思想，否定民族平等和自决权，他们在第二次代表大会上谴责乌克兰的"分离运动"，宣传其极端沙文主义思想，认为白俄罗斯和乌克兰人要求分离的倾向特别危险，会威胁到俄国统一，主张各民族边疆区应当俄罗斯化③。俄国民族主义者认为实行联邦制会妨碍国家的统一，乌克兰实行自治也会影响国家的统一。

列宁严厉批评了俄国民族主义者的上述错误观点，认为"民族主义者攻击乌克兰人和其他民族搞'分离主义'，攻击他们闹分离"，其实质是"用这种办法来维护大俄罗斯地主和大俄罗斯资产阶级对'自己的'国家享有的特权"④。列宁以美国和瑞士联邦制、奥匈帝国和英国及其殖民地的自治为例，说明实行联邦制和地方自治并不一定会影响国家的统一。因为在美国和瑞士，实行联邦制并没有妨碍国家统一，在奥匈帝国和英国及其殖民地间自治发挥了加强自身统一的作用，说明自治和联邦

① 《列宁全集》第 25 卷，人民出版社 1988 年版，第 152 页。

② 全俄民族联盟是俄国地主、官僚的反革命君主主义政党。该党前身是 1908 年初从第三届国家杜马右派总联盟中分离出来的一个独立派别，共 20 人，主要由西南各省的杜马代表组成。1909 年 10 月 25 日，该派同当年 4 月 19 日组成的温和右派党的党团合并成为"俄国民族党人"共同党团（100 人左右）。1910 年 1 月 31 日组成为统一的党——全俄民族联盟，该党以维护贵族特权和地主所有制、向群众灌输好战的民族主义思想为自己的主要任务。该党的纲领可以归结为极端沙文主义、反犹太主义和要求各民族边疆区俄罗斯化。1917 年二月资产阶级民主革命后，该党即不复存在。——参见《列宁全集》第 24 卷注释 169，第 463 页。

③ 《列宁全集》第 24 卷，人民出版社 1990 年版，第 350 页。

④ 同上书，第 351—352 页。

制本身并不是影响国家统一的因素。俄国民族主义者认为乌克兰实行自治就会影响国家统一是完全错误的。因为在俄国大俄罗斯人只占人口总数的43%，而57%的非俄罗斯民族却被称为“异族人”，拒绝给予非俄罗斯民族政治自由、民族平等、地方自治和区域自治等权利，这势必会影响到多数的稳定。事实是俄国右派政党和民族主义者反对“马泽帕派”[①] 的结果，唤醒了俄国五分之三的异族人，“使他们认识到俄国甚至比欧洲最落后的国家奥地利还要落后”[②]，而1913年的贝利斯案件[③]再次暴露了俄国迫害犹太人的事实。列宁认为俄国“正处于一种遮遮掩掩的国内战争状态”，“政府对待犹太人和其他‘异族人’的全部政策不是在管理，而是在战斗”[④]。在俄国，要么坚决清算统治阶级的上述政策，支持无产阶级的斗争，要么容忍这种政策，“二者必居其一，在这里中间道路是没有的”[⑤]。

列宁批评了俄国政府的整个对外政策，认为社会民主党第四届国家杜马党团要坚决反对沙皇俄国在博斯普鲁斯海峡、土耳其属亚美尼亚、波斯、中国等地通过强占别国的土地来扩张领土的企图，坚决反对强占蒙古的行为，因为这种行为破坏了俄国和兄弟之邦中华民国的友好关系[⑥]，同时还要坚决反对对巴尔干事务的任何干涉。列宁认为能够保证巴尔干各国摆脱危机的最好办法是巴尔干各国人民得到充分的自由和完全的独立，建立巴尔干联邦共和国。真正解决巴尔干各国民族问题的途径

① 马泽帕派是指追随伊·捷·马泽帕（1644—1709）的哥萨克上层分子。马泽帕是第聂伯河左岸乌克兰地区的盖特曼，主张乌克兰独立和脱离俄国，在1700—1721年的北方战争中公开投向瑞典国王查理十二世一方。——参见《列宁全集》第25卷注释42，第478页。

② 《列宁全集》第25卷，人民出版社1988年版，第69页。

③ 贝利斯案件是沙皇政府和黑帮分子迫害俄国一个砖厂的营业员犹太人门·捷·贝利斯的冤案。贝利斯被控出于宗教仪式的目的杀害了信基督教的俄国男孩A. 尤辛斯基，而真正的杀人犯却在司法大臣伊·格·舍格洛维托夫的庇护下逍遥法外。贝利斯案件的侦查工作从1911年持续到1913年。黑帮分子企图利用贝利斯案件进攻民主力量，并策动政变。俄国先进的知识分子以及一些外国社会活动家则仗义执言，为贝利斯辩护。1913年9—10月在基辅对贝利斯案件进行审判。俄国许多城市举行了抗议罢工。布尔什维克还做准备，一旦贝利斯被判刑，就在彼得堡举行总罢工。贝利斯终于被宣告无罪。——参见《列宁全集》第25卷注释18，第468页。

④ 《列宁全集》第25卷，人民出版社1988年版，第67页。

⑤ 同上书，第68页。

⑥ 同上书，第221页。

是“承认一切民族完全平等和有政治自决的绝对权利”①。

（二）列宁分析批判了俄国自由派与右派结盟共同维护封建特权，反对民族自决权和工人运动的错误立场

俄国自由派是指立宪民主党②、“进步派”③和第三届杜马中的大多数民族集团，他们代表着上层资产阶级，同大地主贵族有千丝万缕的经济联系，本能地倾向于同右派结成联盟。为了分裂工人，削弱民主派，他们主张有条件的政治自由和立宪，目的是同大地主贵族和平共处。他们打着民族主义和发展“民族文化”旗帜，来腐蚀和分化各民族的工人，极力否定各民族的自决权。在1914年3月举行的立宪民主党代表大会上，立宪民主党人认为“民族政治自决”是“有伸缩性的原则”，根据政党的纲领或者以往的政治经验，立宪民主党人必须十分谨慎地对待民族政治自决原则④，即民族自决权原则，因为这一原则有可能引起国家瓦解的危险。由于立宪民主党人打着维护国家统一的旗号，使得他们的观点更为

① 《列宁全集》第22卷，人民出版社1990年版，第220页。

② 立宪民主党（正式名称为人民自由党）于1905年10月成立。中央委员中多数是资产阶级知识分子、地方自治人士和自由派地主。立宪民主党提出一条与革命道路相对抗的和平的宪政发展道路。在第一次世界大战期间，它支持沙皇政府的掠夺政策，曾同十月党等反动政党组成“进步同盟”，要求成立责任内阁，即为资产阶级和地主所信任的政府，力图阻止革命并把战争进行到最后胜利。二月革命后，立宪民主党在资产阶级临时政府中居于领导地位，竭力阻挠土地问题、民族问题等基本问题的解决，并奉行继续帝国主义战争的政策。七月事变后，它支持科尔尼洛夫叛乱，阴谋建立军事独裁。十月革命胜利后，苏维埃政府于1917年11月28日（12月11日）宣布立宪民主党为“人民公敌的党”，该党随之转入地下，继续进行反革命活动，并参与白卫将军的武装叛乱。国内战争结束后，该党上层分子大多数逃亡国外。1921年5月，该党在巴黎召开代表大会时分裂，作为统一的党不复存在。——参见《列宁全集》第25卷注释40，第477—478页。

③ 进步党是大资产阶级和按资本主义方式经营的地主的民族主义自由派政党，成立于1912年11月，它的核心是由和平革新党人和民主改革党人组成的第三届国家杜马中的“进步派”。该党纲领要点是：制订温和的宪法，实行细微的改革，建立责任内阁即对杜马负责的政府，镇压革命运动。列宁指出，进步党人按成分和思想体系来说是十月党人同立宪民主党人的混合物，这个党将成为“真正的”资本主义资产阶级的政党。第一次世界大战期间，进步党人支持沙皇政府，倡议成立军事工业委员会。1915年夏，进步党同其他地主资产阶级政党联合组成“进步同盟”，后于1916年退出。1917年二月革命后，进步党的一些首领加入了国家杜马临时委员会，后又加入了资产阶级临时政府。但这时进步党本身实际上已经瓦解。十月革命胜利后，进步党前首领积极反对苏维埃政权。——参见《列宁全集》第25卷注释40，第477页。

④ 《列宁全集》第25卷，人民出版社1988年版，第248页。

隐蔽。

列宁结合当时俄国的实际情况批判了俄国自由派的上述错误立场，认为一切民族的自由派资产阶级，首先是和主要是大俄罗斯自由派资产阶级，都争取本民族特权，维护民族隔绝和民族特殊性①。他们宣扬斯拉夫人和俄国的大国使命等沙文主义言论，虽不那么粗暴，但是由于它的虚伪和对人民进行“巧妙的”欺骗而特别有害，他们宣称的维护国家统一，就是维护统治阶级的统一和统治地位。

（三）列宁分析批判了各种民主派反对民族自决权的错误立场

民主派包括无产阶级民主派和资产阶级民主派，前者指工人阶级，后者是形形色色的民粹派和劳动派。民主派都主张彻底消灭一切中世纪特权，建立独立的民族国家，他们都相信群众运动的力量和正义，但无产阶级民主派是坚定的，资产阶级民主派是动摇的。列宁认为资产阶级民主派虽然主张建立民族国家，但他们否定民族自决权，拒绝给予国内各民族自决权，他们担心这会使统一的国家瓦解。而俄国马克思主义者中间除了坚定的布尔什维克外，还有取消派成员谢姆柯夫斯基、崩得成员李普曼、乌克兰小资产者尤尔凯维奇等机会主义者，他们在六三体制时代极力反对民族自决权，实际上完全是跟着民族自由主义跑，用民族自由主义思想来腐蚀工人阶级。只有工人阶级中坚定的马克思主义者——布尔什维克，极力主张国内各民族有自决权。针对当时各种民族文化自治思想泛滥的情况，列宁指出，各民族的自决不是指一般意义上的文化自治或者地方自治，而是指政治自决，是各民族的自由分离权和成立独立民族国家的权利。这是列宁首次提出政治自决的概念，可以看出，列宁提出政治自决的概念主要是针对当时各种各样的民族文化自治主张而言的，具有极强的针对性。他认为民族文化自治并不能解决民族受压迫的问题，只有给予各民族政治上的自决权，才能真正实现民族平等。1905 年的俄国革命激起了俄国被压迫民族的民族主义，在俄国出现了第一届杜马中的“自治联邦派”，乌克兰运动和穆斯林运动，列宁认为这些非俄罗斯民族组织和运动的出现必然会加强城乡大俄罗斯小资产阶

① 《列宁全集》第 25 卷，人民出版社 1988 年版，第 73 页。

级的民族主义[①]。俄国的民主改革进行得愈慢，各民族资产阶级的民族迫害和斯杀就愈残酷，统治阶级的特殊反动性，反过来将会引起并加强某些被压迫民族的“分立主义”趋向进一步发展。

（四）列宁分析批判了党内机会主义者反对民族自决权思想的错误立场

党内机会主义者主要是指取消派、崩得和小资产阶级民族主义者，他们虽然极力否定民族自决权思想，但是又拿不出独立的论据。因此他们在攻击民族自决权时，只是重复罗莎·卢森堡关于民族问题和自治的论述，所以，列宁在《论民族自决权》一文中首先详细分析了卢森堡的错误，通过批判卢森堡关于民族自决权思想和其他问题上的错误观点，批判了党内机会主义者反对民族自决的言论。

罗莎·卢森堡认为在帝国主义时代，随着资产阶级的对外扩张，资本主义的发展已经超出民族的范围，西欧资产阶级革命时期建立民族国家的观念，对于东欧国家等已成为过时的理想，民族国家只是一个不符合实际的抽象概念。就当时的实际而言，最适合资本主义发展条件的不是民族国家而是强盗国家，是殖民帝国。因为殖民帝国裹挟和控制其他小国，造成小国在经济上依赖大国，而这种经济上的依赖使得政治上的真正的自决难以实现。罗莎·卢森堡以波兰和俄国的关系为例来说明上述观点，她认为波兰通过向俄国出口产品而使得波兰的工业迅速发展，“促使俄国同波兰结合的诸因素中，现代资本主义关系的纯经济的因素现在已经占了优势”[②]，波兰和俄国通过经济联系建立了紧密的联系。俄国国家制度各种经济、政治、生活习俗和社会学等方面特征表明俄国是“亚洲式的专制制度”，波兰对俄国经济的依赖，使得其实现政治自决极为困难。从上述观点出发，卢森堡反对波兰独立，主张“唯独波兰王国应该有自治权”[③]。

除了关于民族国家的概念外，卢森堡还批评了俄国社会民主工党纲领第9条关于民族自决权的内容是空洞抽象的形而上学空谈，没有一点

① 《列宁全集》第25卷，人民出版社1988年版，第284页。

② 同上书，第231页。

③ 同上。

实际的东西[①]。她认为“第9条不是言之无物，就是要求必须支持一切民族要求”[②]。卢森堡以挪威和瑞典的关系来证明上述观点。她认为挪威同瑞典的分离不是进步或民主的表现[③]，而是“农民和小资产阶级的分立主义的表现，反映出他们想用自己的金钱找一个‘自己的’国王以代替瑞典贵族所强加的国王的愿望，因而这种运动是与革命毫不相干的”[④]。

围绕卢森堡的上述思想，列宁从民族自决权的定义、实行民族自决权的条件、目的等方面，全面阐述了马克思主义政党的民族自决权思想。列宁指出，要理解自决的概念，必须要搞清楚理论的出发点和立场，不能“从权利的各种‘一般概念’得出的法律定义中去寻找答案”，而是要“从对民族运动所作的历史——经济的研究中去寻找答案”[⑤]。而这正是所有反对民族自决权的人都没有提到的问题。列宁认为要准确理解民族自决的意义，就不应该去玩弄法律上的概念，“杜撰”抽象的定义，而要研究民族运动的历史和经济条件。

列宁结合资本主义的发展和民族运动的历史分析了民族运动产生的历史和经济条件。列宁指出，从资本主义发展和民族运动的历史和经济条件来看，对于整个西欧，甚至整个文明世界，民族国家“都是资本主义时期典型的正常的国家形式”[⑥]。“民族国家是资本主义的通例和‘常规’，而民族复杂的国家是一种落后状态或者是一种例外”[⑦]。民族国家是常规，多民族国家是例外，这就是民族运动的历史。就民族运动的经济条件来看，虽然建立在资产阶级关系基础上的民族国家，并不能够排除民族剥削和民族压迫，但它是保证资本主义发展的最好的条件。亚洲和巴尔干半岛的例子就证明只有独立的民族国家“才能保证资本主义的发

① 《列宁全集》第25卷，人民出版社1988年版，第237页。

② 同上。

③ 挪威于1814年被丹麦割让给瑞典，同瑞典结成了瑞挪联盟，由瑞典国王兼挪威国王。1905年7月，挪威政府宣布不承认瑞典国王奥斯卡尔二世为挪威国王，脱离联盟，成为独立王国。——参见《列宁全集》第24卷注释137，第454页。第25卷第253—259页。

④ 《列宁全集》第25卷，人民出版社1988年版，第253—254页。

⑤ 同上书，第224页。

⑥ 同上书，第225页。

⑦ 《列宁全集》第25卷，人民出版社1988年版，第228页。

展有最好的条件”[①]。罗莎·卢森堡认为殖民帝国的扩张使得弱小国家经济上依赖大国，从而使其政治自决难以实现的观点，实质是“用资产阶级社会中的民族经济独立自主问题偷换了民族政治自决，即民族国家独立问题”[②]。弱小国家经济上依赖大国的事实并不意味着小国的民族政治自决就没有实现的可能。

在分析了罗莎·卢森堡关于民族国家的观点后，列宁再次论述了俄国社会民主工党纲领第 9 条的内容。他认为要考察某个国家马克思主义者的民族纲领，就必须充分估计到这个国家的一般历史经济条件和具体国家条件，要结合该国具体的历史和现实来具体分析政党的民族纲领。卢森堡在批评俄国民族纲领是空洞抽象的形而上学空谈的时候，最大弱点就是完全忽视了俄国所处的历史时代和具体特点。她虽然强调要用具体的历史的方法分析各个时代各个国家的民族问题，而且还引用了大量马克思、恩格斯、拉萨尔的话回顾了许多历史上的民族问题，但是“她丝毫没有打算确定一下，20 世纪初的俄国究竟是处在资本主义发展的什么历史阶段，这个国家的民族问题究竟有哪些特点”[③]。卢森堡的例子说明：“善良的愿望往往铺成地狱，好心的忠告往往被用来掩饰不愿意或不善于实际运用这些忠告。”[④]

结合波兰和俄国当时的实际情况，列宁认为波兰和俄国资本主义关系的发展，只能说明旧的贵族波兰已经消失和新的资产阶级波兰的发展，而与自决权没有任何关系。在前资本主义特征占优势的国家中，如果存在一个资本主义迅速发展的民族，那么这个民族分离的可能性就会日益增大[⑤]，当时的俄国就是一个前资本主义特征占优势的国家，波兰就是一个资本主义迅速发展的民族，因此波兰独立的可能性要远远大于实行自治。

结合挪威和瑞典的实际情况，列宁分析了民族自决权思想的实质，是用国家宪法保障按照完全自由和民主的方式解决民族分离的问题。列

① 《列宁全集》第 25 卷，人民出版社 1988 年版，第 228 页。

② 同上书，第 227 页。

③ 同上书，第 231 页。

④ 同上。

⑤ 同上书，第 232 页。

宁承认挪威与瑞典分离后用全民投票的方式否决了成立共和国的方案，代之以专制王国，“暴露了最恶劣的小市民品质”[①]，但这与无产阶级对待民族自决权的态度无关。挪威和瑞典的例子告诉我们，在现代经济政治条件下，如果各民族之间的联系是强制的而不是自愿的，即使二者的经济联系极为紧密，也会发生分离。在政治自由和民主制的条件下，这种分离有可能采取和平的方式进行。而在专制制度下，这种分离只能采用暴力革命的方式[②]。前者是挪威采取的方式，后者是俄国的方式。社会民主党人必须不断地进行宣传和准备，使民族分离可能引起的冲突，完全按照挪威方式而不是俄国方式去解决。这就是纲领中要求承认民族自决权的条文所要表达的意思[③]。

列宁在分析批判了罗莎·卢森堡的上述观点后，还分析批评了俄国托洛茨基和其他取消派的观点。列宁认为托洛茨基是熊的帮忙[④]。托洛茨基在1914年3月《斗争》杂志上说“波兰马克思主义者认为‘民族自决权’毫无政治内容，应该从纲领中删去”[⑤]。这分明是他想挑起波兰反对取消派的人同俄国反对取消派的人之间的意见分歧，在纲领问题上欺骗俄国工人[⑥]。实际上托洛茨基是同崩得派和取消派一起成为反对党的。崩得李普曼置党的二大于不顾，公然提出15年前俄国社会民主党纲领里提出的民族自决权，是时髦的用语，是一个十分模糊的疑团。列宁认为他是一个“没有裤子穿的男孩”[⑦]。《钟声》杂志的尤尔凯维奇是第二个没有裤子穿的男孩，他明明知道二大决议中自决的含义只能是分离权，却仍然“在乌克兰小资产阶级中间造谣污蔑俄罗斯马克思主义者，说他们

① 《列宁全集》第25卷，人民出版社1988年版，第254页。

② 同上书，第256页。

③ 同上。

④ 熊的帮忙意为帮倒忙，出典于俄国作家尹·安·克雷洛夫的寓言《隐士和熊》。寓言说，一个隐士和熊做朋友，熊热心地抱起一块大石头为酣睡的隐士驱赶鼻子上的一只苍蝇，结果把他的脑袋砸成了两半。——参见《列宁全集》第25卷注释156，第511页。

⑤ 《列宁全集》第25卷，人民出版社1988年版，第277页。

⑥ 同上书，第278页。

⑦ “没有裤子穿的男孩”一词出自俄国作家米·叶·萨尔蒂科夫－谢德林的特写集《在国外》。谢德林在特写集里用一个没有裤子穿的俄国男孩来比喻沙皇专制制度下落后、愚昧的俄国。后来人们经常用“没有裤子穿的男孩”来比喻粗野而愚昧的人。——参见《列宁全集》第25卷注释157，第511页。

主张保持俄国的‘国家完整性’”[①]，这是离间乌克兰民主派同大俄罗斯民主派的最好办法，《钟声》杂志的全部政策路线“就是在鼓吹乌克兰工人分离出去，组成单独的民族组织”[②]！他们力图分裂无产阶级。第三个“没有裤子穿的男孩”是谢姆柯夫斯基。“他在取消派的报纸上，当着大俄罗斯公众的面‘大骂’纲领第9条，同时又说他‘由于某种理由不赞成’删去这一条的‘建议’!!”[③] 列宁认为这是取消派在曲解纲领，制造混乱。最后，列宁说，“至于罗莎·卢森堡，当然不能把她同李普曼、尤尔凯维奇和谢姆柯夫斯基之流等量齐观，但是她的错误恰好被这班人抓住了，这个事实也就特别明显地证明她陷入了怎样的机会主义泥坑”[④]。

总之，列宁认为从整个马克思主义理论来看，自决权问题就是指政治上的分离权，1896年伦敦大会的决议规定的也是分离权。民族自决权之所以在当时的俄国引起如此激烈的争论，是由俄国境内无产阶级联合起来进行阶级斗争引发的。各民族无产阶级联合起来不但要同本民族的民族主义作斗争，还要同压迫民族的民族主义作斗争[⑤]。俄国统治阶级借口异族人拥护分立主义，存有分离的念头而大肆宣传对异族人的迫害，“正是这种大俄罗斯民族主义的毒素毒化了全俄国的政治空气”[⑥]。俄国社会民主党不能从乌克兰出发，而应当从全俄的观点出发来提出政治问题。在俄国从阶级力量的客观对比来看，被压迫民族中的某些马克思主义者如果拒绝维护自决权就等于最凶恶的机会主义，就是用统治阶级的思想来腐蚀无产阶级。“因此，如果说罗莎·卢森堡的观点作为波兰的、‘克拉科夫的’一种特殊的狭隘观点[⑦]起初还情有可原，那么到了现在，当民族主义，首先是政府的大俄罗斯民族主义到处盛行的时候，当这种民族

① 《列宁全集》第25卷，人民出版社1988年版，第279页。

② 同上书，第279页。

③ 同上书，第280页。

④ 同上书，第281页。

⑤ 同上书，第281—282页。

⑥ 同上书，第282页。

⑦ 不难理解，全俄马克思主义者，首先是大俄罗斯马克思主义者承认民族分离权，决不排斥某个被压迫民族的马克思主义者去宣传反对分离，正像承认离婚权并不排斥在某种场合宣传反对离婚一样。所以我们认为，波兰马克思主义者中一定会有愈来愈多的人嘲笑谢姆柯夫斯基和托洛茨基现在正在“挑起的”那种并不存在的“矛盾”。

主义在左右政治的时候，这种狭隘观点就不能原谅了”[①]。

三　俄国社会民主党坚持民族自决权的必要性及其主要任务

列宁分析批判了国内外关于民族自决权思想的种种错误主张后，接着分析了俄国所处的历史时代，民族问题的具体特点，社会民主党的历史任务及其关于民族自决权的态度。

（一）列宁认为俄国所处的历史时代及其国内民族问题的具体特点决定了俄国社会民主工党坚持和宣传民族自决权具有迫切意义

从俄国所处的历史时代来看，西欧和奥地利民主革命已经完成，亚洲的民族民主革命正在蓬勃发展，这些革命已经影响到俄国国内，许多民族的资产阶级都提出了民族要求。从俄国国内民族问题的具体特点来看，俄国是以大俄罗斯一个民族为中心的国家，约有7000万人口的大俄罗斯民族占有广阔的土地，这个民族国家的特点是占全国人口57%的“异族人”住在边疆地区，且遭受到比邻国（并且不仅是在欧洲的邻国）严重得多的压迫。事实上这些居住在边疆地区的被压迫民族往往都是跨界居住的，居住在邻国的一些同族人享有比俄国民族较多的民族独立，例如住在俄国西部和南部边界以外的芬兰人、瑞典人、波兰人、乌克兰人、罗马尼亚人等无不如此！从资本主义发展程度和一般文化水平来看，“异族”边疆地区往往高于俄国的中部地区。正是在毗邻的亚洲国家已经开始的资产阶级革命和民族运动的阶段，部分地蔓延到了俄国境内，并且影响到那些同血统的民族，激起了它们的革命意识。“正是由于俄国民族问题的这些具体的历史特点”，决定了俄国社会民主工党“承认民族自决权具有特别迫切的意义”[②]。

（二）列宁提出俄国社会民主党有三个方面的主要任务

通过分析俄国国内历史发展阶段和民族关系的特点，列宁提出了俄国社会民主党的主要任务。

---

① 《列宁全集》第25卷，人民出版社1988年版，第283页。

② 同上书，第236页。

首先，要教育群众进行民主革命，按照一般民主基本原则，对俄国进行民主改造，推翻沙皇君主制对居住在俄国境内除大俄罗斯人以外的所有民族实行的难以置信的压迫，建立彻底民主的国家制度，要求各民族一律平等，反对只有利于某一或某些民族的任何特权，其中包括所谓国语。

其次，坚持一切民族都有成立单独国家或自由选择他们愿意参加的国家的权利①。完全承认每个民族都有自决权，都有决定自己的命运，甚至可以同俄国分离的权利。国际民主派的基本原则的要求是维护在沙皇君主制度压迫下的各民族的自决权，即分离权和成立独立国家的权利，这更是遭受沙皇君主制度民族压迫的俄国多数居民的要求，也是大俄罗斯居民本身的自由事业的要求，不根除大俄罗斯民族主义，大俄罗斯居民就无法建立民主国家。大俄罗斯民族主义有血腥镇压民族运动的传统，它受到沙皇君主制度和一切反动政党，特别是大俄罗斯资产阶级自由派的不断培植。

最后，要反对一切民族主义，坚持无产阶级国际主义，实现各民族无产阶级的联合，最终实现社会主义。无产阶级的目标是社会主义，不论民族发展的道路如何，无产阶级一定要利用一切可能的道路实现社会主义②。要走向自己的目标，即实现社会主义，就必须坚持国际主义原则，同一切民族主义作斗争，捍卫各民族的平等，在平等自愿基础上，将各民族的无产阶级联合起来同资产阶级进行斗争③。从无产阶级国际主义立场来看，削弱大俄罗斯人与乌克兰人的关系就是直接背叛社会主义④，因为只有二者采取统一行动“才可能有自由的乌克兰”⑤。与当时资产阶级民族主义者和乌克兰的机会主义者主张，首先是民族的事业，然后才是无产阶级的事业相反，列宁认为民主革命的核心问题是土地问题，而不是民族问题，民族问题从属于无产阶级的革命事业。因为只有无产阶级革命，才能保证广大劳动人民的长远的根本的利益，才能最终

① 《列宁全集》第23卷，人民出版社1990年版，第329页。

② 《列宁全集》第25卷，人民出版社1988年版，第241页。

③ 《列宁全集》第23卷，人民出版社1990年版，第332页。

④ 《列宁全集》第24卷，人民出版社1990年版，第132页。

⑤ 同上书，第133页。

实现全人类的利益。而各民族民族问题的最终彻底解决，要依赖于无产阶级革命胜利后实行的民族平等和民主的政策，只有无产阶级的民主，才能实现真正意义上的民族自决，“没有民主，无论是自治的乌克兰，还是独立的乌克兰，都是不可思议的”①。

与前期相比，这一阶段列宁对民族自决权概念的内涵、坚持民族自决权思想的意义、实行民族自决权思想的条件、在民族自决权思想问题上的立场观点，以及具体措施都进行了极为详细的论述。

第三节　列宁民族自决权思想的成熟（1914—1917）

在第一次世界大战期间，各国统治阶级用“保卫祖国”“民族独立”等口号竭力造成政府是在进行一场“正义”战争的印象，号召本国人民群众支持和参加政府进行的战争。各国包括社会民主党在内大多数阶级支持战争，使得战争性质、和平问题和民族自决权问题认识极为混乱，争论相当激烈。为了说明战争的实质，实现真正意义上的和平，批评各国社会民主党人的错误立场，列宁撰写了大量文章，进行了关于民族自决权思想的第三次大辩论，继续捍卫和发展民族自决权思想。

一　对战争与和平问题的分析

第一次世界大战爆发后，列宁从欧洲以及俄国等交战国的实际出发，不仅指出了战争的帝国主义性质，而且分析批判了各种实现和平的纲领和各种兼并主义的实质，指出实现真正的和平必须承认一切民族都有自决权。

（一）列宁指出战争的性质是掠夺践踏弱小民族和打击无产阶级革命的帝国主义战争，应当动员群众起来反对战争

战争爆发后，1914年9月初列宁在被誉为战争提纲的《革命的社会

① 《列宁全集》第24卷，人民出版社1990年版，第134页。

民主党在欧洲大战中的任务》一文中指出，这次战争是资产阶级发动的帝国主义王朝战争，欧洲各国资产阶级以“保卫祖国”来欺骗群众，实际上是为了互相进行掠夺。俄国社会民主工党中央委员会在第一个表明布尔什维克党关于战争立场的《战争和俄国社会民主党》一文认为，战争是为了“抢占别国领土，征服其他国家；打垮竞争的国家并掠夺其财富；转移劳动群众对俄、德、英等国国内政治危机的注意力；分裂工人，用民族主义愚弄工人，消灭他们的先锋队，以削弱无产阶级的革命运动”①。这是列宁及其布尔什维克党在战争初期关于战争性质的认识和判定。

随着战争的持续进行，战争的帝国主义性质日益显露。列宁认为必须要向人民说明真相和战争的实质，停止一切为参战辩护的行为，在战争期间要利用战争所造成的困难，去宣传并准备革命行动以反对自己的政府。

具体到俄国，俄国政府同其他国家的政府一样，用“保卫祖国”“保卫斯拉夫同胞”等口号来欺骗群众和掩盖战争真相。国内大多数阶级都采取了支持沙皇政府进行战争的社会沙文主义立场，其中包括地主阶级和工商业资产阶级、自由派资产阶级的政党立宪民主党、“民粹派”、资产阶级民主派的左翼即加入了社会党国际局的社会革命党等。地主阶级和工商业资产阶级“认为支持沙皇政府进行对外战争并最终取得胜利是能够推迟罗曼诺夫王朝崩溃和延缓新革命在俄国爆发的最好途径”②。立宪民主党完全地和无条件地支持沙皇政府，投票拥护军国主义、海上霸权主义等。“民粹派”的所有合法报刊尾随自由派。与上述阶级不同，俄国唯一没有沾染上沙文主义的阶级是无产阶级。与德国、法国、比利时的社会民主党人都投票赞成军事拨款，支持本国资产阶级进行战争不同，俄国社会民主工党坚持了自己的反战立场。他们积极深入群众进行反战宣传，动员群众起来同践踏和否定民族自决权的行为进行斗争。

（二）列宁指出关于如何结束战争的考茨基主义《和平纲领》的真正目的是替帝国主义战争辩护

战争进行了一年后，如何结束战争实现和平的问题成为人们关注的焦点，不同阶级都提出了自己的“和平纲领”。其中最有影响和代表性

① 《列宁全集》第26卷，人民出版社1988年版，第12页。

② 同上书，第341页。

的，是第二国际胡斯曼和第二国际最有影响的理论家考茨基在荷兰社会民主工党阿纳姆代表大会上提出的“和平纲领”，该纲领的主要内容有反对兼并和赔款，实行民族自决，对外政策民主化，用仲裁法庭来解决各国之间的冲突，裁军，建立欧洲联邦等主张。这个纲领不但得到了交战国的许多资产阶级和平主义者和大臣部长们的承认，而且也得到了交战国社会民主党人的赞同。1915 年 2 月英、法、比、俄四国社会民主党人伦敦代表会议和 4 月德国和奥匈帝国社会民主党人维也纳代表会议一致认同该纲领，并且声称这同工人争取和平斗争中的国际团结并不矛盾。考茨基根据上述现象在 5 月 21 日的《新时代》杂志上声称，伦敦和维也纳代表会议说明“社会党人”在民族“独立”或者说民族自决原则问题上“意向一致”，第二国际在“和平纲领”上“意向一致”和“仍有活力”。他认为截至目前第二国际内部制定的包括哥本哈根、伦敦、维也纳等所有和平纲领，都要求承认民族独立，这个要求是十分正确的，应当成为社会民主党人在一战中的指南针[①]。执行该和平纲领的除了德国的考茨基、哈阿兹等人外，还包括法国的龙格、普雷斯曼，英国的大多数领袖，俄国的阿克雪里罗得、马尔托夫、齐赫泽，意大利的特雷维斯等人。

列宁在《和平问题》一文中指出包括各国统治者在内每个人都希望结束战争，这是事实。但问题是他们提出的和平条件都是有利于自己民族的帝国主义的掠夺、压迫其他民族的和平条件[②]。而考茨基主义的和平纲领模糊了各国统治阶级和无产阶级纲领的实质和区别，具有欺骗人民和引诱无产阶级脱离革命斗争的性质，在实践中造成了极大的危害[③]。考茨基主义的和平纲领是社会沙文主义者实行国际联合和妥协的“纲领”，其真正的目的是替帝国主义战争辩护，他们“承认”“民族独立”，或者换句话说，承认民族自决，反对兼并等，是他们用来掩饰其真正的目的，欺骗工人的空话！考茨基的“国际性”对工人运动来说更有害、更危险、更恶劣，因为资产阶级正是需要用“没有兼并的和约”、民主的和平等口号，来转移战争时期工人对于革命斗争的注意。

---

① 《列宁全集》第 27 卷，人民出版社 1990 年版，第 282 页。

② 《列宁全集》第 26 卷，人民出版社 1988 年版，第 313—314 页。

③ 《列宁全集》第 27 卷，人民出版社 1990 年版，第 465 页。

（三）列宁认为制定和平纲领的中心问题是关于如何对待旧的和新的兼并的问题

要制定正确的和平纲领，首先必须要搞清楚什么是兼并，社会党人为什么和应当怎样反对兼并。列宁指出不能认为凡是把“他人的”领土归并起来就是兼并，因为社会党人赞成铲除民族之间的疆界，各民族接近融合并建立较大的国家。同样不能认为凡是破坏现状和用暴力、用武力归并就是兼并，因为社会党人为了人民群众和人类进步的利益，也会赞成使用暴力。那么，到底什么才是兼并呢？列宁认为“只有违背某块领土上的居民的意志而归并这块领土，才能够和应当算是兼并”。由此可以看出，“兼并的概念是和民族自决的概念不可分割地联系着的”[①]。因此，真正的反对兼并和兼并主义者的区别，就是看其是否坚持真正意义上的民族自决权，即各民族自由分离权。规避这一点或者口头上承认而在实践中放弃民族自决权，都是兼并主义者。

从战争中有关兼并的主张可以看出，资产阶级和社会沙文主义者竭力“反对”兼并的实质并不是为了被压迫民族的解放，而是为了反对他们敌人的兼并。如休特古姆同他的德奥朋友和拥护者，直到哈阿兹和考茨基，对于德国兼并阿尔萨斯—洛林、丹麦、波兰等都默不作声，却常常“反对”俄国“兼并”芬兰、波兰、乌克兰、高加索，“反对”英国“兼并”印度等。同样，英国、法国、意大利和俄国的休特古姆们，即海德门、盖得、王德威尔得、列诺得尔、特雷维斯、普列汉诺夫、阿克雪里罗得、齐赫泽等人，对于英国兼并印度，法国兼并尼斯或者摩洛哥，意大利兼并的黎波里或阿尔巴尼亚，俄国兼并波兰、乌克兰等都默不作声，可是大部分却“反对”德国所实行的“兼并”。因此，为争夺阿尔萨斯—洛林的战争辩护的法国“社会党人”、不要求给阿尔萨斯—洛林以从德国分离自由的德国“社会党人”、打着反对“瓦解俄国”“没有兼并的和约”口号、直接或间接地在当前为决定由谁来奴役波兰而进行的战争辩护的俄国“社会党人”等，都是兼并主义者[②]。社会沙文主义者和考茨基等人“反对兼并的斗争”因为有利于资产阶级而得到了后者直接和间接

---

① 《列宁全集》第 27 卷，人民出版社 1990 年版，第 467 页。

② 同上书，第 468 页。

的帮助，不仅给他们拨几百万款项，还给予他们进行合法活动的特权[①]。这就明确地表明了社会沙文主义者和考茨基等人兼并主义的实质。

列宁认为帝国主义的结果只能加强和扩大民族压迫。社会党人应当向群众说明，那些不立刻为被压迫民族的分离自由而斗争的大国社会党人，都是口头上的社会主义者和国际主义者，实际上的沙文主义者和兼并主义者[②]。各国社会民主党人必须坚持民族自决权，团结起来共同推翻国际资产阶级的压迫，争取国际社会主义革命。社会党人要达到自己的目的，就要同一切民族压迫作斗争，同时“必须要求各压迫国家（特别是所谓‘大’国）的社会民主党承认和维护各被压迫民族的自决权，而且是政治上的自决权，即政治分离权”[③]。

二　对帝国主义时代民族自决权思想的全面论述

为说明战争的实质，促进群众争取和平、民族自决和社会主义的斗争，列宁于1915年9月建议将民族自决权思想写入国际社会党齐美尔瓦尔德会议决议，号召各国社会民主党人都承认各民族的自决权。大会采纳了列宁的建议，将民族自决权写入大会决议。这遭到了来自党内外的猛烈攻击。

就在齐美尔瓦尔德宣言宣布了“民族自决权”之后，首先否定民族自决权思想的是巴拉贝伦，他在《伯尔尼哨兵报》第252—253号合刊上撰文认为“现时的所有民族问题，如阿尔萨斯—洛林问题、亚美尼亚问题等，都是帝国主义问题；资本的发展已超出了民族国家的范围；不能把‘历史的车轮倒转过来’，退向民族国家这种过了时的理想；等等”[④]。因此“争取并不存在的自决权的斗争”是“虚幻的”斗争，是同“无产阶级反对资本主义的群众革命斗争”相对立的。

当时社会民主党内关于民族自决权问题的观点大致有三类，第一类是引用类似巴拉贝伦那样的论据来根本否定民族自决权，其代表人物如库诺、帕尔乌斯和俄国的谢姆柯夫斯基、李普曼等人；第二类是虽表面

① 《列宁全集》第27卷，人民出版社1990年版，第468页。

② 同上书，第468—469页。

③ 《列宁全集》第26卷，人民出版社1988年版，第340页。

④ 《列宁全集》第27卷，人民出版社1990年版，第77页。

上承认这种民族自决权，但是却将受他们本民族或本民族的军事盟国压迫的那些民族排除在外，这类人如普列汉诺夫、海德门、所有亲法爱国主义者以及谢德曼，等等；第三类是最隐蔽最危险的考茨基主义，他们口头上拥护民族自决，主张社会民主党“全面地〈!!〉和无条件地〈??〉尊重和捍卫民族独立”[①]，而实际上并未规定压迫民族的社会党人的责任，甚至认为每个民族要求“国家独立”是“非分的”，只要实行“民族自治”就够了!! 他们极力回避国家疆界问题，用改良主义的方式而不是用革命的方式表述社会民主党的民族纲领[②]。

首先，列宁批评了巴拉贝伦的错误观点，指出巴拉贝伦是从英、法、意、德等早已完成民族运动的国家出发反对民族自决权的，但是除了上述国家外，还有大量的东方国家，即亚洲、非洲等民族解放运动方兴未艾或终将兴起的殖民地。由此应当把争取社会主义的革命斗争同民族问题的革命纲领联系起来。无产阶级只有把最彻底的民主要求同自己的每一步斗争联系起来，才能获得胜利。最彻底的民主包括“建立共和国，实行民兵制，人民选举官吏，男女平等，民族自决；等等”[③]。民族自决是无产阶级民主要求之一，不能将其与社会主义革命和反对资本主义的革命斗争对立起来，而应当把反对资本主义的革命斗争，同实现一切民主要求的革命纲领和革命策略结合起来。

其次，全面阐述了关于帝国主义时代民族自决权的思想观点。为了驳斥各种关于民族自决权思想的错误，列宁在1916年1—2月间，以俄国社会民主工党中央机关报《社会民主党人报》[④]编辑部名义，发表了

---

① 《列宁全集》第27卷，人民出版社1990年版，第83页。

② 同上书，第83页。

③ 同上书，第78页。

④ 《社会民主党人报》是俄国社会民主工党秘密发行的中央机关报。1908年2月在俄国创刊，总共出了58号，其中5号有附刊。根据俄国社会民主工党第五次代表大会选出的中央委员会的决定，该报编辑部由布尔什维克、孟什维克和波兰社会民主党人的代表组成。列宁是该报实际上的领导者。1911年6月孟什维克尔·马尔托夫和费·伊·唐恩退出编辑部，同年12月起《社会民主党人报》由列宁主编。该报先后刊登过列宁的80多篇文章和短评。在斯托雷平反动时期和新的革命高涨年代（1907—1914），该报同取消派、召回派和托洛茨基派进行了斗争，宣传了布尔什维克的路线，加强了党的统一和党与群众的联系。第一次世界大战期间，该报同国际机会主义、民族主义和沙文主义进行了斗争，团结了各国坚持国际主义立场的社会民主党人，宣传了列宁在战争、和平和革命等问题上提出的口号，联合并加强了党的力量。该报在俄国国内和国外传播很广，影响很大。——参见《列宁全集》第28卷注释15，第409—410页。

《社会主义革命和民族自决权（提纲）》一文。列宁指出在帝国主义条件下民族解放运动和社会主义革命、争取民主斗争的联系，认为在对待民族自决的态度上应当区分三类国家，在民族问题上起决定作用的，是居于统治地位的大国民族的观点。列宁在回顾俄国和波兰社会民主党关于民族自决权是否写入无产阶级党纲争论的基础上，再次重申了俄国坚持民族自决权的必要性①，指出如果俄国社会党人拒绝民族自决的自由，“那就是对民主主义、国际主义和社会主义的直接背叛”②。

列宁对波兰社会民主党在齐美尔瓦尔德代表会议上的宣言进行了分析，认为它实质上就是承认民族自决权，只不过相比较第二国际的大多数纲领和决议，“它们的政治措辞更加含糊不清”③。因为在波兰宣言中宣称，波兰认为只有通过无产阶级国际联合和争取社会主义的革命斗争，“‘才能打碎民族压迫的枷锁和消灭一切形式的异国统治’”，保证波兰人民能够平等地参加各民族的联盟并获得全面的自由发展，“这场战争‘对波兰人’来说是‘双重的骨肉相残的战争’”④。

最后，列宁根据当时的情况，将1896年伦敦国际社会党代表大会承认民族自决的决议作了一些补充，指出民族自决权“（1）这一要求在帝国主义时代特别迫切；（2）一切政治民主要求（其中包括这一要求）都有政治条件和阶级内容；（3）必须区分压迫民族的社会民主党人和被压迫民族的社会民主党人的具体任务；（4）机会主义者和考茨基分子承认自决是不彻底的，纯粹口头上的，因而从政治意义上来说是伪善的；（5）社会民主党人，尤其是大国民族（大俄罗斯人、英美人、德国人、法国人、意大利人、日本人，等等）的社会民主党人，如不维护受‘他们的’民族压迫的那些殖民地和民族的分离自由，实际上就是和沙文主义者一致；（6）必须使争取实现这一要求和一切根本的政治民主要求的斗争，服从于推翻资产阶级政府和实现社会主义的直接的群众革命斗争”⑤。上述观点同样可以看作是对这一阶段民族自决权思想的总结。

① 《列宁全集》第27卷，人民出版社1990年版，第266页。
② 同上书，第85页。
③ 同上书，第267页。
④ 同上书，第266页。
⑤ 同上书，第267页。

三　对1916年民族自决权思想争论的总结

前两次关于民族自决权思想的大辩论，主要是围绕着俄国社会民主工党纲领第9条展开的。而在1915—1916年间，在齐美尔瓦尔德左派[①]内部发生争论的主题则涉及各方面的问题，其中包括国际范围的民族殖民地问题，无产阶级革命运动同殖民地民族解放运动的关系问题，以及社会主义条件下的民族自决权问题等。

这次争论的起因，是齐美尔瓦尔德左派的马克思主义杂志《先驱》[②]在1916年4月第2期上，刊载了分别由俄国社会民主工党中央机关报《社会民主党人报》编辑部和波兰社会民主党反对派机关报《工人报》[③]

① 齐美尔瓦尔德左派是根据列宁倡议建立的国际组织，于1915年9月4日，即国际社会党第一次代表会议（齐美尔瓦尔德会议）开幕的前一天，在出席代表会议的左派社会党人召开的一次会议上成立。齐美尔瓦尔德左派这一名称，则是1915年11月该组织出版刊物《国际传单集》时开始正式使用的。9月4日这次会议听取了列宁关于世界战争的性质和国际社会民主党策略的报告，制定了准备提交代表会议的决议和宣言草案。在代表会议上，齐美尔瓦尔德左派批评了多数代表的中派和半中派观点，提出了谴责帝国主义战争、揭露社会沙文主义者叛变行为和指出积极进行反战斗争的必要性等决议案。他们的决议案被中派多数所否决，但是经过斗争，决议案中的一些重要论点仍写入了代表会议的宣言。齐美尔瓦尔德左派对宣言投了赞成票，并在一个特别声明中指出了宣言的不彻底性。齐美尔瓦尔德左派声明，它将留在齐美尔瓦尔德联盟内宣传自己的观点和在国际范围内进行独立的工作。齐美尔瓦尔德左派选举了由列宁、季诺维也夫和拉狄克组成的领导机关——执行局。在1916年4月国际社会党第二次代表会议（昆塔尔会议）上，齐美尔瓦尔德左派力量有所发展，它在40多名代表中占了12名，它的一系列提案得到半数代表的赞成。1917年初，随着齐美尔瓦尔德右派公开背叛，列宁向左派提出了同齐美尔瓦尔德联盟决裂的问题。参加齐美尔瓦尔德左派的一些国家的社会民主党人，在建立本国共产党方面起了重要的作用。——参见《列宁全集》第28卷注释13，第408—409页。

② 《先驱》杂志是齐美尔瓦尔德左派的理论机关刊物，用德文在伯尔尼出版，共出了两期：1916年1月第1期和同年4月第2期。该杂志的正式出版人是罕·罗兰—霍尔斯特和安·潘涅库克。列宁参与了杂志的创办和把第1期译成法文的组织工作。杂志曾就民族自决权和“废除武装”口号问题展开讨论。——参见《列宁全集》第28卷注释14，第409页。

③ 《工人报》是波兰王国和立陶宛社会民主党华沙委员会的秘密机关报，1906年5—10月先后在克拉科夫和苏黎世出版，由亨·多姆斯基（卡缅斯基）主编，出了14号以后停刊。1912年波兰社会民主党分裂后，出现了两个华沙委员会。两个委员会所办的机关报都叫《工人报》，一家是由在华沙的总执行委员会的拥护者办的，出了4号，另一家是由在克拉科夫的反对派华沙委员会办的，出了11号（最后两号是作为波兰王国和立陶宛社会民主党边疆区执行委员会机关报在苏黎世出版的）。波兰王国和立陶宛社会民主党两派合并后，《工人报》在1918年8月还出了1号。——参见《列宁全集》第28卷注释16，第410页。

编辑部署名的，赞成和反对民族自决的两个提纲。由《社会民主党人报》编辑部署名的提纲是列宁写的《社会主义革命和民族自决权》，由《工人报》编辑部署名的提纲是卡·拉狄克写的《关于帝国主义和民族压迫》。后者和卢森堡起草的德国“国际派”《关于国际社会民主党任务的提纲》、卢森堡在狱中写的《社会民主党的危机》（又名《尤尼乌斯的小册子》）中，都否认在帝国主义时代有发生民族解放战争的可能性，认为任何民族战争都会因为触犯帝国主义的利益，引起帝国主义国家的干涉而转化为帝国主义战争。因此，他们反对任何的保卫祖国，包括民族解放战争中保卫祖国。德国、波兰、荷兰的左派和布哈林、皮达可夫等重复罗莎·卢森堡反对民族自决权的观点，抹杀殖民地附属国人民争取民族解放斗争的可能性及其伟大意义。列宁认为在国际范围内，如此广泛地提出民族自决权问题，几乎还是第一次。现在为止只有荷兰人和波兰人比较系统地讨论过自决的问题。列宁希望《先驱》杂志能够推动英、美、法、德、意等国家都来讨论这个目前如此迫切的问题。

对俄国社会民主党人来说，这个问题还有特别重要的意义，这场争论是1903年和1913年争论的继续。1915年春天伯尔尼会议①后，在俄国党内出现了被列宁称为“帝国主义经济主义”的思潮，代表人物主要有布哈林、皮达可夫和博什。1915年11月尼·伊·布哈林草拟的提纲《论民族自决权的口号》，由布哈林、格·列·皮达可夫和叶·波·博什共同署名寄给《社会民主党人报》编辑部②。他们反对俄国社会民主工党关于

---

①　指俄国社会民主工党国外支部代表会议。俄国社会民主工党国外支部代表会议于1915年2月14—19日（2月27—3月4日）在伯尔尼举行。会议是在列宁的倡议下召开的，实际上起了全党代表会议的作用。参加代表会议的有俄国社会民主工党中央委员会、中央机关报——《社会民主党人报》、社会民主党妇女组织以及俄国社会民主工党巴黎、苏黎世、伯尔尼、洛桑、日内瓦、伦敦等支部和博日小组的代表。从蒙彼利埃支部特别是博日小组在代表会议之前通过的决议可以看出，布尔什维克各支部的某些成员还不懂得列宁关于国内战争问题的提法。他们反对使“自己的”政府失败的口号，提出和平的口号，并且不了解与中派主义斗争的必要性和重要性。经过代表会议的讨论，列宁的提纲得到了一致的支持。正如列宁在正文里指出的，只有尼·伊·布哈林仍坚持博日小组决议的观点，并在自己的提纲中反对民族自决权以及整个最低纲领的要求，宣称这些要求和社会主义革命是“矛盾”的。列宁后来在1916年3月（11日以后）给亚·加·施略普尼柯夫的信中对布哈林的提纲作了尖锐的批评。——参见《列宁全集》第28卷注释72，第425—426页。

②　《列宁全集》第28卷注释73，第427页。

自决的提纲（即反对解放被压迫民族，反对同兼并作斗争）和最低纲领（即反对为争取改良和民主而斗争），声称这同社会主义革命相“矛盾”，他们赞同“荷兰人的纲领”①。这是来自“左”的方面的反对意见。左中右三种派别都反对民族自决权的现象，使得列宁认为“自决问题决不是一个‘局部的’问题，而是一个一般的和基本的问题”②。“帝国主义经济主义”的传播是对国际派和社会民主党的一个最严重的打击，因为这是来自无产阶级队伍内部的反对意见，它会从无产阶级队伍内部“败坏党，把党变成面目全非的马克思主义的代表者”③，如果任其发展就会导致思想上的混乱。

鉴于民族自决权问题在俄国党员中引起的思想波动④以及格沃兹杰夫工党即沙文主义工党的一些著名领袖，如马尔托夫和齐赫泽等回避问题的本质，这个问题更加尖锐了。因此，列宁认为“对国际范围内已经展开的争论作一个哪怕是初步的总结，是很必要的”⑤。他在1916年7月撰写的《论尤尼乌斯的小册子》和《关于自决问题的争论总结》两篇文章中，通过对波兰社会民主党民族自决权纲领进行逐一分析批判，批评了罗莎·卢森堡、安·潘涅库克等人在帝国主义时代放弃民族自决权要求的错误观点，对有关民族自决权思想的争论作了总结。列宁撰写了《论正在产生的“帝国主义经济主义”倾向》等文章专门分析批判了“帝国主义经济主义”倾向。

① 指罕·罗兰－霍尔斯特写的荷兰左派纲领草案，该草案发表于1916年2月29日《伯尔尼国际社会党委员会公报》第3号，标题是《荷兰革命社会主义联盟和社会民主工党纲领草案》。——参见《列宁全集》第28卷注释74，第427页。

② 《列宁全集》第28卷，人民出版社1990年版，第99页。

③ 同上书，第116页。

④ 指1915年春尼·伊·布哈林在俄国社会民主工党国外支部伯尔尼代表会议上的发言和1915年秋布哈林、格·列·皮达可夫和叶·波·博什联名提出的提纲《论民族自决权的口号》。列宁在《论正在产生的“帝国主义经济主义”倾向》《对彼·基辅斯基（尤·皮达可夫）〈无产阶级和金融资本时代的“民族自决权”〉一文的回答》《论面目全非的马克思主义和“帝国主义经济主义”》等文中批评了他们的观点。——参见《列宁全集》第28卷注释20，第412页。

⑤ 《列宁全集》第28卷，人民出版社1990年版，第17页。

四　对资产阶级临时政府否定民族自决权思想的分析批判

1917 年 2 月 27 日，革命在首都彼得堡取得胜利并迅速向全国扩展，沙皇专制制度土崩瓦解了。二月革命标志着俄国资产阶级民主革命的完成，但革命后形成了由十月党人和立宪民主党人组成的资产阶级临时政府与孟什维克和社会革命党人领导的工兵代表苏维埃两个政权并立的局面[①]。后者对俄国革命作出错误认识，把政权让给了临时政府。

备受沙皇制度压迫和歧视的非俄罗斯民族对二月革命的胜利寄予厚望，他们希望能够获得自由、平等，实现民族解放。革命胜利后，为了获得临时政府的支持，芬兰、乌克兰、波兰、波罗的海沿岸国家、白俄罗斯、格鲁吉亚和中亚等地区民族资产阶级政权都提出了在临时政府的统治之下实行有限自治的愿望。但临时政府继承沙皇民族政策，一再拖延解决民族问题，不仅拒绝给予各民族自决权，甚至拒绝了非俄罗斯民族有限的自治权。各民族的资产阶级投靠临时政府，镇压无产阶级革命和民族解放运动，激起了各民族人民的强烈反抗，民族解放运动出现了空前的高涨局面。针对资产阶级临时政府的民族政策，列宁再次阐述了民族自决权思想。

（一）列宁揭露和批评了临时政府在兼并和民族自决权问题上的虚假性

在俄国社会民主工党（布）第七次全国代表会议（四月代表会议）[②]上，列宁指出临时政府答应放弃兼并，即不再侵占别国或强迫任何民族

① “苏维埃”原意为“劝说”“建议”“会议”和“委员会”等。

② 俄国社会民主工党（布）第七次全国代表会议（四月代表会议）是布尔什维克党在合法条件下召开的第一次代表会议，1917 年 4 月 24—29 日（5 月 7—12 日）在彼得格勒举行。列宁是主席团的成员，他领导了会议的全部工作，作了目前形势、修改党纲和土地问题等主要报告，起草了代表会议的几乎全部决议草案。斯大林作了民族问题的报告。列·波·加米涅夫作了关于目前形势的副报告，他和阿·伊·李可夫企图证明俄国资产阶级民主革命还未结束，社会主义革命尚不成熟，认为只能由孟什维克和社会革命党人把持的苏维埃监督资产阶级临时政府。在讨论民族问题时，格·列·皮达可夫反对各民族有自决直至分离的权利的口号。他们的错误观点受到了会议的批判。——参见《列宁全集》第 29 卷注释 149，第 555—556 页。

留在俄国疆界以内是完全不可信的。其原因主要是作为临时政府领导阶级的资产阶级，同银行资本有着千丝万缕的联系，他们“还没有放弃投入公债、租让企业和军工企业等”[①] 的巨额利润，因此为了巨大的利益，他们不会放弃战争中进行的兼并。事实上，临时政府在实践中的做法也证明了它们在兼并和民族自决权问题上的虚假性。临时政府一方面表示放弃兼并，另一方面却又于1917年4月9日通过米留可夫之口在莫斯科声明，它不会放弃兼并，新政府4月18日的照会和4月22日对照会的说明也证实了它的政策的侵略性质。

（二）列宁提出了关于结束战争和反对兼并实现民族自决权的具体措施

列宁指出应无条件地反对目前这场帝国主义侵略战争，给各国人民以和平。俄国人民决不能支持进行侵略战争的资本家政府，“一文钱也不给它！”[②] 临时政府应立即公布和废除前沙皇尼古拉同英法等国资本家缔结的掠夺性的秘密条约，包括关于扼杀波斯、瓜分土耳其和奥地利等等的条约。应该立即无保留地、不找任何借口、毫不拖延地公开向一切交战国建议缔结和约，毫无例外地解放一切被压迫民族或没有充分权利的民族。

（三）列宁一如既往地号召无产阶级必须承认被压迫民族的自决权

针对二月革命后俄国国内形势，列宁强调，只有给予各民族以自决权，才能赢得各民族的信任，建立起密切的革命联盟。在《无产阶级在我国革命中的任务》即《四月提纲》中列宁提出，无产阶级政党应当坚持宣布并立刻实行的民族政策是，“一切受沙皇制度压迫、被强迫并入或被强迫留在俄国疆界内的各大小民族，即被兼并的民族，都享有同俄国分离的充分自由”[③]。革命无产阶级的民族纲领是“分离的完全自由，最广泛的地方自治（和民族自治），详尽规定保障少数民族权利的办法”[④]。

---

① 《列宁全集》第29卷，人民出版社1985年版，第385页。

② 《列宁全集》第30卷，人民出版社1985年版，第38页。

③ 《列宁全集》第29卷，人民出版社1985年版，第165—166页。

④ 同上书，第166页。

列宁的主张得到了全党的同意，四月全会通过的关于民族问题的决议要点是：（1）承认俄国境内一切民族有自由分离和成立独立国家的权利。（2）把民族有权自由分离的问题和某一民族在某个时期实行分离是否适当的问题区别开来。（3）实行广泛的民族区域自治、废除带强制性的国语、把取消任何民族特权和不得侵犯少数民族权利的基本法律包括在宪法里①。

（四）列宁指出否定国内各民族的自治主张是完全错误的

列宁结合芬兰、波兰、乌克兰同俄国的历史和当时的关系，分析了资产阶级否定国内非俄罗斯民族自治主张的主要错误和危害。他认为芬兰同俄国的关系问题，已经成了一个迫切的、全国性的根本问题，必须十分仔细地加以探讨。资产阶级共和派借口芬兰议会同立宪会议达成协议而对芬兰自治的要求拖而不议，是极其错误的行为，这必然会激起芬兰民族的不满和反抗。目前芬兰和俄国临时政府间的冲突特别清楚地表明：否认自由分离权，就会导致直接继续奉行沙皇政府的政策。

在波兰和俄国之间，长期的民族压迫使得波兰的各种政策表现出极其强烈的民族主义，“整个波兰民族充满了向莫斯卡里②复仇的思想。没有一个民族象波兰人那样憎恨俄国，那样不喜欢俄国”③。这是沙皇俄国长期奉行的殖民政策和民族压迫造成的，此种现状决定了“应当在俄国强调被压迫民族有分离的自由，在波兰强调联合的自由。联合的自由是以分离的自由为前提的”④，只有坚持分离的自由，才能实现真正的自由的联合。

与波兰不同，乌克兰人的要求更少，他们要求的仅仅是自治，而不是同俄国分离，他们丝毫没有否认“全俄议会”的必要性和它的最高权力。这是很有节制的、完全合理的要求，但是就是这些很有节制的、完

① 《苏联共产党代表大会、代表会议和中央全会决议汇编》第一分册，人民出版社1964年版，第446—447页。

② 莫斯卡里是十月革命前乌克兰人、白俄罗斯人和波兰人对俄罗斯人的蔑称。——参见《列宁全集》第29卷注释158，第558页。

③ 《列宁全集》第29卷，人民出版社1985年版，第424页。

④ 同上书，第425页。

全合理的要求也遭到了临时政府的拒绝。这是大俄罗斯“杰尔席莫尔达”[①] 政策的真正表现。乌克兰中央拉达颁布的关于乌克兰体制的“宣言书”，直截了当地揭露了新的联合临时政府政策的破产。为了使各国工人结成最紧密的自愿的联盟，俄罗斯无产阶级主张让乌克兰人有分离权，把他们看作争取社会主义的斗争中的同盟者和兄弟来平等相待。列宁认为只要成立了独立自主的乌克兰和俄罗斯共和国，就能加强它们之间的信任和联系，就能建立起无产阶级希望的所有民族的兄弟联盟。从乌克兰来说，如果俄国是坚持民族平等和民族自决权的苏维埃共和国，他们就不会分离，如果是拒绝民族平等和自决，甚至连民族自治也要反对的资产阶级政府，他们就会要求分离[②]。从俄国无产阶级来说，他们“对分离主义运动是不感兴趣的，是中立的”[③]。如果芬兰、波兰、乌克兰同俄国分离，这没有什么不好。列宁认为芬兰仅仅要求的是实行民族自治，如果俄国的无产阶级主张芬兰完全自由，就会更加加强芬兰民族对俄国无产阶级的信任，他们就不会要求分离[④]。对于国界的确定，必须根据居民的意志[⑤]，不能用妨碍各民族自由的暴力来解决分离问题，俄罗斯民族应该“撤出军队，让各民族自己独立地解决问题”[⑥]。苏维埃掌握政权后，必须立即要求“德国，把军队撤出波兰；俄国，把军队撤出亚美尼亚，——否则就是欺骗”[⑦]。

通过前后三次激烈的辩论，列宁逐渐形成了完整的马克思主义民族自决权思想。阐述了无产阶级在民主革命时期，面临帝国主义殖民统治，如何团结和联合更多的力量来完成革命任务，实现社会主义。对于广大的殖民地、半殖民地被压迫民族，只有坚持彻底的民族平等，尊重真正的民族自决，才能赢得他们的信任，联合他们同无产阶级一起共同斗争。

---

① 杰尔席莫尔达是俄国作家尼·瓦·果戈理的喜剧《钦差大臣》中的一个愚蠢粗野、动辄用拳头打人的警察。——参见《列宁全集》第30卷注释110，第463页。

② 《列宁全集》第29卷，人民出版社1985年版，第428—429页。

③ 同上书，第427页。

④ 同上书，第427页。

⑤ 同上书，第428页。

⑥ 同上书，第428页。

⑦ 同上书，第428页。

第三章

列宁民族自决权思想的主要观点

为了对列宁民族自决权思想作出全面准确的归纳总结，本章根据人民出版社出版的《列宁全集》（第二版），对列宁有关民族自决权的文章、笔记、书信和会议记录等，按照详述、论述和提及三类进行了分析统计[①]。《列宁全集》第二版1—43卷为著作，44—53卷为书信，54—60卷为笔记。涉及民族自决权的各类文章共140余篇，其中著作100篇，书信30篇，笔记10篇。按照论述的详细程度可以分为详述38篇，其中著作36篇，书信和笔记各1篇；论述37篇，其中著作29篇，书信6篇，笔记2篇；提及的文章有65篇。具体统计结果见表3-1。

表3-1　《列宁全集》中民族自决权文章数量统计表

年份	分类	详述	论述	提及	小计	合计
1902—1905	著作	2	0	6	8	9
	书信	0	1	0	1	
1906—1912	著作	0	1	6	7	7
	书信	0	0	0	0	
1913	著作	5	5	4	14	15
	书信	1	0	0	1	

① 此分类标准笔者参考了华辛芝在《列宁民族问题理论研究》一文中的分类标准。

续表

年份	分类	详述	论述	提及	小计	合计
1914	著作	3	2	3	8	12
	书信	0	1	3	4	
1915	著作	3	3	1	7	12
	书信	0	1	4	5	
1916	著作	8	2	3	13	31
	书信	0	2	16	18	
1917 年 10 月 25 日前	著作	8	8	6	22	23
	书信	1	0	0	1	
1917 年 10 月 25 日后	著作	2	1	2	5	5
	书信	0	0	0	0	
1918	著作	0	2	2	4	4
	书信	0	0	0	0	
1919	著作	5	2	0	7	7
	书信	0	0	0	0	
1920	著作	0	3	2	5	5
	书信	0	0	0	0	
总计		38	34	58	130	130

注：此统计表未包括笔记 10 篇。

从表 3 – 1 中可以看出，列宁对民族自决权思想进行高度关注和详细论证是在 1913 到 1917 年十月革命之前的 5 年之间。在此期间共发表著作 64 篇，占所有有关民族自决权文章的 64%，其中详述 27 篇，论述 20 篇，仅 1917 年初到十月革命前就有文章 22 篇，其中详述 8 篇，论述 8 篇，提及 6 篇；再加上书信部分 29 篇，所有这一时期文章总数达到了 93 篇，占所有文章总数的 66%。可以看出，列宁详细论述民族自决权思想的绝大多数文章都是在此期间完成的。具体结果见图 3 – 1。

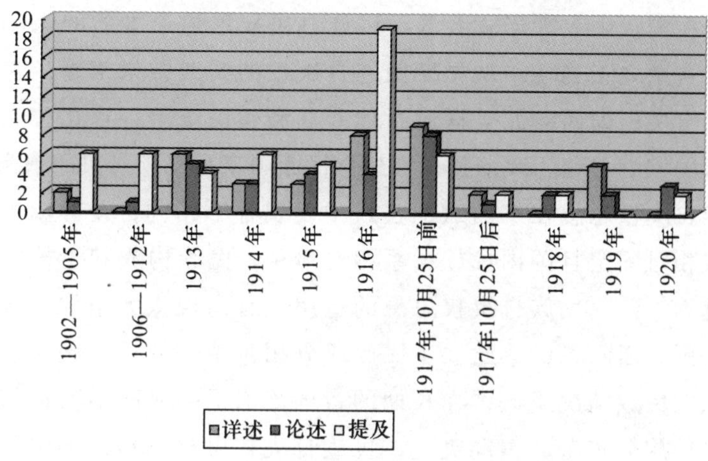

图1　民族自决权文章论述详细程度分类图

列宁在分析批判各种反对民族自决权主张和方案的同时，分别论述了无产阶级政党在民主革命时期、战争时期、帝国主义时期和社会主义时期，坚持民族自决权思想的重要性和必要性，指出了不同条件下民族自决权思想的不同表现和要求。

第一节　民族自决权的含义

列宁认为民族自决权是指民族有权自由决定自己的命运。正确理解民族自决权思想，必须从民族运动的一般历史和经济条件出发，具体问题具体分析。从当时帝国主义民族压迫政策和无产阶级革命出发，针对当时盛极一时的民族文化自治思想，列宁旗帜鲜明地强调指出，民族自决就是民族的政治自决。

一　民族自决权是民族分离和成立独立民族国家的权利

从民族自决权思想的发展演变可以看出，民族自决是民族集体的权利，是民族所享有的不受外界干扰自由地决定自己命运的权利。近代民族自决权思想是民族团结起来对抗封建专制和外来压迫，实现独立自主的理论，在实践中表现形式各异。民族自决权思想最本质的内涵是强调民族独立自主之正当性。从早期民族自决权的实践结果来看，它主要表现为政治自决，即西欧北美摆脱封建专制和殖民统治，建立独立统一的主权民族国家的过程。政治独立和建立民族国家是民族自决的最高表现。

民族自决权思想在东西欧的实践中表现各不相同，差异较大。西欧民族构成相对固定且国内民族关系相对单一，民族构成和主权国家的疆界范围基本一致，民族自决权思想的适用没有出现太大争议。按照民族自决权原则，西欧各民族建立了民族成分相对单一的民族国家。但是东欧和西欧的民族情况不同，在长期的帝国统治下，战乱不断迫使民族迁徙频繁，民族分布杂居情况突出，民族自决权思想的适用面临挑战。从不同的立场观点出发，有人主张坚持民族自决权，有人反对民族自决权，尤其是各国的统治阶级，他们担心坚持民族自决权思想会引起国家瓦解。恩格斯很早就注意到了东西欧民族构成的不同，他强调东欧要注意区分不同层次的民族。人们关于民族自决权思想的意见分歧相当激烈，严重影响到了民族自决权的运用。这从前面提到的三次大辩论就可窥豹一斑。

在俄国，沙皇统治阶级和资产阶级也因民族自决会分裂瓦解国家而极力反对民族自决权思想，否定非俄罗斯民族的自决权。他们极力主张民族文化自治思想，希望通过民族文化自治来转移各民族的斗争方向，维持国家的统一。针对东欧和俄国的上述现状，列宁明确指出，承认民族自决权就是“承认每个民族有自己决定自己命运的权利”①，这种权利不仅仅意味着民族的文化自治，而且包括民族的政治自决，是指分离权和成立独立民族国家的权利。

列宁在分析立宪民主党的纲领时指出，立宪民主党人只承认民族文化自决，而反对民族政治自决是不对的，立宪民主党人“十分清楚政治自决就是指分离权和成立独立民族国家的权利，不可能有什么别的意思”②。他认为“在整个国际民主运动史上，特别是19世纪中叶以来，民族自决正是指的政治自决，即分离权，成立独立民族国家的权利”③。

① 《列宁全集》第7卷，人民出版社1986年版，第225页。

② 《列宁全集》第25卷，人民出版社1988年版，第250页。

③ 《列宁全集》第24卷，人民出版社1990年版，第259页。

1896 年伦敦国际社会党代表大会上确立的是政治自决。普列汉诺夫在 1902 年论述自决问题时也把它理解为政治自决。1913 年 7 月，列宁在《民族问题提纲》一文第一条中指出，俄国社会民主工党纲领中关于民族自决的内容，“除了从政治自决，即从分离和成立独立国家的权利这个意义上来解释以外”，“决不能作别的解释”①。通过对民族运动的历史经济条件的研究，“必然得出如下结论：所谓民族自决，就是民族脱离异族集合体的国家分离，就是成立独立的民族国家”②。

从列宁的革命实践来看，列宁关于民族自决权内涵的看法变化不大。他在 1914 年和 1916 年分别重申了上述定义。1914 年在《论民族自决权》一文中，列宁提出“所谓民族自决，就是民族脱离异族集合体的国家分离，就是成立独立的民族国家”③。“马克思主义者的纲领中所谈的‘民族自决’，除政治自决即国家独立、建立民族国家以外，不可能有什么别的意义”④。1916 年列宁在《社会主义革命和民族自决权》中强调：“民族自决权只是一种政治意义上的独立权，即在政治上从压迫民族自由分离的权利”⑤。列宁将原来的与异族集体的国家分离改为“同压迫民族”的分离，再次强调处于殖民统治和外国奴役下的人民有摆脱外国统治和建立民族独立国家的权利。

十月革命后，鉴于有人认为革命胜利了，民族自决权过时了，要么代之以劳动者自决，要么干脆取消它的观点，列宁直接用“自由分离的权利”取代了“自决”一词。他在 1917 年《论修改党纲》中说：“自决一词曾多次引起了曲解，因此我改用一个十分确切的概念：‘自由分离的权利’。”⑥ 在《修改党纲的材料》第四部分《关于修改党纲的草案》部分列宁指出应该将原来纲领中第 9 条“国内各民族都有自决权”，修改为“国内各民族都有自由分离和建立自己的国家的权利”⑦。针对有人担心

① 《列宁全集》第 23 卷，人民出版社 1990 年版，第 329 页。

② 《列宁全集》第 25 卷，人民出版社 1988 年版，第 224—225 页。

③ 同上书，第 224—225 页。

④ 同上书，第 228 页。

⑤ 《列宁全集》第 27 卷，人民出版社 1990 年版，第 257 页。

⑥ 《列宁全集》第 32 卷，人民出版社 1985 年版，第 369—370 页。

⑦ 《列宁全集》第 29 卷，人民出版社 1985 年版，第 487 页。

承认国内各民族的自由分离权有可能导致国家的分裂瓦解的可能，列宁指出，十月革命后的当务之急是俄罗斯人民共和国应当使用非暴力或者通过自愿订立的协议来吸引其他民族建立共同的国家，各国工人应当团结一致，结成兄弟联盟，不容许对其他民族直接或间接地使用暴力。这是新形势下列宁关于民族自决权思想的重新定义，它使得民族自决权思想反对暴力和非正义手段干涉民族事务的含义更加清楚、更加明确。

从列宁关于民族自决权含义的论述可以看出，列宁认为民族自决权的实质是每个民族都有自己决定自己命运的权利，有自由分离的权利，反对从外部干涉民族自决的行为。19 世纪中叶以来，这种民族自决权更多地表现为民族的政治自决权，即民族的分离权和成立独立国家的权利，其主要原因是由于外来民族压迫造成的。在殖民主义盛行的时代，已经实现了民族自决权的强国侵略和压迫其他民族，对于被压迫民族来讲，他们的民族自决权只能表现为与压迫民族分离，成立自己的独立国家。

二　民族自决权与民族运动的历史经济条件密切相关

列宁指出要理解自决的概念，必须研究民族运动的历史和经济条件。从历史上看，民族运动的历史发展始于世界资本主义战胜封建主义的全过程。它的经济条件是与资本主义的发展密切相关的，资产阶级为了使资本主义市场经济获得巨大发展，就必须统一国内市场，将使用同一种语言、拥有共同地域的人统一起来建立民族国家，并且努力清除阻碍语言发展的一切障碍。通行无阻的统一语言是实现真正自由广泛的现代资本主义商业发展、使居民按阶级组合的最重要条件之一，也是“使市场同一切大大小小的业主、卖主和买主密切联系起来的条件”①。为了发展商品经济，资产阶级必须统一国内市场，统一语言，建立民族国家，这是一切民族运动的趋势（趋向）。

民族国家是最适合资本主义发展条件的国家形式。考茨基通过对资产阶级民族运动的经济和历史过程的考察认为，与中世纪以及前资本主

① 《列宁全集》第 25 卷，人民出版社 1988 年版，第 224—225 页。

义等时代不同，最适合现代资本主义文明和经济发展条件的国家形式是民族国家，因为它是最容易完成能保证资本主义自由、广泛、迅速发展任务的国家形式[①]。而“民族复杂的国家（即不同于民族国家的所谓多民族国家）‘由于这样或那样的原因，仍然是内部结构不正常或者说发育不完全的〈落后的〉国家’”[②]。列宁完全赞同考茨基对于民族国家的上述观点，他认为“民族国家对于整个西欧，甚至对于整个文明世界，都是资本主义时期典型的正常的国家形式”[③]。考茨基所说的不正常是指还不能做到最适应发展中的资本主义的要求。因此，从资本主义发展和民族运动的历史和经济条件来看，“民族国家是资本主义的通例和‘常规’，而民族复杂的国家是一种落后状态或者是一种例外”[④]。

列宁认为尽管建立在资产阶级关系基础上的民族国家并不能够排除民族剥削和民族压迫，但它是保证资本主义发展的最好的条件。列宁认为日本和巴尔干半岛各民族国家的迅速发展是上述观点的有力证明。世界上人口最多的亚洲绝大多数国家处于殖民地地位，失去独立备受压迫，只有日本这个独立的民族国家因为建立了民族国家而具有“能够最充分地发展商品生产，能够最自由、广泛、迅速地发展资本主义的条件”[⑤]。虽然不知道亚洲能否在资本主义灭亡前形成独立的民族国家，但是资本主义的压迫已经唤醒了亚洲以建立民族国家为目的的民族运动。巴尔干各国的实例也同样证明了“保证资本主义发展的最好的条件，正是随着在这个半岛上建立独立的民族国家才形成起来的”[⑥]。

虽然从帝国主义殖民压迫的现实出发，列宁指出民族自决权就是民族分离权，是民族成立独立国家的权利，但是列宁多次强调，每个民族实现民族自决权的形式和内容各不相同，必须将民族自决权和该民族发展的历史和经济条件结合起来具体分析。

---

① 《列宁全集》第25卷，人民出版社1988年版，第225—226页。

② 同上书，第226页。

③ 同上书，第225页。

④ 同上书，第228页。

⑤ 同上书，第227—228页。

⑥ 同上书，第228页。

第二节 民主革命与民族自决权思想

列宁分析了当时东西欧和俄国等东方民族民主革命的进程，实践中的具体情况和对待民族自决权的立场观点。他认为西欧的资产阶级民主革命已经完成，而俄国和东方民族的民主革命才刚刚开始，由于西方的殖民压迫，东方的资产阶级力量比较薄弱，领导民主革命的任务由无产阶级来承担。针对西方大国的殖民统治和民族压迫政策，东欧和亚洲多民族国家的社会民主党进行民主革命时必须承认民族自决权，但是要使其服从和服务于无产阶级革命的利益，必须历史地具体地分析民族独立的要求，同时坚决反对民族文化自治思想。

一 民族自决权必须服从无产阶级革命斗争的利益

列宁从来没有抽象地绝对地看待民族自决权，他认为民族自决权只是人类发展过程中诸多民主要求之一。从提出民族自决权概念的时候起，列宁一直坚持民族自决必须服从和服务于无产阶级革命斗争利益的主张，这是无产阶级同资产阶级民主派关于民族问题的根本区别。从 19 世纪中叶起，随着资本主义的巨大发展和全球扩张，国际无产阶级的阶级斗争日趋激烈，阶级斗争的重要性要远远大于民族斗争。从夺取政权和推进世界革命这一总的战略目标出发，列宁提出为了团结和联合广大被压迫民族，争取尽可能多的力量来完成无产阶级革命，无产阶级政党必须坚持民族平等，承认世界各民族的民族自决权。只有承认各民族有自由分离和成立独立民族国家的权利，才是真正意义上的民族平等，才能在真正民族平等的基础上，建立完全自愿的坚不可摧的民族联合，帮助无产阶级进行革命。

虽然无产阶级政党承认每个民族具有自决权，永远无条件地反对任何用暴力或非正义手段从外部影响人民自决的企图。但是无产阶级政党支持民族自决的最终目的不是为了每个民族自决，而是每个民族中无产阶级的自决。无产阶级政党在支持民族进行争取自决权斗争的时候，必须从无产阶级的革命利益出发有选择地加以支持。社会民主党人在民族问题上应当要求政治自由、公民自由和完全平等。

关于民族独立和成立民族国家的情况，必须具体问题具体分析，并不是所有的民族都适合独立和成立民族国家。民族不应当在任何条件下都主张民族独立，任何民族独立的要求都要从历史和阶级情况出发具体分析。以波兰为例，列宁在分析波兰民族问题时指出，波兰无产阶级主张波兰独立，并且欢迎任何有利于波兰独立的措施，这都是正确的。但是波兰无产阶级必须将波兰独立同无产阶级的国际斗争联系起来考虑，从阶级斗争利益出发来具体分析。从总体上来说，波兰实现独立的措施和进程“同正在进行斗争的国际无产阶级的阶级利益是相符的。……这个附带条件，无论如何必须加上”①。民族独立的要求同无产阶级的阶级利益是密不可分的，“不应当在任何情况下都无条件地要求民族独立”②。列宁引用1896年卡尔·考茨基在《波兰完了吗?》一文中的观点指出，“坚决反对无条件地要求民族独立”③，在要求民族独立时，不仅要考虑历史条件，更要注重阶级基础。

列宁从时代特点出发，分析了波兰民族的历史和阶级情况，他认为马克思恩格斯时期的波兰和20世纪初的波兰的情况是不同的。马克思恩格斯时期的波兰是反对沙皇制度的先驱，“当时整个波兰，不仅农民而且很多贵族都是革命的”④。欧洲要取得民主运动的完全胜利，就必须恢复波兰的独立。因为波兰“是反对沙皇制度的文明堡垒，是民主运动的先进部队”⑤。因此支持波兰独立的要求是正确的。然而到了20世纪初，上述情况发生了巨大变化。俄国代替了波兰成了革命的中心，国际无产阶级的阶级斗争正在进行⑥。因为沙皇势力强大和资产阶级的联合，在社会主义胜利之前，实现波兰独立的可能性极小。尽管如此，只要波兰坚持无产阶级政治斗争的统一，还是应当支持波兰无产阶级建立自由独立的

① 《列宁全集》第7卷，人民出版社1986年版，第220页。

② 同上。

③ 同上书，第221页。

④ 同上书，第222页。

⑤ 同上。

⑥ 同上。

波兰共和国的要求。在此基础上，最重要的是波兰的无产阶级只有同俄国无产阶级结成联盟才能进行反对专制制度的政治斗争，才能获得政治和经济上的彻底解放①。波兰无产阶级应当把国际无产阶级的阶级斗争放到争取波兰民族独立的前面，首先是无产阶级的国际团结和联合，其次才是波兰民族的独立。只有取得无产阶级革命的完全胜利，才能真正实现波兰民族的独立和统一。

俄国无产阶级的重要任务是尽可能广泛地团结所有民族的工人群众，进行民主革命，对俄国进行民主改造，为建立民主共和国和社会主义而斗争。无产阶级必须团结一切被压迫民族从事推翻沙皇专制统治，争取民主革命的胜利。所有的工作和要求都必须从此任务出发，民族自决权思想也不例外。俄国社会民主党人纲领中主张语言和民族平等，“承认每个民族有自己决定自己命运的权利”②，即承认民族自决权利，同时主张民族独立的要求，必须服从于无产阶级斗争的利益。

二　多民族国家的社会民主党纲领必须承认民族自决权

在当时的欧洲，有些国家的社会民主党主张将民族自决权写入自己的民族纲领，有些则反对将其写入民族纲领。列宁认为根据马克思主义历史地具体地分析问题的观点，关于是否承认民族自决权、是否应当把民族自决权写入自己的民族纲领，是和该国的历史经济条件紧密联系的，不能一概而论。要考察某个国家马克思主义者的民族纲领，就必须充分估计到这个国家的这些一般历史条件和具体国家条件。

列宁分析了民族自决权发展的一般历史条件，他认为民族自决权是和资产阶级民主民族运动联系在一起的，它“适用于一切有资产阶级民主民族运动的场合”③，而且“仅仅适用于确有民族运动存在的场合”④。那么到底哪些场合存在民族运动呢？

民族运动存在于资本主义发展的全过程，列宁认为资本主义的发展

---

① 《列宁全集》第7卷，人民出版社1986年版，第226页。

② 同上书，第225页。

③ 《列宁全集》第25卷，人民出版社1988年版，第233页。

④ 同上书。

有两个不同时代，一个是封建制度和专制制度崩溃的时代，另一个时代是资本主义崩溃的前夜。在这两个不同的时代，都存在表现各异的民族运动。在封建制度和专制制度崩溃的时代，资产阶级国家和民主制度逐步形成，民族运动和政治生活第一次成为全民性的运动。这一时代的典型现象，是争取政治自由、民族权利斗争的开展，民族运动方兴未艾，人数最多、最"难发动的"居民阶层——农民投入这个运动。全民性的资产阶级的民族民主运动是这一时代的主流。在资本主义崩溃的前夜，资本主义国家无产阶级同资产阶级的对抗加剧。群众性的资产阶级民主运动已经结束，发达资本主义使完全卷入商业周转的各个民族日益接近，杂居在一起，跨民族联合起来的资本同跨民族的工人运动的对抗成为第一位[①]。国际资产阶级同国际无产阶级的斗争成为这一时代的主要任务。值得注意的是，这两个时代并不是截然分开的，中间有许多过渡环节联系，"各个国家在民族的发展速度、居民的民族成分、居民的分布等方面仍各不相同"[②]，由此决定了各国民族运动进程各异。

民族运动进程不同，决定了各国民族纲领的内容也不相同。民族自决权只适用于未完成民主革命的国家，只有在未完成民主革命的国家，才存在以建立民族国家为目的的民族运动。只有在那些还没有完成民主革命，还没有建立独立的民族国家的民族中，才有必要把民族自决权写入党纲。民族自决权并不适用于完成了资产阶级民主革命，建立了资产阶级民族国家，民族运动已经结束的民族。因此，在后者社会民主党的民族纲领中是找不到民族自决权的。

从上述观点出发，列宁分析了当时世界各国社会民主党纲领中有关民族自决权问题。他认为分析当时世界各国社会民主党纲领中是否承认民族自决权时，必须要注意区分早已完成资产阶级民主革命的国家和尚未完成资产阶级民主革命的国家。在已经完成民主革命、已经建立单一性质民族国家的西欧和奥地利等国家社会民主党的纲领里，是不需要写入民族自决权的[③]。虽然在这些国家民主革命已经完成，在他们的纲领里

① 《列宁全集》第25卷，人民出版社1988年版，第229—230页。

② 同上。

③ 同上书，第236—237页。

没有写入民族自决权原则，但他们也不排斥其组成部分提出民族自决权。奥地利、乌克兰和波兰等的情况无不如此。根据布隆代表大会的记录显示，“奥地利社会民主党虽然没有在自己的纲领里直接提出民族自决权，但是它完全容许党的某些部分提出民族独立的要求。事实上这当然就是承认民族自决权”①！乌克兰和波兰代表团要求民族统一、自由和独立的声明同样说明了上述情况。

与上述国家不同，东欧和亚洲的资产阶级民主革命才刚刚开始，资产阶级民主民族运动正在兴起，其趋向就是要建立民族独立和单一民族的国家。从 1905 年以后，俄国、波斯、土耳其、中国和巴尔干等地都兴起了具有世界意义的民主革命，“只有瞎子才不能从这一串事变中看出一系列资产阶级民主民族运动的兴起，看出建立民族独立的和单一民族的国家的趋向”②。正是因为而且仅仅是因为俄国及其邻邦所处的时代，要求俄国社会民主工党的纲领中必须写入民族自决权。

为了完成民主革命，东欧和亚洲国家的社会民主党在民族问题上的任务，一方面，必须承认一切民族都有自决权，彻底、认真、诚心诚意地捍卫民族平等，无条件地反对对在国家问题上愿意分离出去的民族使用任何形式的任何暴力。要求只能根据当地居民的普遍、直接、平等、无记名投票来解决这种分离问题。同各种民族主义作斗争，反对他们袒护和纵容民族压迫，尤其是否认民族自决权的任何行为。维护、宣传、承认这种权利，就是维护民族平等，不承认强制的联系，反对任何民族的任何国家特权。

另一方面，主张该国各民族的无产者建立最密切的、不可分割的阶级斗争联盟，“不管该国的历史怎样变迁，不管资产阶级怎样变更各个国家的疆界”③。应当教育各民族的无产阶级和劳动阶级，不要被本民族资产阶级的民族主义口号直接蒙蔽。所有民族的工人只有在一切工人组织中实行最紧密最彻底的联合，无产阶级才能进行争取社会主义的斗争和捍卫自己日常的经济利益。无产阶级“把同‘本’民族资产阶级在政治

---

① 《列宁全集》第 25 卷，人民出版社 1988 年版，第 236—237 页。

② 同上书，第 234 页。

③ 同上书，第 263 页。

上的统一看得高于同各民族无产者的完全统一”① 的观点，违背了无产阶级的阶级利益，违背了社会主义和民主的利益。反对剥削的斗争要有成效，无产阶级就必须不依赖民族主义，必须在各民族资产阶级争霸的斗争中保持完全中立。任何民族的无产阶级只要稍微拥护本民族资产阶级的特权，都必然会引起另一民族的无产阶级对它的不信任，都会削弱各民族工人之间的阶级团结。否认自决权或分离权，在实践上就必然是拥护统治民族的特权。无产阶级不提出和宣传分离权的口号，就是帮助压迫民族的资产阶级、封建主和专制制度②。

三　历史地具体地分析民族独立的要求

列宁认为承认民族自决权和民族分离是否适当是有区别的，不能将二者混为一谈。在处理民族自决权问题时要注意辨别承认民族有权分离和民族分离是否适当的关系，承认民族自决权不等于民族分离，民族是否分离要根据具体情况具体分析。

（一）列宁认为社会民主党承认一切民族都有自决权，并不意味着每一个民族都要分离

社会民主党要对每一个具体情况下某一民族的分离是否适宜的问题做出独立的估计，“既要考虑到资本主义发展的情况和联合起来的各民族的资产阶级对各民族的无产者压迫的情况，又要考虑到总的民主任务，首先是而且主要是无产阶级争取社会主义的阶级斗争的利益”③。无产阶级在民族自决问题上“首先注意和最注意的是各民族内部无产阶级的自决”④。民族有权分离和民族分离是否适当是两个不同的问题，“决不允许把民族有权自由分离的问题同某一民族在某个时候实行分离是否适当的问题混为一谈”。社会民主党无条件地承认民族享有分离权，但是对于民族分离是否适当的问题，“无产阶级政党应当根据整个社会发展的利益和

① 《列宁全集》第 23 卷，人民出版社 1990 年版，第 331 页。

② 《列宁全集》第 25 卷，人民出版社 1988 年版，第 240 页。

③ 《列宁全集》第 23 卷，人民出版社 1990 年版，第 330 页。

④ 《列宁全集》第 25 卷，人民出版社 1988 年版，第 256 页。

无产阶级争取社会主义的阶级斗争的利益，分别不同的场合完全独立地加以解决”①。

（二）列宁认为马克思和恩格斯对待民族问题的立场是无产阶级学习的典范

列宁回顾了马克思关于处理爱尔兰和波兰民族问题的立场，来说明应当怎样用真正马克思主义观点来具体分析每个民族独立的具体要求②。列宁指出马克思认为民族运动不是绝对的，只有工人阶级的胜利才能使一切民族得到完全的解放。在此之前，到底如何对待和处理被压迫民族的资产阶级解放运动和压迫民族的无产阶级解放运动之间的相互关系，是不可能预先作出正确的估计的③。然而正是这个问题使当时俄国的民族问题变得极其困难。马克思恩格斯认为在分析和处理上述二者的关系时，必须坚持一个原则，即民族运动与无产阶级斗争相比，只具有从属的地位。是否支持民族独立的要求，或者被压迫民族的资产阶级解放运动，要从无产阶级斗争的利益出发具体问题具体分析。恩格斯在 1851 年对波兰问题持悲观的看法，不相信波兰贵族的起义会成功④，对波兰资产阶级的民族解放运动持否定态度。但是 12 年后，随着 1863 年波兰起义和民族运动的高涨，恩格斯改变了自己的看法，对波兰运动表示最深切的和热烈的同情。马克思认为虽然“民族问题和‘工人问题’比较起来，只有从属的意义”⑤，但是不能忽视民族运动⑥。他们开始支持波兰的民族运动。

在爱尔兰问题上，马克思“最初以为能够解放爱尔兰的不是被压迫民族的民族运动，而是压迫民族的工人运动”⑦。后来的情况发生了变化，英国工人在相当长的时期内追随自由派的政策而丧失了领导地位，爱尔兰的资产阶级解放运动兴起并采取了革命的形式。马克思对于爱尔兰的

---

① 《列宁全集》第 29 卷，人民出版社 1985 年版，第 431 页。

② 《列宁全集》第 25 卷，人民出版社 1988 年版，第 264 页。

③ 同上书，第 269—270 页。

④ 同上书，第 264 页。

⑤ 同上书，第 265 页。

⑥ 同上书，第 266 页。

⑦ 同上书，第 269—270 页。

观点随之发生了改变，他从英国工人阶级解放的角度主张爱尔兰同英国分离，即使分离以后成立联邦。虽然由于爱尔兰人民和英国工人阶级的软弱，这种分离直到现在还没有实现，但是不能否认，马克思恩格斯在分析和对待爱尔兰民族问题上，坚持的是真正的民主主义和社会主义的无产阶级政策①。他们“在爱尔兰问题上的政策提供了各压迫民族的无产阶级应当怎样对待民族运动的伟大范例。这种范例至今还具有巨大的实际意义”②。

（三）在对待民族自决权的态度方面，应当把社会民主党分为三大类

列宁结合当时世界民主民族运动的进程，将世界各民族分为三大类，分别指出了三类国家中社会民主党对待民族自决权的不同态度和立场。第一类是西欧的先进资本主义国家和美国。这些统治民族中无产阶级的任务，是捍卫殖民地和国内被压迫民族的自由分离权，同本国的大国沙文主义作斗争。第二类是欧洲东部的奥地利、巴尔干和俄国。这些国家的资产阶级民主民族运动才刚刚开始，民族斗争特别尖锐。这些国家的无产阶级必须坚持民族自决权，才能完成本国的资产阶级民主革命任务，或完成帮助其他国家进行社会主义革命的任务，其中“特别困难而又特别重要的任务，就是把压迫民族的工人和被压迫民族的工人的阶级斗争汇合起来”③。第三类是中国、波斯、土耳其等半殖民地国家和所有殖民地。这些国家的“资产阶级民主运动有的刚刚开始，有的远未完成”④。社会党人应当要求无条件地立即解放殖民地，给予殖民地政治上的自决权，支持这些国家资产阶级民主民族解放运动、起义和革命战争，反对压迫他们的帝国主义。

（四）要具体分析每个民族的分离问题

列宁认为对每个民族分离的要求要结合该民族的历史和现实情况具体分析，不能以“是或否”作出简单的回答。要求对每个民族分离的问

① 《列宁全集》第25卷，人民出版社1988年版，第271页。

② 同上书，第271—272页。

③ 《列宁全集》第27卷，人民出版社1990年版，第262页。

④ 同上书，第263页。

题作出“是或否”的回答“在理论上是荒谬的、形而上学的，在实践上是让无产阶级服从资产阶级政策”①。关于当时普遍存在的是否支持被压迫民族中资产阶级的民族要求问题，同样要具体分析。他指出最初的民族运动都是由资产阶级来领导的，他们的目的就是为本民族谋取特权或者特殊利益，他们总是无条件地把自己的民族要求提到第一位，提出无条件地支持一切民族要求。与资产阶级的做法不同，无产阶级只在一定的方向上支持资产阶级的某些要求。无产阶级在任何时候、任何场合都支持被压迫民族的资产阶级反对压迫民族的要求，反对压迫民族的特权和暴力，但是它“丝毫也不纵容被压迫民族谋求特权”②。关于“资产阶级民主革命究竟是以该民族分离还是以该民族取得同其他民族平等的地位而告终，这在理论上是不能预先担保的”③。无产阶级在对待和处理这种问题时，要坚持无论在何种情况下都要保证无产阶级的发展。无产阶级在日常宣传鼓动中，要反对任何国家特权和民族特权，主张一切民族有成立自己的民族国家的同等权利。同时，无产阶级还要坚持“各民族无产者之间的联合高于一切”，要“从工人的阶级斗争着眼来估计一切民族要求，一切民族的分离”④。

无产阶级要从消除任何不平等、特权和特殊地位着眼，“来评价每一个关于分离的具体问题”⑤。比如乌克兰要成立独立的国家受到各种不可预测的因素干扰，不能凭空断定它能否独立，但是无产阶级政党必须坚决拥护乌克兰有成立独立国家的权利，并且尊重这种权利，反对大俄罗斯人有统治乌克兰人的特权，同时“教育群众承认这种权利，否认任何一个民族享有国家特权”⑥。从这个角度来看，列宁认为“在俄国有两个民族，由于许多历史条件和生活条件，它们最有文化，最与其他民族隔绝，能够最容易最‘自然地’实现自己的分离权。这两个民族就是芬兰

① 《列宁全集》第25卷，人民出版社1988年版，第238页。
② 同上书，第240页。
③ 同上书，第238页。
④ 同上书，第239页。
⑤ 同上书，第241页。
⑥ 同上书，第242页。

和波兰”[①]。在1905年革命时期，芬兰和波兰的统治阶级因为害怕无产阶级革命而放弃了本国的资产阶级民主革命，采取了同俄国沙皇君主政府结盟的立场[②]。他们用“祖国”来分裂无产阶级，转移无产阶级的斗争方向，掩盖“资产阶级在经济上和政治上同别的民族的资产阶级以及同沙皇君主政府结成联盟的把戏”[③]。

四　坚持民族自决权必须反对民族文化自治思想

针对当时很多人反对民族自决权，主张实行民族文化自治思想取而代之的观点，列宁针锋相对进行了严厉的批驳。他通过分析民族文化自治思想的实质和危害，指出社会民主党人必须坚持民族自决权，坚决反对任何形式的民族文化自治。

（一）民族文化自治思想的实质

民族文化自治，又称超地域自治，民族自治，是奥地利民族问题理论家奥托·鲍威尔和卡尔·伦纳提出的民族问题纲领。在南方斯拉夫社会民主党人向奥地利布隆代表大会提出的民族文化自治纲领中，体现了其主要内容。在该纲领的第2条中提出：“居住在奥地利的每一个民族，不论其成员所居住的地域，组成一个自治团体，完全独立地管理本民族的（语言的和文化的）一切事务”[④]，“各人自己登记加入任何一个民族，国家应该把在教育事业等方面以民族划线的做法固定下来”[⑤]。

列宁认为南方斯拉夫人纲领的实质是“每一个公民都登记加入某一个民族，每一个民族就是一个法律上的整体，有权强迫自己的成员纳税，有本民族的议会（国会），有本民族的‘国务大臣’（大臣）”[⑥]，实行超地域的（按人的民族属性的）民族自治，设立民族议会和民族事务大臣

---

① 《列宁全集》第23卷，人民出版社1990年版，第330页。

② 同上。

③ 同上书，第331页。

④ 《列宁全集》第24卷，人民出版社1990年版，第339页。

⑤ 同上。

⑥ 同上书，第136页。

来管理民族事务，各民族在教育事业（以至整个“文化”事业）上互相隔绝[1]。它把资产阶级民族主义绝对化，妄图割断教育同经济、法律和生活习惯的联系。民族文化自治是“在落后的、封建的、教权派的、官僚化的奥地利这个任何社会生活和政治生活都由于语言引起的无谓争吵（更糟糕的甚至是破口大骂，大打出手）而处于停滞状态的国家，才出现了这种绝望的小资产者的思想”[2]。产生这种糊涂的思想的心理基础是“既然不能让猫和狗和睦相处，那就在学校教育上用纯而又纯的彻底办法一劳永逸地把所有的民族隔开，分成‘民族集团’吧”![3]

列宁认为民族文化自治是作者杜撰出来的理论，在实践中是完全行不通的。布隆代表大会否决了“民族文化自治”纲领，通过了奥地利社会民主党的具有地域主义的民族纲领，“同一民族所居住的各自治区域共同组成统一的民族联盟，完全按自治原则来处理本民族的事务”[4]。尽管这是一个妥协性的纲领，但它在奥地利的实践还是遭到了失败。鲍威尔认为奥地利党的民族制度是矛盾的和不稳定的，他要求各地不同民族的社会民主主义政治组织统一起来。不但民族问题极其复杂的奥地利摒弃了这种不切实际的主张，甚至连奥托·鲍威尔本人都不相信和坚持民族文化自治思想。因为他在作品中甚至专门用整整一章的篇幅来论证这种主张并不适用于犹太人，因为犹太组织不是民族而是帮会。这样，“他把唯一超地域的（没有自己区域的）民族排除在超地域的民族自治计划之外了”[5]。然而在俄国，顽固坚持民族文化自治纲领的恰恰是崩得犹太组织。“俄国所有的犹太资产阶级政党和各民族的一些市侩机会主义分子”，包括高加索的取消派以及俄国各民族左派民粹派政党，都把民族文化自治纳入了自己的纲领[6]。“有地域的民族不接受超地域的民族自治，——而没有地域的民族甚至得不到在原则上拥护民族自治的人的承认”[7]，这

① 《列宁全集》第24卷，人民出版社1990年版，第180页。
② 同上书，第182页。
③ 同上。
④ 同上书，第340页。
⑤ 同上书，第183页。
⑥ 同上书，第140页。
⑦ 《列宁全集》第23卷，人民出版社1990年版，第473页。

是对崩得的嘲讽。当奥地利的尝试已经完全破产并且导致捷克社会民主党人的分离主义和分裂行动的时候，“效法奥地利的这种不成功的尝试就更是不明智的”[①]。

列宁指出俄国犹太民族主义的一切资产阶级政党捍卫“民族文化自治”口号的实质是“要把同一民族的无产阶级和资产阶级联合起来而把不同民族的无产阶级分裂开来”[②]，以各个民族在文化上统一的幻觉来欺骗工人。这是对建立彻底民主制度感到绝望而想在某些问题（“文化”问题）上把每个民族的无产阶级和资产阶级都人为地加以隔绝，以求摆脱资产阶级的民族纷争的机会主义幻想，其实质是在不动摇资产阶级统治的情况下，把文化教育从经济斗争和政治斗争的领域中分割出来，这只会有利于资产阶级去愚弄和欺骗劳动人民。

（二）民族文化自治思想的危害

列宁认为按照组成民族联盟的各民族将教育事业划分开来的民族文化自治思想是有害的，它使落后民族更加落后，并且加深民族隔绝[③][④]。

民族文化自治与无产阶级国际主义原则相抵触。列宁指出每个民族的文化都是由两部分组成，一是反映劳动群众的民主主义和社会主义文化，二是资产阶级文化。就当时的情况而言，后者大多数是黑帮的和教权派的文化，它们是占统治地位的文化。因此，“笼统说的‘民族文化’就是地主、神父、资产阶级的文化”[⑤]。崩得不加区分地大谈文化实质是掩盖阶级斗争，它和资产阶级一样都是“要求散布对超阶级的民族文化的信仰”[⑥]，容易使无产阶级和劳动群众受资产阶级民族主义思想的影响，放弃对国家进行彻底的民主改造。从无产阶级斗争的角度来看，它会分裂和削弱工人阶级的队伍[⑦]。马克思主义反对民族主义，提出以国际主义

---

① 《列宁全集》第 23 卷，人民出版社 1990 年版，第 334 页。

② 同上书，第 215 页。

③ 《列宁全集》第 24 卷，人民出版社 1990 年版，第 181 页。

④ 《列宁全集》第 25 卷，人民出版社 1988 年版，第 73 页。

⑤ 《列宁全集》第 24 卷，人民出版社 1990 年版，第 125—126 页。

⑥ 同上书，第 126 页。

⑦ 同上书，第 181—182 页。

代替一切民族主义，主张各民族通过高度统一而达到融合。民族文化自治将民族问题置于国际主义之上，不符合无产阶级国际主义原则。

民族文化自治思想不仅与资本主义发展的经济事实相违背，而且与整个人类社会的发展背道而驰。列宁指出："发展中的资本主义在民族问题上有两种历史趋势"[①]。第一种趋势是民族生活不断发展，民族运动逐渐觉醒，反对一切民族压迫和建立民族国家。第二种趋势是民族间交往日益频繁，民族隔阂逐步消除，资本、一般经济生活、政治、科学等形成国际统一。"这两种趋势都是资本主义的世界性规律。第一种趋势在资本主义发展初期是占主导地位的，第二种趋势标志着资本主义已经成熟，正在向社会主义社会转化。"[②] 根据这两种趋势，民族发展的最终趋势是各民族的统一与融合，而不是民族文化自治主张的各民族的彼此隔绝。而民族文化自治思想同工人阶级要求消灭民族差别、消除民族隔阂紧密联系在一起的要求背道而驰。"在股份公司里，不同民族的资本家坐在一起，不分彼此。在工厂里，不同民族的工人在一起工作。当发生任何真正严肃而深刻的政治问题时，人们是按阶级而不是按民族来进行组合的。"[③]

（三）社会民主党必须反对民族文化自治思想

人类的整个经济、政治和精神生活在资本主义制度下已经愈来愈国际化了，社会主义将会使其完全国际化。因此，社会民主党反对任何民族文化（或民族）自治口号，反对以民族划线分隔一个国家的教育事业，或者使教育事业不受国家管理而交给各个单独组成的民族联盟管理。社会民主党拥护彻底民主主义的和社会主义的无产阶级的国际文化，该文化只包含每个民族文化中具有彻底民主主义和社会主义内容的那一部分。一个民主国家必须承认各地区的自治权，特别是民族成分复杂的地区和专区的自治权，不容许有任何一个民族压迫其他民族的现象。社会民主党绝不能够直接或间接地提出民族文化这一口号，应当最坚决地反对任

① 《列宁全集》第24卷，人民出版社1990年版，第129页。

② 同上。

③ 同上书，第139页。

何按民族分学校的做法。社会民主党关心的不是通过学校教育来隔离各民族，而是要通过各种可能的途径创造各民族平等和睦相处的基本民主条件。社会民主党不但不应当主张“民族文化”，而且要揭露这一口号的教权主义和资产阶级性质和危害，维护世界各民族共同的国际文化[①]。“必须‘适应’各地方和各民族的特点，用各种语言宣传工人的国际主义口号以反对民族文化这一口号”[②]。马克思主义者必须坚持民族自决权，也就是政治分离权，实行充分的民主以保证各民族平等[③]。无产阶级只有坚持各民族最充分的平等，才能消除民族间最微小的不信任、疏远、猜疑和仇恨，才能实现工人阶级同志般团结一致的利益。“要求充分平等也包括否认某种语言的任何特权，包括承认各民族自决的权利”[④]。

第三节 战争与民族自决权思想

第一次世界大战爆发后，列宁围绕战争的性质和实现和平问题，阐述了帝国主义兼并和掠夺弱小民族等侵犯民族自决权的行为，分析了坚持民族自决权思想的重要性和必要性。

一 战争的性质是掠夺践踏弱小民族和打击无产阶级革命

列宁通过对战争史的回顾，肯定了资产阶级民主革命时期战争的进步性，分析了进攻性战争和防御性战争的区别，指出在社会党人看来防御性的正义战争，是指推翻封建制度、专制制度和异族压迫的战争，并且只在这个意义上承认“保卫祖国”或“防御性”战争是合理的、进步的和正义的。而第一次世界大战则完全不同，它是帝国主义金融掠夺、殖民地抢劫、民族压迫和加剧资本主义剥削政治的继续、发展和加强，参战的两个大国集团的金融资本在战前和战争期间都有了巨大的发展。

① 《列宁全集》第 24 卷，人民出版社 1990 年版，第 232 页。
② 同上书，第 126 页。
③ 同上书，第 249 页。
④ 《列宁全集》第 25 卷，人民出版社 1988 年版，第 153 页。

声称为了民族自由而战的帝国主义，实际上只是为了保存和抢夺殖民地。“只要英国人和法国人肯把自己的殖民地‘公平合理地’分给德国帝国主义者一些，德国帝国主义者就会立刻退出比利时等地。”[①] 因此，“社会党人决不应当帮助一个较年轻较强壮的强盗（德国）去抢劫那些较老的因吃得过多而撑坏了肚子的强盗”[②]，而应当利用斗争打倒他们，向人民说明真相和战争的实质。同时必须断然停止一切为参战辩护的行为，在战争期间要利用战争所造成的困难去宣传并准备革命行动以反对自己的政府。

列宁认为社会民主党人之所以采取上述措施，是因为帝国主义的结果只能加强和扩大民族压迫。当时进行的一切帝国主义战争，都是各交战国战前政治的继续，是通过暴力手段的继续。同样，所谓战争结束后的和平，只能是战争进程和结果中交战各方实际力量此消彼长的反映[③]。战争本身并不改变战前政治的发展方向，而只是加速这一发展。在资本主义生产关系的基础没有任何改变的情况下，“帝国主义战争只能导致帝国主义的和平”，战争的结果“只能巩固、扩大和加强金融资本对弱小民族和国家的压迫”。只要在坚持资本主义制度的条件下，“不管战争结局如何，结束这场战争的和平都只会使群众的经济政治地位的这种恶化固定下来”[④]。

二 兼并是对民族自决权的侵犯

在战争接近尾声的时候，不同的人从不同的立场出发，提出了反对兼并，和平结束战争的观点。但是在兼并的含义以及反对真正的兼并同民族自决权原则的关系等问题上，存在着严重的分歧和争议，影响着战后秩序的重建。列宁从当时各阶级的立场观点出发，分析了各种兼并与民族自决权的关系。通过对兼并实质的分析，列宁指出兼并是一种民族压迫的形式，是违背民族自决权思想的行为。真正的反对兼并就必须承

① 《列宁全集》第 26 卷，人民出版社 1990 年版，第 326 页。

② 同上书，第 327 页。

③ 《列宁全集》第 27 卷，人民出版社 1990 年版，第 294 页。

④ 同上书，第 294—297 页。

认各民族的自决权，让人民自由决定民族命运。

（一）兼并和民族自决权密切相连

列宁认为首先必须要搞清楚什么是兼并，社会党人为什么和应当怎样反对兼并。从一般意义上来讲，“兼并的概念通常含有：（1）暴力的概念（强制归并）；（2）异族压迫的概念（归并‘异族’地区，等等）；有时含有（3）破坏现状的概念”[①]。在理解兼并概念时要注意区分几种不同的情况，不能认为凡是把“他人的”领土归并起来就是兼并，因为社会党人赞成铲除民族之间的疆界，各民族接近融合并建立较大的国家。同样不能认为凡是破坏现状和用暴力、用武力归并就是兼并，因为社会党人为了人民群众和人类进步的利益，也会赞成使用暴力。社会民主党人不能笼统地反对暴力和主张维持现状，反对兼并并不是因为兼并是一种暴力，而是因为“兼并是违反民族自决，是违背居民意志来确定国界”[②]。兼并和民族自决权密切相连[③]，反对兼并就是承认民族自决权。因为反对兼并就是尊重民族根据自己的意愿处理民族事务，其中包括民族分离权，结盟权，成立独立民族国家的权利等，这就是民族自决权。真正的反对兼并和兼并主义者的区别，就是看其是否坚持真正意义上的民族自决权，即各民族自由分离权。规避这一点或者口头上承认而在实践中放弃民族自决权都是兼并主义者。

社会党之所以反对兼并是因为它违反民族自决，它是民族压迫的一种形式。兼并只能加剧对抗，从而增加战争的危险。为了能够完成社会主义革命和推翻资产阶级的历史使命，工人应当更加紧密地团结起来，而争取自决即反对兼并的斗争会促进这种团结。

（二）结束战争反对兼并的具体措施是让各民族自由决定

列宁从俄国的实际出发，指出二月革命后临时政府、孟什维克和社会革命党人宣扬放弃和反对兼并，即不再侵占别国或强迫任何民族留在

① 《列宁全集》第28卷，人民出版社1991年版，第24页。

② 同上书，第24页。

③ 《列宁全集》第27卷，人民出版社1990年版，第467页。

俄国疆界以内是完全不可信的[①]。因为真正的放弃兼并，必须立即公布并废除一切掠夺性的秘密条约，给予各民族自决权利，“让他们通过自由投票决定他们愿意成为独立国家还是愿意加入某个国家”[②]，“是愿意单独生活还是愿意同其他民族生活在一起”[③]。为此就得撤兵，在兼并问题上不允许有丝毫的动摇，处理兼并问题的原则是“各民族自由决定”[④]。要结束战争和反对兼并，实现民族自决权，临时政府应立即公布和废除前沙皇尼古拉同英法等国资本家缔结的掠夺性的秘密条约，应该立即无保留地、不找任何借口、毫不拖延地公开向一切交战国建议缔结和约，毫无例外地解放一切被压迫民族或没有充分权利的民族[⑤]。大俄罗斯人应当立即从加里西亚、亚美尼亚和波斯撤军。德国和英国必须放弃战争期间所侵占的全部土地，立刻从所占领土撤军。让各民族通过全面投票选择生活方式[⑥]。

列宁以芬兰为例说明，只有坚持民族自决权，才是真正的反对兼并，才能在民族自愿自由的基础上达成真正平等的协议。要保证协议是双方自愿平等的产物而不是压服的结果，就必须使得协议的各方真正处于平等的地位，这种平等表现为既有同意的权利，又有不同意的权利[⑦]。“只有‘分离的自由’才能表现出这种权利，只有享有分离自由的芬兰，才能在是否需要分离的问题上真正同俄国达成‘协议’。没有这个条件，不承认分离的自由，谁还空谈‘协议’，谁就是自欺欺人。”[⑧]

（三）苏维埃政府坚决反对任何形式的兼并

列宁分析了无产阶级政党（布尔什维克）在民族自决权和兼并问题上的立场观点，认为无产阶级政党（布尔什维克）在关于民族问题的决议中，必须承认“俄国的一切民族都有自由分离和成立独立国家的权利”。要承认

① 《列宁全集》第29卷，人民出版社1985年版，第166页。
② 同上书，第385—386页。
③ 同上书，第387页。
④ 同上。
⑤ 《列宁全集》第30卷，人民出版社1985年版，第38—39页。
⑥ 同上书，第39页。
⑦ 《列宁全集》第29卷，人民出版社1985年版，第469页。
⑧ 同上。

这种权利，并设法保证这种权利的实现，如果放弃这种做法，就等于拥护侵略政策或兼并政策。因为“无产阶级只有承认民族分离权，才能保证各民族工人的充分团结，才能促进各民族真正民主的接近”①。

列宁指出苏维埃政府应当采取的措施主要有，立即向一切交战国的人民、政府和工农群众提出在民主基础上缔结全面的和约，签订停战协定②。民主和约的主要条件是放弃兼并（侵占），承认欧洲或者殖民地“每一个民族毫无例外地都有自己决定成立单独的国家或者加入任何别的国家的自由和可能”③；公布和废除沙皇政府签订的俄国“掠夺土耳其和奥地利等国的秘密条约”④；立即满足乌克兰人和芬兰人的要求，保证他们以及俄国境内的一切非俄罗斯民族有充分的自由，直到分离的自由；对于整个亚美尼亚也要采取同样的原则，必须撤离亚美尼亚和土耳其的领土；等等。凡是忽视大多数人意愿，仅仅根据沙皇政府的决定被并入另一个民族的民族，都是被兼并和被掳掠的民族⑤。社会主义者应当坚决反对这种兼并，反对资本家保持原来的分赃即侵占。

列宁指出，摆脱这场战争的唯一出路是革命⑥。但是俄国一国是摆脱不了战争的，必须团结和联合其他民族。只有给予欧洲各国的被压迫阶级和沙皇时代受俄国摧残的比较弱小国家如现在的亚美尼亚的被压迫人民以自由，帮助和依靠他们，才能站在一切被压迫阶级、一切被压迫民族的前头，来进行反对德国和英国的战争⑦。敌对的德国和英国不可能联合起来对付革命，因此俄国革命同被压迫阶级和被压迫民族的真诚同盟的对外政策，就会有百分之九十九的可能获得成功！

三　实现真正的和平必须承认一切民族都有自决权

列宁认为只要资本主义制度还存在，就不可能实现真正的和平，只

① 《列宁全集》第 29 卷，人民出版社 1985 年版，第 431 页。
② 《列宁全集》第 32 卷，人民出版社 1985 年版，第 151 页。
③ 同上。
④ 同上书，第 152 页。
⑤ 《列宁全集》第 30 卷，人民出版社 1985 年版，第 86 页。
⑥ 同上书，第 259 页。
⑦ 同上书，第 263 页。

有推翻资产阶级的统治，才能获得真正的和平①。为此，各国社会党人的和平条件必须承认一切民族都享有自决权，放弃任何“兼并”即对自决权的侵犯②。如果承认一切民族都享有这种权利，“那就不能单单提出，譬如说，比利时一个国家，而必须包括欧洲的一切被压迫民族（英国的爱尔兰人、尼斯的意大利人、德国的丹麦人等、俄国的百分之五十七的居民，等等）和欧洲以外的一切被压迫民族，即一切殖民地”③。各国社会党人不仅要承认民族平等，反对兼并，“还必须立即无条件地要求给他们自己的‘祖国’压迫的殖民地和民族以分离的自由”④。缺少这个条件，齐美尔瓦尔德宣言所承认的民族自决和国际主义原则，顶多不过是僵死的文字。

社会民主党的和平纲领首要的和基本的应当是揭露资产阶级、社会沙文主义者和考茨基主义向人民宣扬的所谓“民主的和平”、交战国有爱好和平的意愿等谎言。要向群众说明“不经过一系列的革命，就不可能有民主的和平”⑤。只有通过革命推翻各国资产阶级政府，首先是推翻最反动、最野蛮、最残暴的沙皇政府，才能开辟通向社会主义和国际和平的道路⑥。这次战争只是加速向社会主义革命的发展，政府在战争中的一切失败都有助于革命，而只有革命才能带来持久的民主的和平。“谁希望得到持久的和民主的和平，谁就应该拥护反对政府和资产阶级的国内战争。”⑦

社会党人要支持、扩大和深入开展一切争取停战的群众运动，要向群众指出只有使“自己的”政府在战争中战败，才有可能在战争时期开展革命行动。必须建立秘密组织和创办不经战时书报检查的秘密报刊，才能有效地支持、扩大和加强革命斗争。要用民族自决权原则吸引群众参加革命斗争，向群众说明帝国主义大国和帝国主义资产阶级不可能给

① 《列宁全集》第27卷，人民出版社1990年版，第464页。
② 《列宁全集》第26卷，人民出版社1990年版，第314页。
③ 同上。
④ 《列宁全集》第27卷，人民出版社1990年版，第289页。
⑤ 同上。
⑥ 同上书，第38页。
⑦ 《列宁全集》第26卷，人民出版社1990年版，第340页。

予民主的和平，民主的和平必须用革命手段，到无产阶级社会主义革命中去寻求和争取。

社会主义革命是保证民族平等和实现各民族自决权的唯一途径。无产阶级必须进行革命斗争，夺取政权和实行社会主义变革，才能持久普遍地保证民族自决，即解放被压迫民族，不是在暴力的基础上，而是在各民族无产阶级和劳动群众平等和睦的基础上，实现各民族的接近和融合。

四　辩证地分析保卫祖国与坚持民族自决权的关系

列宁指出必须辩证地看待“保卫祖国”的口号，既不能以此作为拥护战争的借口，也不能一概反对在任何战争中“保卫祖国”。

（一）社会民主党人赞成在真正的民族战争中保卫祖国

一方面，参战各国资产阶级号召本国人民起来“保卫祖国”，另一方面，欧洲社会民主党内一些人“一概拒绝保卫祖国”，他们认为帝国主义时代保卫祖国就是保卫本国资产阶级压迫异族的权利。如布哈林和彼·基辅斯基（即尤·皮达可夫）等人认为保卫祖国是“背叛性的”口号，它完全可以从民族自决权中推导出来的，他们表示对于列宁提出的“既反对保卫祖国又主张自决，既反对祖国又保卫祖国”[①] 的主张无法理解。他们认为战争期间暴力镇压和践踏权利的现象无处不在，谈论保卫祖国和民族权利都是毫无意义的。通过欧洲资产阶级处理希腊的例子，就充分说明在资本主义统治下，真正的民族自决和民族独立[②]是不存在的，因为当时“最民主的共和国和最反动的君主国之间已经没有细微的差别了”[③]，他们沆瀣一气压迫和剥削其他民族，使得其他民族建立共和国的愿望成为幻想，主张民族自决权和建立独立的民族国家的权利都是空谈。

① 《列宁全集》第 28 卷，人民出版社 1991 年版，第 119 页。

② 第一次世界大战中，协约国为使希腊参战而对它施加了种种压力。它们用武力侵占希腊的一部分领土，派军舰封锁希腊，最后制造政变，迫使希腊国王君士坦丁一世逊位。1917 年 6 月，希腊宣布站在协约国一边参战。——参见《列宁全集》第 28 卷注释 82，第 429 页。

③ 《列宁全集》第 28 卷，人民出版社 1991 年版，第 108—109 页。

列宁认为对于保卫祖国的口号不能机械地重复，必须领会它的意义。马克思主义的立场观点是必须历史地分析每一次战争的性质，弄清楚战争是否是进步的，有利于民主和无产阶级的，正当的和正义的战争。“如果不善于历史地分析每一次战争的意义和内容，保卫祖国的口号就往往是对战争的一种庸俗的不自觉的辩护。”①

要正确理解保卫祖国的口号，就应该判断战争的性质是什么，战争是因为什么、由什么阶级、为了什么政治目的进行的，区别真正的民族战争和帝国主义战争中保卫祖国的不同。真正的民族战争的标准是，战争的“基础”是“长期进行的大规模民族运动”，其目的是“推翻民族压迫”。社会民主党人承认为推翻民族压迫而进行的革命战争的积极意义，也仅仅是在“‘推翻异族压迫’这个意义上‘承认保卫祖国或防御战争的合理性、进步性和正义性’”②。不管是谁首先发动进攻，只要是推翻异族压迫的战争都是正义的、防御性的战争。社会党人支持被压迫的、附属的、主权不完整的国家战胜压迫者、奴隶主和掠夺者的“大”国③。

（二）社会民主党人反对在帝国主义战争中保卫祖国

当前这场战争是根据交战国在战前几十年中实行的政治的继续。其起因不是要推翻民族压迫，不是保卫本族语言和本民族发展的自由，而是两个压迫者集团即两伙强盗之间为了确定怎样分赃、由谁来掠夺土耳其和各殖民地而进行的，将其伪装成民族战争而号召群众保卫祖国就是欺骗人民。实践证明“交战双方不但都压迫‘异族’，而且进行战争是为了决定由谁压迫更多的异族”④！

战争“使一些人灰心丧气，也使另一些人受到锻炼和教育”⑤。“帝国主义经济主义”对民主的鄙视态度，就是人的思维受到战争的压制或压抑的表现形式之一。布哈林错误的关键是不清楚怎样把帝国主义同争

① 《列宁全集》第28卷，人民出版社1991年版，第122页。
② 同上书，第121页。
③ 同上。
④ 同上书，第27页。
⑤ 同上书，第108页。

取改良和民主的斗争联系起来[①]。虽然在战争期间暴力代替了权利，但绝不能就此放弃对权利的追求。

除了帝国主义战争外，还有保卫祖国的战争，包括民族战争和民族起义。如果反对被兼并者为摆脱兼并者而进行的战争和起义，就是兼并主义的论断。俄国社会民主工党反对在帝国主义战争中“保卫祖国”，而赞成在民族战争中保卫祖国。认为在民族战争和民族起义中保卫祖国是保护被压迫民族资产阶级的特权的观点是不对的，因为判断某次战争或起义是否为民族战争的标准，是它的实际社会内容即被压迫民族反对压迫民族、争取解放的斗争，而不是被压迫的资产阶级可能行使它的“压迫权利”。“保卫祖国，在帝国主义战争中是一句骗人的话，但在民主的和革命的战争中决不是一句骗人的话。”[②] 目前被压迫者（例如殖民地人民）为反对帝国主义列强即实行压迫的大国而进行的战争，是真正的民族战争。遭受民族压迫的国家为反对实行民族压迫的国家而“保卫祖国”，这不是欺人之谈，社会主义者绝不反对在这样的战争中“保卫祖国”。

民族自决是争取民族彻底解放、独立和反对兼并的斗争[③]，它只是众多民主要求之一，和其他民主要求没有任何区别。“拒绝在民主的战争中‘保卫祖国’，即拒绝参加民主的战争，这是荒谬的。”[④] 任何起义的民族，都是为了保卫本民族不受压迫民族的压迫，保卫自己的语言、疆土和祖国。社会民主党人应该支持民族起义或一切重大的反民族压迫的全民斗争，其中包括被压迫民族中无产阶级、农民和本国资产阶级共同进行的反对压迫民族的行动；压迫民族中的无产阶级及其觉悟分子进行的反对本国资产阶级及其同谋的行动[⑤]。承认必须援助被压迫民族的起义和积极反抗镇压，就是承认民族起义的进步性，承认在起义胜利后建立单独的新国家和划定新疆界等的进步性。

---

① 《列宁全集》第 28 卷，人民出版社 1991 年版，第 101 页。

② 同上书，第 109 页。

③ 同上书，第 124 页。

④ 同上书，第 125 页。

⑤ 同上书，第 155 页。

第四节 帝国主义与民族自决权

帝国主义时代资本的发展超出了民族国家的范围，民族压迫在新的历史基础上随之扩大和加剧。帝国主义时代最本质最基本的特点是，世界民族被分为压迫民族和被压迫民族，由于暴力和垄断，包括民族自决权在内的所有民主要求，在该阶段内，都难以实现。无产阶级只有把反对资本主义的革命斗争，同实现一切民主要求的革命纲领和革命策略结合起来，才能获得胜利。

一 世界民族分为压迫民族和被压迫民族

列宁指出，早在17—18世纪小资产阶级就提出了民族自决和社会民主党最低民主纲领中的所有各点，但是因为他们看不见民主制度下的阶级斗争和激化，相信“和平的”资本主义，所以小资产阶级民族自决权直到现在还是空想的，典型代表就是在帝国主义时代建立各平等民族和平联盟的欺骗人民的考茨基主义。

（一）帝国主义时代民族分为两大类

列宁认为帝国主义是资本主义发展的最高阶段，帝国主义把全世界结合成一个经济有机体，西欧发达资本主义国家内部生产日益集中，垄断不断发展，排挤着竞争，资本主义已经超越了民族国家的范围，走上了对外扩张的道路①。为了排除竞争者，资本主义用金钱收买等手段极力破坏民族独立，民族压迫和对殖民地的掠夺不断加剧和扩大，使群众的处境日趋恶化，阶级矛盾大大加剧，世界日益分裂为少数压迫民族统治和剥削广大被压迫民族。“社会民主党的纲领应当指出帝国主义时代基本的、最本质的和必然的现象：民族分为压迫民族和被压迫民族。”② 这种

① 《列宁全集》第27卷，人民出版社1990年版，第254页。

② 同上书，第259页。

区分对于反对帝国主义的革命斗争是至关重要的。

无产阶级在进行反对帝国主义革命斗争时，如果不把帝国主义时代的世界民族按照压迫民族和被压迫民族的类别进行区分，就会对当时各国民族问题产生错误的认识。帝国主义时代和1914—1916年的战争，使得各先进国家反对沙文主义和民族主义的斗争极为迫切①。社会沙文主义者在民族自决问题上要么“借口帝国主义和政治集中是进步的而赞成兼并，否认自决权，说它是空想的、虚幻的、小资产阶级的，等等”，要么像考茨基主义一样在思想上主张同资产阶级统一，在实践中同资产阶级一样反对民族自决权，认为“要求政治分离自由是‘非分的’”②。他们维护自决权纯粹是口头上的和伪善的，因此他们放弃了压迫民族的社会党人的革命义务，避而不谈对于把没有充分权利的民族强制地留在本国版图内的国家疆界问题等。这两类人根本理解不了马克思用爱尔兰的例子说明的策略的理论意义和现实迫切性。

帝国主义创造了实现社会主义的前提，加速和促进了社会主义革命的发展及其与民族解放运动的联合。只有根据先进国家无产阶级革命斗争的观点，提出能反映民族自由事业的基本点和主要点的要求，即分离自由的要求，才能彻底揭露资产阶级的诡辩。

（二）要对两类民族中的社会民主党人分别进行不同的国际主义教育

列宁认为帝国主义时代居于统治地位的大国民族和各个弱小民族在民族问题上所起的作用是不一样的，共同组成国际的各国工人的地位也是不同的，因此必须对他们进行不同的国际主义教育。

帝国主义时代的大多数社会党人，都是属于压迫民族。在民族问题上起决定性作用的是居于统治地位的大国民族的观点——而决不是“弱小民族的”和“欧洲”各个“角落”的观点③。帝国主义时代实现民族自决问题的关键，在于各压迫民族的社会党人如何行动。英、法、德、日、俄、美等压迫民族的社会党人“如果不承认和不坚持被压迫民族有

①　《列宁全集》第27卷，人民出版社1990年版，第82页。

②　同上书，第263页。

③　同上书，第448页。

自决权（即自由分离权），他实际上就不是社会主义者，而是沙文主义者”[①]。大国民族的无产阶级必须首先推翻本国的资产阶级，才能解放其他被压迫民族。“不承认民族自决权，就不可能为反帝的国际社会主义革命而斗争。”[②]

从民族问题的角度来看，压迫民族工人和被压迫民族工人的实际地位是不一样的[③]。在经济、政治和思想等各方面，前者都参与利润分成，享有特权；后者总是处于被盘剥和被歧视的地位[④]。具有诸多区别的压迫民族和被压迫民族的工人共同组成了国际，为了统一国际行动，坚持民族平等、接近与融合的目的，就必须在压迫的大民族和被压迫的小民族中，在兼并的民族和被兼并的民族中，对工人阶级采用不同的国际主义教育[⑤]。

压迫的、兼并的大民族中的社会民主党人要达到自己的目的，“必须要求各压迫国家（特别是所谓‘大’国）的社会民主党承认和维护各被压迫民族的自决权，而且是政治上的自决权，即政治分离权”[⑥]。无论在和平时期还是在战争时期，都必须宣传被压迫民族有分离的自由。承认各殖民地人民有民族自决权，反对把被压迫民族强制地留在一个国家的疆界以内，只有坚持为自决权而斗争，才能真正坚持无产阶级国际主义[⑦]。应当漠视民族归属，尊重小民族的自决权，小民族按照自己的意愿想要独立建国、与邻国合并还是留在多民族国家内部，都应当由它自己来决定，压迫民族的社会民主党人对此问题应当“抱‘漠视’态度”[⑧]。压迫民族的社会民主党人要做一个国际主义者，就不能只考虑本民族的利益，“而应当把一切民族的利益、一切民族的普遍自由和平等置于本民族之上”[⑨]。

① 《列宁全集》第26卷，人民出版社1990年版，第316页。
② 同上书，第341页。
③ 《列宁全集》第28卷，人民出版社1991年版，第147页。
④ 同上书，第148页。
⑤ 同上书，第42页。
⑥ 《列宁全集》第26卷，人民出版社1990年版，第340页。
⑦ 《列宁全集》第27卷，人民出版社1990年版，第254页。
⑧ 《列宁全集》第28卷，人民出版社1991年版，第43页。
⑨ 同上。

与压迫民族社会民主党人坚持民族分离自由不同，小民族的社会民主党人对工人的国际主义教育重心则是各民族的自愿联合。小民族的社会民主党人作为一个国际主义者，“既可以赞成本民族的政治独立，又可以赞成本民族加入邻近的某个国家”，这都是正确的。同时，它必须在任何场合“反对小民族的狭隘性、封闭性和隔绝状态，而主张顾全整体和大局，主张局部利益服从整体利益”①，坚持各民族自由自愿的联合。压迫民族的社会民主党人坚持“分离自由”而被压迫民族的社会民主党人坚持“联合自由”并不是“矛盾的”，只有这样，才能坚持和实现真正的国际主义和民族融合。除此而外，“没有而且不可能有达到国际主义和民族融合的其他道路”②。

以波兰和其他大国的关系为例来说，波兰社会民主党人是被压迫民族，其他大国如俄国和德国等是压迫民族，为了统一俄国人和波兰人的行动，坚持国际主义原则，就决不能在两者中间进行同样的宣传。大俄罗斯和德国社会民主党人及其工人“应当无条件地赞成波兰的分离自由，否则在目前他们实际上就成了尼古拉二世或兴登堡的奴仆。而波兰工人只能有条件地主张分离，因为想用某个帝国主义资产阶级的胜利来投机（象‘弗腊克派’那样），那就意味着充当它的奴仆”③。这种差别是国际“一元论的行动”条件。

二 实现民族自决权极其困难

反对自决的人认为在一般资本主义或帝国主义的条件下民族自决权“不能实现”。因为在异族地区的归并问题上，公开的暴力代替了民主政治，资本主义不可能让各民族人民自己“解决自己的国界问题”④。自决权在帝国主义时代不能实现，就如同劳动货币在商品生产下不能实现一样，如同“在火星上免费得到10000俄亩土地的权利一样”⑤。“帝国主义

① 《列宁全集》第28卷，人民出版社1991年版，第43页。

② 同上书，第43页。

③ 同上书，第150页。

④ 同上书，第22页。

⑤ 同上书，第128页。

是自决的否定，任何魔术家都无法把自决和帝国主义结合起来。”[①] 反对自决的人认为民族自决权在民族国家的形成时代是发展生产力的最好形式，但是在民族国家这种形式已经成为生产力发展的桎梏时，民族自决权则是另一回事。在资本主义和民族国家确立的时代与民族国家正在灭亡、资本主义本身也处在灭亡前夜的时代之间，有很大的距离。抛开时间和空间而作泛泛之谈，这不是马克思主义者的事情。

列宁认为这里所说的民族国家的形式已经成为民族发展的桎梏等，是指各先进资本主义国家，首先是指德国、法国和英国[②]。世界上各个国家发展进程不同，对待民族自决的态度也各不相同，在东欧，民族运动是现在的事情。在半殖民地和殖民地，民族运动在很大程度上是将来的事情[③]。在资本主义的帝国主义时代，不仅在异族地区的归并问题上，而且在选举官吏、用共和制代替君主制、用民兵代替常备军等一些重大的民主问题上，都将人民排除在外。

在资本主义和帝国主义时代，不进行一系列的革命，整个民主及其一切要求都不能实现。列宁认为确切地说一切民主要求在帝国主义时代“不能实现”，是指如果不经过多次革命，这些民主要求在政治上难以实现或者不能实现。帝国主义是资本主义发展的最高阶段，生产规模极为巨大以致垄断代替了自由竞争[④]。与经济上的垄断相对应，政治上逐渐从民主政治走向反动[⑤]。帝国主义不是仅仅要否定民主要求之一的民族自决权，而是要否定一般民主即一切民主[⑥]。在帝国主义时代实现民族自决权比实现共和制、民兵制、由人民选举官吏等权利更加困难[⑦]。为了垄断一切，必须排除全世界的竞争者，为了经济兼并更加容易方便稳妥地进行，帝国主义总是力图破坏政治独立，就像帝国主义力图用寡头政治代替一般民主一样。它破坏政治民主的手段要么是直接收买官吏，要么政府与

① 《列宁全集》第 28 卷，人民出版社 1991 年版，第 131 页。
② 同上书，第 128 页。
③ 同上书，第 128—129 页。
④ 同上书，第 133 页。
⑤ 同上。
⑥ 同上书，第 134 页。
⑦ 同上。

交易所结成联盟[①]。进入垄断帝国主义后，工业资本的实力进一步加强，他们对于世界的影响进一步增大。一般“财富”完全能够通过收买和通过交易所来实现对任何民主共和国的统治。

虽然在帝国主义时代，垄断组织的金钱收买使得世界各国的经济政治独立自主性日益遭到破坏，但是这并不意味着所有国家和民族的独立自主和民族自决都不能实现。民族自决权是民主要求之一，即使在帝国主义条件下也是能够实现的。如果德国和英国稍微改变一下政治上和战略上的相互关系，则今天或明天成立波兰、印度等新国家是完全“可以实现”的。在帝国主义最猖狂的1905年挪威“实现了”似乎是不能实现的自决权，同样说明了自决权即使在帝国主义时代也是能够实现的。只不过这在帝国主义时代“只能是不充分地、残缺不全地得到实现，而且是罕见的例外”[②]。大国破坏小国和弱国的政治独立，必然招致后者的激烈反抗。为了保证金融大国军事行动的展开，大国有可能给予某些小民族一定的民主自由和国家独立[③]。

在资本主义制度下，被压迫阶级的权利，如离婚权、选举权、民主共和国等都是极难实现的。其根本原因主要是因为无产阶级在经济上处于被压迫的地位。马克思主义者认为民主不能消除阶级压迫，它只不过使得阶级斗争变得更单纯、广泛、公开和尖锐，而这正是无产阶级希望的。“离婚自由愈充分，妇女就愈明白，使他们作‘家庭奴隶’的根源是资本主义，而不是无权。国家制度愈民主，工人就愈明白，罪恶的根源是资本主义，而不是无权。民族平等愈充分（没有分离的自由，这种平等就不是充分的），被压迫民族的工人就愈明白，问题在于资本主义，而不在于无权。如此等等。”[④] 虽然离婚权也像所有一切民主权利一样，在资本主义制度下是难以实现的，但任何一个社会民主党人决不能因为它不能实现就否定它。只有宣布这些权利并立即为实现这些权利而斗争，才能够实现社会主义[⑤]。“离婚的例子清楚地表明，谁现在不要求充分的

① 《列宁全集》第28卷，人民出版社1991年版，第137页。

② 《列宁全集》第27卷，人民出版社1990年版，第256页。

③ 《列宁全集》第28卷，人民出版社1991年版，第142—143页。

④ 同上书，第167页。

⑤ 同上书，第168页。

离婚自由，谁就不配作一个民主主义者和社会主义者，因为没有这种自由，被压迫的女性就会惨遭蹂躏，——虽然不难理解，承认有离开丈夫的自由，并不等于号召所有的妻子都离开丈夫！”[①] 同样，反对暴力兼并的要求等于承认自决，承认民族自决权同样不等于号召所有民族都分离和分裂。

三 必须坚持少数服从多数和局部服从整体的原则

列宁认为民族自决权问题上的一般和特殊的基本区别是，少数国家民族运动的利益服从大多数国家民族运动的利益，服从整个无产阶级争取社会主义的利益[②]。当少数几个民族的民族运动和整个无产阶级争取民主的斗争发生矛盾时，前者必须服从后者，局部应当服从整体。波兰社会党以马克思对待爱尔兰、捷克和南方斯拉夫的态度为例，认为任何时候都要坚持民族独立。他们认为马克思赞成爱尔兰分离和反对捷克人和南方斯拉夫人等独立是前后矛盾的，故而援引马克思在1848—1871年间所持的立场，“没有丝毫价值”[③]。列宁认为要正确理解马克思主义关于民族自决权问题的一般和特殊的分析，必须将其与具体的时代联系起来具体问题具体分析。马克思对爱尔兰和捷克南方斯拉夫问题的分析是从同一个社会主义世界观出发，对不同时期和不同情况下的民族运动进行具体分析的结果，其态度并不矛盾。沙皇政府曾利用捷克和南方斯拉夫等小民族的民族运动来反对整个欧洲的民主运动[④]，马克思从欧洲民主派反对沙皇政府无限权力和压倒一切的反动影响的斗争利益出发，反对捷克和南方斯拉夫等的民族运动，主张实现波兰的独立[⑤]。这个例子说明，对待民族解放运动要着眼于大局，就当时的情况来看，“欧洲几个大民族和最大民族的解放利益高于各个小民族解放运动的利益”[⑥]；对于包括民族

① 《列宁全集》第28卷，人民出版社1991年版，第166页。
② 同上书，第42页。
③ 同上书，第36页。
④ 同上书，第38页。
⑤ 同上书，第36页。
⑥ 同上书，第37页。

自决权在内的一切民主要求，都不能孤立地来看待，而要结合整个世界和全欧洲的范围通盘考虑，必须学习马克思具体问题具体分析的精神并从中吸取教训。“民主的某些要求，包括自决在内，并不是什么绝对的东西，而是世界一般民主主义（现在是一般社会主义）运动中的一个局部。在某些具体场合，局部和整体可能有矛盾，那时就必须抛弃局部。”①

列宁分析了小民族在帝国主义时代的地位和作用。列宁认为从1848—1871年到1898—1916年，从西方资产阶级民主革命、美西战争②到欧洲帝国主义大战，形势发生了极大变化。沙皇政府已不再是反动势力的主要支柱了，当时给世界带来民主和社会主义的欧洲各民主国家，现在已经形成了少数（五六个）帝国主义“大”国的体系，他们都压迫其他民族，人为地延缓资本主义崩溃。那时主要是拥护西欧大民族的革命人民来反对沙皇政府及其前哨即某些小民族运动；现在主要反对帝国主义列强和社会帝国主义者的统一战线③。各小民族在1848—1871年间的作用是既可能成为“西欧民主派”和革命民族的同盟者，又可能成为沙皇政府的同盟者；而在1898—1914年间小民族已失去了这样的作用，它们的作用是“大国民族”和社会帝国主义的一个滋生地。尽管社会民主党人赞成为正义的和对无产阶级有益的事业、为民主和社会主义而进行的战争和革命，但是，他们反对各个大民族之间的战争，“不能拥护为了也许只有1000万—2000万人口的某个小民族不可靠的解放而断送2000万人的生命！”④ 这样做并不是放弃了社会民主党纲领里民族平等的原则，“而是因为一个国家的民主运动的利益必须服从几个和一切国家的民主运动的利益”⑤，“更服从整个社会主义无产阶级的利益”⑥。这是特殊和一

---

① 《列宁全集》第28卷，人民出版社1991年版，第38页。

② 指1898年美国对西班牙发动的战争。1898年4月，在古巴摆脱西班牙殖民统治的起义取得决定性胜利时，美国借口其战舰“缅因”号在哈瓦那港口被炸沉而对西班牙宣战，向西属殖民地发动进攻。7月，西班牙战败求和，12月在巴黎签订和约。西班牙将其殖民地菲律宾、关岛、波多黎各割让给美国。古巴形式上取得独立，实际上成为美国的保护国。列宁称这场战争为重新瓜分世界的第一次帝国主义战争。——参见《列宁全集》第28卷注释33，第415页。

③ 《列宁全集》第28卷，人民出版社1991年版，第39页。

④ 同上书，第41页。

⑤ 同上书，第41—42页。

⑥ 同上书，第42页。

般在逻辑上的基本区别。

列宁以荷兰和波兰为例分析了民族自决权问题上的特殊和一般。他认为荷兰和波兰的马克思主义者反对自决的原因是，这两国具有特殊的客观条件。一是它们都是大国体系中孤立无援的小国；二是地理上都处于竞争最激烈、势力强大的英国和德国、德国和俄国等帝国主义掠夺者之间；三是这两个国家都强烈怀念历史上曾是强盛“大国”的传统：“荷兰曾经是一个比英国更强盛的殖民大国，波兰曾经是一个比俄国和普鲁士更有文化和更强盛的大国”；四是“这两个国家直到现在还保持着压迫异族的特权：荷兰资产者拥有极富庶的荷属印度；波兰地主压迫乌克兰的和白俄罗斯的‘农奴’，波兰资产者压迫犹太人，等等”[①]。这就是这两个国家不同于别国的四个特殊条件结合而成的独特境况。

列宁认为从荷兰和波兰独特的情况来看，他们反对民族自决权的立场“是可以理解的而且是完全合乎情理的”[②]。从实践来看，荷兰和波兰的马克思主义者实际上是赞成民族自决权的，因为他们在反对自决时，“他们所说的并不完全是他们想要说的，换句话说，他们想要说的并不完全是他们所说的”[③]。所有波兰社会民主党人在齐美尔瓦尔德宣言[④]中都承认一般的自决，仅仅在措辞上有些不同。荷兰主张让东印度独立的哥尔特同德国的考茨基、俄国的托洛茨基和马尔托夫那种在口头上假装承认自决的人相比，是较忠诚的国际主义者和志同道合者。

波兰的独立必须经过战争或革命才能实现，这绝不意味着为了波兰

① 《列宁全集》第28卷，人民出版社1991年版，第44页。

② 同上书，第45页。

③ 同上。

④ 指波兰代表团在国际社会党齐美尔瓦尔德代表会议（1915）上的宣言。宣言抗议沙皇俄国、德国和奥地利三国政府的压迫政策，说它们“剥夺了波兰人民自己决定自己命运的可能性，把波兰各地区看作是将来玩赔偿游戏的抵押品”。宣言指出：“在这方面，资本家政府的政策的实质赤裸裸地表现出来了，这些政府把人民群众赶进屠场，同时专横地决定各民族世世代代的命运。”宣言说，波兰社会民主主义组织深信，只有参加即将到来的革命的国际无产阶级争取社会主义的斗争，参加那种“必将打碎民族压迫的枷锁和消灭一切形式的异国统治的斗争，才能保证波兰人民能够在各民族的联盟中作为平等的一员获得全面的自由发展”。——参见《列宁全集》第28卷注释36，第416页。

一国的复兴而进行全欧战争[①]，正如“弗腊克派”[②]（波兰社会党右派）那样。在毗邻的帝国主义大国战争的情况下提出波兰独立的口号，是一种空想，是狭隘的民族主义，是割断了波兰民族独立同全欧革命或至少是俄国和德国革命的联系[③]。因为在帝国主义战争时期，波兰一国革命的影响微乎其微，反而会削弱波兰同俄国和德国无产阶级联合的国际斗争。“波兰无产阶级本身只有同邻国无产者共同进行斗争，反对狭隘的波兰民族主义者，才能帮助社会主义和自由的事业，包括波兰自由的事业。”[④]不提波兰独立并不意味着放弃在两次战争的间隔时期争取政治自由和政治独立[⑤]。在波兰问题上正确的做法是所有国家的无产阶级都坚持国际主义原则，“俄国和德国的社会民主党人要求给波兰以无条件的‘分离自由’，而波兰社会民主党人则为大小国家的无产阶级斗争的团结而奋斗，在当前时期或目前阶段不提波兰独立的口号”[⑥]。

四　必须无条件地给予所有殖民地民族自决权

进入帝国主义阶段后，殖民帝国从自己的殖民利益出发，拒绝给予广大殖民地自决权。在当时的社会民主党内，许多人将欧洲视为例外，对欧洲的殖民地问题视而不见，仅仅提出了解放欧洲以外殖民地的要求[⑦]。

为了支持殖民地民族解放运动和无产阶级革命，列宁旗帜鲜明地指出，一切民族都有自决权，不仅欧洲的一切被压迫民族，而且欧洲以外的一切被压迫民族，即一切殖民地民族都有自决权。必须无条件地给予欧洲和东方殖民地民族自决权。

---

① 《列宁全集》第28卷，人民出版社1991年版，第46页。

② 弗腊克派即波兰社会党——“革命派”。——参见《列宁全集》第28卷注释39，第416—417页。

③ 《列宁全集》第28卷，人民出版社1991年版，第47页。

④ 同上。

⑤ 同上。

⑥ 同上书，第48页。

⑦ 同上书，第33—34页。

（一）相对而言欧洲殖民地的民族自决权更容易实现

列宁认为与广大的欧洲殖民地相比而言，欧洲各被压迫民族的自决权更容易实现，波兰社会党反对在欧洲树立新的界碑的观点实际上就是直接的公开的兼并主义，其错误的根源在于把“欧洲”视为例外。就殖民地民族民主革命和欧洲反帝斗争的关系而言，欧洲各被压迫民族的斗争比殖民地起义更容易加剧欧洲的革命危机。“爱尔兰起义给予帝国主义资产阶级政权的打击，其政治意义要比亚洲和非洲所给予的同样有力的打击大一百倍。”① 欧洲大部分附属民族的资本主义比殖民地发达一些，他们的生产力发展的势头、速度、独立程度都高于殖民地，并且具有发展商品生产的资本和便捷地获得资本的机会，他们对民族压迫和兼并的反抗更大②。

相比较欧洲而言，殖民地的自决权更难以实现。帝国主义使殖民地对欧洲金融资本的依附日益加深。一般来说，殖民地要实现分离，就必须取得社会主义革命的胜利。在资本主义制度下，殖民地民族自决权的实现，要么是例外，要么必须进行一系列反抗宗主国的革命和起义③。在这种情况下，要求立即无条件地解放殖民地的要求更“空想”得多。压迫者给被压迫民族以建立自己国家的平等权力，是“加速各民族自愿接近和融合这一过程的保证”④。

（二）“从殖民地滚出去”就是给予殖民地民族自决权

马克思主义认为，要正确说明任何一个口号的意义，就必须分析该口号提出的经济现实、政治形势和该口号的政治意义⑤。“从殖民地滚出去”这个口号的政治和经济内容是：“给殖民地民族分离自由，建立单独国家的自由！”⑥ 向各帝国主义国家和政府提出这个要求的真正含义是，

---

① 《列宁全集》第28卷，人民出版社1991年版，第53—54页。

② 同上书，第35页。

③ 同上书，第34页。

④ 同上书，第36页。

⑤ 同上书，第158页。

⑥ 同上书，第159页。

要求给予殖民地政治自由、分离权和独立权。“社会主义社会”愿意“从殖民地滚出去”，仅仅是指给它们自由分离的权利，决不是指提倡它们分离。由于列宁提出把分离权的问题和是不是提倡分离的问题区别开来，彼·基辅斯基认为列宁是“魔术家”①。

列宁认为给予殖民地自由分离权并不是要同它们分离，而是要在自由、平等和自愿的基础上不断接近和融合。要求本国政府滚出蒙古、土耳其斯坦和波斯，英国政府滚出埃及、印度和波斯等，并不意味着上述国家无产者想要同埃及的工人和费拉②，同蒙古、土耳其斯坦或印度的工人和农民实行分离③。要求本国政府滚出殖民地，“就是要求它给予殖民地充分的分离自由，真正的自决权”④，无产阶级一旦夺取了政权，就一定要让这种权利实现。给予这种自由，给予一切被压迫民族以分离自由仅仅是因为社会民主党人“主张自由的、自愿的接近和融合，但不主张强制的接近和融合。仅仅是因为这一点！”⑤

从当时的现状出发，列宁认为党宣传民族自决的作用极其重要，它的重要性并不亚于武装人民、教会同国家分离和人民选举官员等其他民主措施⑥。具体到俄国，列宁认为俄国是中世纪的、经济落后的、军事官僚式的帝国主义，即使在和平时期，它也打破了民族压迫的世界纪录。俄国社会民主党人如果不为受沙皇制度压迫的民族的分离自由而斗争⑦，就成了事实上的帝国主义者和沙皇的帮凶。“帝国主义时代把所有‘大’国变成了许多民族的压迫者，而帝国主义的发展也必然会使国际社会民主党在民族自决问题上的思潮划分得更加清楚。”⑧

---

① 《列宁全集》第28卷，人民出版社1991年版，第159页。

② 费拉是阿拉伯国家的定居农民，农村居民中地位最低的被剥削阶级。——参见《列宁全集》第28卷注释93，第431页。

③ 《列宁全集》第28卷，人民出版社1991年版，第160页。

④ 同上。

⑤ 同上书，第161页。

⑥ 同上书，第55页。

⑦ 同上书，第56—57页。

⑧ 同上书，第57页。

第五节 社会主义与民族自决权思想

列宁在论述帝国主义时代民族自决权思想的时候，指出了社会主义仍然适用民族自决权思想，它的最终目的是要促进各民族接近与融合。

一 取得社会主义革命的胜利必须坚持民族自决权

列宁指出只有推翻资本主义，才能彻底消除民族压迫。只有坚持一切民族都有自决权，才能团结更多的人民群众起来进行社会主义革命，并最终取得革命的彻底胜利。

（一）无产阶级必须进行社会主义革命，推翻资本主义

列宁认为世界资本主义加重了对工人阶级的压迫，帝国主义战争等激起了无产阶级的反抗。只有无产阶级领导的社会主义革命才能摆脱帝国主义及其战争造成的绝境，最终解放全人类①。推翻资本主义，剥夺资产阶级，是消灭群众贫困，全面进行社会主义革命和一切民主改革的必要基础。社会主义革命不是一次简单的行动或者一条战线上的会战，而是包括经济和政治在内的一切战线上的激烈的阶级冲突，它不是短暂的行动，而是需要整整一个时代，只有通过在一切战线上剥夺了资产阶级，社会主义革命才能最终完成②。

在社会主义革命进程上，彼·基辅斯基认为社会变革是所有国家无产阶级的统一行动，所有国家的无产阶级将会同时发动革命，打破资产阶级的国家疆界，并且拆掉国家之间的界碑，炸毁民族共同体，建立阶级共同体③。列宁认为这种关于社会主义革命同时爆发的观点是错误。因为在进行社会主义革命时，由于国家和民族的发展程度不同，不可能所

① 《列宁全集》第 29 卷，人民出版社 1985 年版，第 475 页。

② 《列宁全集》第 27 卷，人民出版社 1990 年版，第 255 页。

③ 《列宁全集》第 28 卷，人民出版社 1991 年版，第 151 页。

有国家的无产阶级都采取统一行动[①]。幻想所有国家的无产者的统一行动，就是把社会主义推迟到希腊的卡连德日[②]，使它永无实现之日。

关于以阶级共同体来代替民族共同体的问题，列宁认为只有在先进国家里，“才可以‘炸毁’民族共同体，建立阶级共同体”[③]。在不发达的第二和第三类的国家里，即整个东欧和一切殖民地和半殖民地，还不能以阶级共同体来代替民族共同体，因为这些民族首先必须完成民族民主革命和推翻异族压迫的任务[④]。不发达国家的民族和被压迫民族应当利用先进国家无产阶级进行社会主义革命时引发的国内战争危机，发动起义，完成本国的民族民主革命[⑤]。

无产阶级要取得革命胜利，争得民主，就必须废除生产资料私有制，通过经济变革来推翻资本主义和帝国主义[⑥]。无产阶级要把争取一切民主要求的斗争服从于自己推翻资产阶级的革命斗争。为了彻底战胜资产阶级，无产阶级就必须为民主而进行全面的彻底的革命斗争[⑦]。帝国主义时代民族压迫的加剧，各种矛盾冲突激增，这些都有可能引发社会主义革命，社会民主党应该加紧利用各种冲突，发动群众起来进行反对资产阶级的革命行动，必须组织全体人民对生产资料进行民主管理，吸收全体劳动群众民主地参加国家的管理[⑧]。

（二）要取得社会主义革命的胜利必须坚持民族自决权思想

列宁指出帝国主义的压迫和剥削，激起了欧洲和殖民地民族的奋起反抗，各地民族起义此起彼伏[⑨]。尽管如此，帝国主义的强大势力还没有

---

① 《列宁全集》第 28 卷，人民出版社 1991 年版，第 151 页。

② 希腊的卡连德日意为没有限期。古罗马历法把每月初一称为卡连德日（亦译朔日）。罗马人偿还债务、履行契约等都以卡连德日为限期。希腊历法中根本没有卡连德日。因此，延缓到希腊的卡连德日，就等于说无限期地推迟，永无实现之日。——参见《列宁全集》第 28 卷注释 92，第 431 页。

③ 《列宁全集》第 28 卷，人民出版社 1991 年版，第 152 页。

④ 同上。

⑤ 同上书，第 152—153 页。

⑥ 同上书，第 111 页。

⑦ 《列宁全集》第 27 卷，人民出版社 1990 年版，第 256—267 页。

⑧ 《列宁全集》第 28 卷，人民出版社 1991 年版，第 111 页。

⑨ 同上书，第 51 页。

被摧毁，其内部的无产阶级运动还十分薄弱。在反帝斗争中，小民族力量弱小，不能成为斗争中的独立因素，但是它们“却起一种酵母、霉菌的作用，帮助反帝的真正力量即社会主义无产阶级登上舞台”[①]。在无产阶级争取社会主义的伟大解放战争中，要利用反对帝国主义的一切人民运动来加剧和扩大危机。不同时间不同地点爆发的各种各样的民族起义，显示了全世界被压迫民族反帝斗争的广度和深度。广大被压迫群众只有通过不断的、分散的、局部的甚至遭受挫折的革命运动，才能吸取经验教训，不断壮大革命力量，锻炼革命队伍，找到无产阶级这个社会主义革命的真正领袖，为发动社会主义革命总攻做准备[②]。没有殖民地和欧洲弱小民族的起义，一部分小资产阶级革命的爆发，不自觉的无产阶级或半无产阶级群众反对地主、教会、君主和民族等压迫的运动，社会革命是不可以设想的。

无产阶级政党要从各方面直接训练无产阶级，为夺取政权做好准备，以便将来把社会主义的各项经济措施和政治措施变成现实[③]。为了民主和社会主义的利益，为了尽可能多地吸引不同民族的劳动者来参加无产阶级的斗争，必须坚持革命无产阶级的团结和联合[④]。这种联合不是所有国家的联合，而是革命的联合，是已经过渡到或正在过渡到社会主义的国家、正在获得解放的殖民地等的联合。这种联合是在承认分离自由基础上的自由的联合。

列宁认为乐观的估计社会主义革命有可能在最近的将来发生，无产阶级面临的刻不容缓的任务就是夺取政权、剥夺大资本家的银行，实行其他剥夺资产阶级的专政措施[⑤]。面对反动阶级千方百计地破坏和阻止社会主义革命，无产阶级宣布和实现一切被压迫民族的自决权就尤为迫切。社会党人应当向群众说明，压迫民族的社会党人应当要求各殖民地和被压迫民族有分离的自由。他们只有在国内进行一系列反对本国政府的革命斗争，才能争取一点民主和平。社会党人要揭露和反对资产阶级用民

---

① 《列宁全集》第28卷，人民出版社1991年版，第54页。

② 同上书，第55页。

③ 《列宁全集》第29卷，人民出版社1985年版，第475页。

④ 《列宁全集》第32卷，人民出版社1985年版，第370页。

⑤ 《列宁全集》第27卷，人民出版社1990年版，第264页。

族自由的空话欺骗人民，要向压迫民族的群众说明，如果帮助压迫民族的资产阶级去压迫其他民族，不承认和不坚持被压迫民族的自决权即自由分离权，他们自己的解放也是没有希望的。这就是和平问题和民族问题上，一切国家都应当采取的不同于帝国主义政策的社会主义政策①。

社会主义政党要坚持民族平等和民族自决权基础上的自由结盟。社会主义胜利后，必将实现社会主义的民主，实现民族完全平等和被压迫民族的自决权，即政治上的自由分离权。任何社会主义政党如果不能在革命前后，“用自己的全部行动证明它们将做到解放被奴役的民族并在自由结盟的基础上——没有分离自由，自由结盟就是一句谎话——建立同它们的关系，那就是背叛社会主义”②。

列宁分析了俄国民族问题的具体立场，认为俄罗斯共和国要完全靠自愿的协议把其他民族吸引到自己方面来。俄国工人和农民不要害怕承认所有非俄罗斯民族的分离自由。只有坚持非俄罗斯民族分离的自由，才能达成真正自由自愿的协议，才能通过自由自愿签订的协议而不是暴力来吸引其他非俄罗斯民族同大俄罗斯人结成联盟③。要做到这一点，俄国社会民主党人中俄罗斯社会党人要竭力争取使被压迫民族有分离的自由，被压迫民族的社会党人则应当拥护联合的自由，双方都应当用国际主义精神，通过各种形式不同实质相同的途径把不同民族的无产阶级组织起来④。在解决民族问题时，社会民主党人要实现广泛的区域自治，取消监督，废除强制性国语，要根据当地居民的经济条件、生活条件和民族成分等因素来确定自治区域的范围⑤，要充分尊重居民的意愿。

二　坚持民族自决权是为了建立更大的国家

列宁在不同时期的不同环境中多次强调，民族自决权是一种政治意

① 《列宁全集》第26卷，人民出版社1990年版，第316—317页。

② 《列宁全集》第27卷，人民出版社1990年版，第254—255页。

③ 《列宁全集》第29卷，人民出版社1985年版，第471页。

④ 同上书，第430页。

⑤ 同上书，第431—432页。

义上的独立权，即在政治上从压迫民族自由分离的权利。坚持民族自决权是一种政治民主要求，实质是给予被压迫民族分离的充分自由，给予要求分离的民族通过全民投票的方式来共同决定分离问题[①]。但是坚持民族自决权这一政治民主原则，给予民族自决和独立的自由，即被压迫民族有分离的自由，并不是主张各民族实行经济分裂、民族分离和建立小的国家，相反，社会民主党人的理想是建立社会主义大国，消灭小国现象和民族隔绝状态，使各民族逐渐接近与融合[②]，给予被压迫民族分离的自由只是进行彻底反对任何民族压迫斗争的表现。为此必须坚持真正的民主和国际主义原则，坚持各民族分离的自由[③]。一般来说，国家民主制度越发展，民族享有的分离自由越充分，民族分离的要求就会越微弱，因为从整个社会经济的发展和群众利益满足来看，“大国的好处是不容置疑的，而且这些好处会随着资本主义的发展而日益增多”[④]。为了实现各民族的接近与融合，必须反对“民族文化自治”，解放被压迫民族。如同人类只有经过被压迫阶级专政的过渡时期才能消灭阶级一样，人类只有经过所有被压迫民族完全解放的自由分离的过渡时期，才能最终实现各民族的必然融合[⑤]。

列宁引用恩格斯 1882 年 9 月 12 日给考茨基的信指出，“胜利了的无产阶级不能强迫任何异族人民接受任何替他们造福的办法，否则就会断送自己的胜利”[⑥]。这是一个绝对国际主义的原则，适用于包括殖民地民族在内的一切民族[⑦]。从有利于劳动者的立场出发，无产阶级政党的目的是想要建立尽可能大的国家，不断促进各民族彼此接近与融合，但是实现这一民族发展过程不是通过暴力，而是要通过各民族工人阶级和劳动群众兄弟般的自由联合。以俄国为例，俄罗斯共和国越民主，它建立工农代表苏维埃共和国就越顺利，各民族劳动群众自愿与俄罗斯民族联合

① 《列宁全集》第 27 卷，人民出版社 1990 年版，第 257 页。

② 同上书，第 258 页。

③ 同上书，第 85 页。

④ 同上书，第 257 页。

⑤ 同上书，第 258 页。

⑥ 《马克思恩格斯全集》第 35 卷，人民出版社 1971 年版，第 353 页。

⑦ 《列宁全集》第 28 卷，人民出版社 1991 年版，第 49 页。

建立共和国的力量就越大[①]。俄国无产阶级政党必须承认分离权，并且在夺取政权之后无条件地承认俄国国内包括芬兰、乌克兰、亚美尼亚以及任何一个受沙皇制度和大俄罗斯资产阶级压迫的民族都享有民族自决权利。这是实现民族接近与融合的第一步，从无产阶级方面来说，承认非俄罗斯民族的自决权决不是希望各民族都分离，相反，之所以如此是希望建立一个尽可能大的国家，尽可能紧密的联盟，希望有尽可能多的民族同大俄罗斯人毗邻而居[②]。

三　民族自决权仍然适用于社会主义

列宁通过批判波兰社会民主党和俄国国内彼·基辅斯基等人的错误观点，阐明了社会主义仍然适用民族自决权的问题。波兰社会民主党认为社会主义社会不适用自决权[③]，因为消灭了任何民族压迫的社会主义只具有文化和语言单位的社会主义文化圈，只能按生产的需要来划分地域，并由一切有关的公民来共同决定一切事务。彼·基辅斯基等人也认为社会主义革命什么都会解决！“自决在资本主义制度下是不可能的，而在社会主义制度下又是多余的”[④]。

列宁分析和批判了波兰社会民主党的错误观点，他认为波兰社会民主党用共同决定来代替自决的论点是十月党人的观点，因为所有国家的资产阶级及其拥护者都允许被强制留在本国内的被压迫民族在下议院享有“共同决定”国家命运的权利[⑤]。民族自决同样适用于社会主义社会，如果在社会主义制度下拒绝实行民族自决，那就是背叛社会主义[⑥]。波兰社会民主党人竭力回避有争论的分离权问题并对国界问题乃至国家问题

---

① 《列宁全集》第29卷，人民出版社1985年版，第166页。

② 《列宁全集》第32卷，人民出版社1985年版，第370页。

③ 《列宁全集》第28卷，人民出版社1991年版，第17页。

④ 同上书，第168页。

⑤ 同上书，第18页。

⑥ 《列宁全集》第28卷，人民出版社1991年版，第17页。

不愿考虑的做法，是一种同 1894—1902 年间的旧“经济主义”[①] 相仿的“帝国主义经济主义”。马克思在批判哥达纲领时写道：“在资本主义社会和共产主义社会之间，有一个从前者变为后者的革命转变时期。同这个时期相适应的也有一个政治上的过渡时期，这个时期的国家只能是无产阶级的革命专政。”[②] 由此可见，在社会主义建立之后共产主义实现之前，仍然存在着无产阶级专政的国家。回避国界问题，否定国家的存在而谈“社会主义文化圈”是不对的。只有共产主义社会，国家和国界才会消亡，“那时整个民主政治纲领都是不必要的了”[③]。

列宁认为资本主义民族民主革命时代，欧洲国家疆界的确定是根据民族语言和共同感情民主确定的。但是在帝国主义时代，资本主义的全球扩张经常破坏和践踏以民主方式确定疆界的做法[④]，他们从自身利益出发随意瓜分和划定别国界限。在社会主义胜利后，这些疆界将重新按照居民的意志和“共同感情”等民主方式来确定[⑤]。社会主义的生产方式有利于居民按照共同感情来确定疆界，正是因为在确定疆界时尊重了居民的意愿，就会大大促进和加速各民族的接近和融合[⑥]。无产阶级建立社会主义，只是具备了完全铲除民族压迫的可能，要将这种可能变成现实，就必须在各方面都实行充分的民主，“直到按照居民的‘共同感情’确定国界，直到有分离的充分自由”[⑦]，只有这样，才能消除民族间的摩擦和不信任，加速民族的接近和融合。

列宁认为彼·基辅斯基等人的错误是不了解民主的意义。通常所讲的没有民主，就没有社会主义包括两个意思，一是无产阶级要取得社会

① 经济主义是 19 世纪末 20 世纪初俄国社会民主党内的机会主义思潮，是国际机会主义的俄国变种。经济派主张工人阶级只进行争取提高工资、改善劳动条件等的经济斗争，认为政治斗争是自由派资产阶级的事情。他们否认工人阶级政党的领导作用，崇拜工人运动的自发性，否认向工人运动灌输社会主义意识的必要性，维护分散的和手工业的小组活动方式，反对建立集中的工人阶级政党。经济主义有诱使工人阶级离开革命道路而沦为资产阶级政治附庸的危险。——参见《列宁全集》第 28 卷注释 24，第 413 页。

② 《马克思恩格斯全集》第 19 卷，人民出版社 1963 年版，第 31 页。

③ 《列宁全集》第 28 卷，人民出版社 1991 年版，第 19 页。

④ 同上书，第 20 页。

⑤ 同上。

⑥ 同上。

⑦ 同上书，第 21 页。

主义革命的胜利，就必须进行争取民主的斗争；二是取得社会主义革命胜利后，要想坚持和巩固社会主义，促进国家的消亡，必须实行充分的民主。自决是众多民主要求之一，“说自决在社会主义制度下是多余的，正象说民主在社会主义制度下是多余的一样，是十分荒谬、十分糊涂的”①。民主和社会主义密不可分。要实现彻底的民主，首先必须实现经济变革，经济变革是消灭各种政治压迫的前提，不实现经济变革，就不能消除民族压迫②。其次，必须实行民族平等，宣布、规定和实现各民族的自决权③。否认有成立自己民族国家的权利，就是否认平等，彻底的社会主义民主派只有宣布、规定并且实现各民族的自决权，才是走向各民族完全自愿的接近和融合的正确道路④。

四 民族自决权的最终目的是各民族接近与融合

列宁通过对资产阶级民族运动经济历史条件的分析指出，在资本主义发展的初期阶段，民族发展的趋势是各民族政治经济不断发展，民族意识逐渐觉醒，反对一切民族压迫和建立民族国家的民族运动逐步展开。随着资本主义发展的日趋成熟，民族间交往日益频繁和发展，民族隔阂日益消除，各民族一般经济、政治和科学等方面的发展日益国际化，此时资本主义就会逐渐向社会主义转化。各民族的统一与融合而不是彼此隔绝才是民族发展的最终趋势。

民族自决权是实现各民族融合的前提和有效手段，民族自由分离是达到国际主义和民族融合的唯一道路。民族自决的目的是要彻底消除强制关系，消除一切压迫，给予各民族平等和独立自主。只有所有被压迫民族完全解放，即他们有分离自由的过渡时期，才能走向各民族的必然融合。社会主义是要消灭一切民族的隔离和封闭状态，促进各民族接近。社会主义革命胜利后，要依靠无产阶级专政来实现此目的。只有在各方面实行完全的民主，承认民族自决权，才能使消除民族压迫和实现各民

① 《列宁全集》第28卷，人民出版社1991年版，第168页。

② 同上书，第169页。

③ 同上。

④ 同上。

族平等成为现实，才能消除各民族之间的猜疑和敌视，从而建立起各民族相互信任的友好合作的关系。

列宁认为社会主义胜利后，民族分离时间的长短与民族发展程度密切相关。发展程度较高的民族分离的时间较短，而发展程度较落后的民族，分离时间则较长。蒙古、埃及同波兰或芬兰的农民和工人之间的唯一差别，就在于后者发展程度高。具有高度文化的波兰和芬兰等，在社会主义胜利后，他们的分离持续的时间相对较短；而文化落后得多的埃及、蒙古和波斯等，分离的时间可能要长一些。无产阶级要通过无私的文化援助来缩短发展较为落后民族的分离的时间①。波兰和芬兰等被压迫民族仇恨大俄罗斯等压迫民族是合乎情理的，但是不应当把这种仇恨转移到社会主义工人和社会主义俄国身上。促进社会主义经济的发展，民主政治的完善，坚持无产阶级国际主义等本能和意识，都要求世界各民族在社会主义条件下尽快地接近和融合②。“宣传民族分离自由同我们组成政府时坚决实现这种自由，同宣传民族的接近和融合，没有而且也不可能有任何‘矛盾’。”③

如同在发达国家采取不同的托拉斯和政治形式一样，人类从帝国主义走向社会主义革命的道路同样具有多样性。“一切民族都将走向社会主义，这是不可避免的，但是一切民族的走法却不会完全一样，在民主的这种或那种形式上，在无产阶级专政的这种或那种形态上，在社会生活各方面的社会主义改造的速度上，每个民族都会有自己的特点。”④

① 《列宁全集》第28卷，人民出版社1991年版，第161页。

② 同上。

③ 同上。

④ 同上书，第163页。

第四章

列宁民族自决权思想的贯彻落实

十月革命的胜利为列宁民族自决权思想的贯彻落实扫清了障碍。在列宁的领导下，取得政权的布尔什维克党，不仅在法律上规定了各民族的自决权，而且采取各种不同的形式将各民族的自决权付诸实践。

第一节　列宁贯彻落实民族自决权思想的策略措施

列宁从执政党的立场出发，不仅重申了结束战争和反对兼并的一贯主张，而且领导新政权颁布了一系列落实和保障民族自决权的法律法规，号召必须在承认各民族自决权的基础上，建立民族间自愿平等的联合，努力消除民族间的不信任和仇恨。

一　革命胜利初期提出的实现民族自决权的具体措施

十月革命胜利后，在解决民族自决权问题时，列宁首先分析了什么是兼并的领土，然后根据兼并领土的含义说明了民族自决权的适应范围和具体措施。他指出，所谓兼并领土的概念，不仅仅是指第一次世界大战宣战后归并的土地，从 19 世纪后半叶起，任何领土上的居民只要在书刊报纸上，在议会、地方自治机关、会议和类似机关的决议中，在由被归并领土上的民族运动而引起的国家活动和外交活动中，在民族的纠纷、冲突和骚动中等各种场合，表现出对于把他们的领土归并入其他国家或者对于他们在该国的地位表示了不满，这些领土就都是兼并领土①。凡是属于兼并领土上的民族都有自决权，都有充分的自由决定其是在现有的国家内部实行自治，分离出去独立建国还是与其他民族实行合并或联合。

为了实现兼并领土上民族的自决权，列宁提出了如下具体措施："（1）正式承认有关参战国的每个（非统治的）民族都享有自由自决直至分离和成立独立国家的权利。（2）自决权由自决地区全体居民进行全民投票实现。（3）自决地区的地理界线由本区和邻区以民主方式选出的代表确定。（4）保证实现民族自由自决权的先决条件是：（a）从自决地区撤出军队；（b）在上述地区安置难民以及战争开始以后由当局迁出的当地居民；（c）在该区建立由自决民族以民主方式选举的代表组成的临时管理机构，它有实现 b 款的权利（除其他权利外）；（d）在临时管理机构下，成立有权互相监督的谈判双方的委员会；（e）实现 b、c 二款所需费用，在占领当局提供的特别基金中开支。"②

二 从法律上保证俄国境内各民族享有真正的自决权

十月革命胜利后，列宁通过颁布一系列法律法规明确宣示了各民族的自决权。与此同时，通过呼吁停战、签订平等条约、废除秘密外交和给予东方民族自决权等措施表明了贯彻落实民族自决权的决心。1917 年 10 月 25 日（11 月 7 日），全俄工兵代表苏维埃第二次代表大会③第一次

① 《列宁全集》第 33 卷，人民出版社 1985 年版，第 117 页。

② 同上书，第 117—118 页。

③ 全俄工兵代表苏维埃第二次代表大会于 1917 年 10 月 25—27 日（11 月 7—9 日）在彼得格勒斯莫尔尼宫举行。当时赤卫队、水兵和革命的彼得格勒卫戍部队正在冲击临时政府所在地冬宫。列宁因忙于领导起义，没有出席大会的第一次会议。孟什维克和右派社会革命党人拒绝参加主席团，他们把正在进行的社会主义革命称为阴谋，要求与临时政府谈判建立联合政府。孟什维克、右派社会革命党人和崩得分子在断定代表大会的多数支持布尔什维克之后，退出了大会。10 月 26 日（11 月 8 日）凌晨 3 时许，代表大会听取了安东诺夫·奥弗申柯关于占领冬宫和逮捕临时政府成员的报告，随后通过了列宁起草的《告工人、士兵和农民书》。代表大会第二次会议于 10 月 26 日（11 月 8 日）晚 9 时开始。列宁在会上作了关于和平问题和土地问题的报告。大会一致通过了列宁起草的和平法令，以绝大多数票（有 1 票反对，8 票弃权）通过了列宁起草的土地法令。代表大会组成了工农政府——以列宁为首的人民委员会。通过了关于在前线废除死刑、在军队中成立临时革命委员会、立即逮捕前临时政府首脑亚·费·克伦斯基等决定。10 月 27 日（11 月 9 日）凌晨 5 时 15 分，代表大会闭幕。——参见《列宁全集》第 33 卷注释 5，第 462—463 页。

会议通过了列宁起草的《告工人、士兵和农民书》，宣布苏维埃政权将向各国人民提议立即缔结民主和约并在各条战线上立即停战，“保证俄国境内各民族都享有真正的自决权”[①]。10月26日（11月8日），大会通过了列宁起草的《和平法令》，提出交战国应当立即进行停战谈判，缔结公正的、民主的、不割地不赔款的和约。民族无论大小强弱一律平等。沙皇政府和临时政府所签订的一切掠夺性的秘密和约、协定将被立即公布并废除。苏维埃政府废除秘密外交，完全公开地进行一切谈判。10月27日（11月9日），苏俄政府外交人民委员部发表了公布秘密外交文件的声明，此后相继公布了100多份秘密外交文件，揭露了帝国主义国家外交的本质。各国人民展开了强大的反战运动，对苏维埃政权的同情、支持和理解与日俱增。

11月2日（15日）颁布的《俄罗斯各族人民权利宣言》和12月3日（16日）颁布的《告俄罗斯和东方全体穆斯林劳动人民书》中重申了上述原则。《俄罗斯各族人民权利宣言》中规定：(1）俄罗斯各族人民的平等和自决权；(2）俄罗斯各族人民的自由、自决乃至分立并组织独立国家的权利；(3）废除任何民族的和民族宗教的一切特权和限制；(4）居住在俄领土上的少数民族与民族集团的自由发展。苏维埃政权不但宣布了这些原则，而且以自己的实际措施表明了实现这些原则的愿望[②]。在《告俄罗斯和东方全体穆斯林劳动人民书》中指出，苏维埃政权在东方被压迫民族问题上坚持民族自决权和反对民族压迫，支持一切被压迫民族的民族解放运动，宣布取消沙皇政府签订的各种秘密条约，其中包括瓜分波斯、土耳其以及侵占君士坦丁堡等。

1918年1月25日，全俄苏维埃第三次代表大会批准了列宁起草的《被剥削劳动人民权利宣言》，重申各民族有自决权，该宣言宣布俄罗斯苏维埃共和国是在国内各民族自由联盟基础上建立的各苏维埃民族共和国联邦[③]。苏维埃俄国将同资产阶级文明世界的野蛮政策彻底决裂[④]，同时废除秘密条约，促进交战国双方军队中工农联盟，“用革命手段争取在

① 《列宁全集》第33卷，人民出版社1985年版，第5—6页。

② 储昭根、于英红：《一战后民族自决原则的公认与效应》，《世界民族》2007年第4期。

③ 《列宁全集》第26卷，人民出版社1990年版，第398页。

④ 《列宁全集》第33卷，人民出版社1985年版，第227页。

各国人民之间缔结以自由的民族自决为基础的、没有兼并没有赔款的民主的和约"。全俄第五次苏维埃代表大会7月10日通过了《俄罗斯社会主义联邦苏维埃共和国宪法》，规定了各民族自由加入或退出俄罗斯苏维埃社会主义联盟的权利。宪法指出苏维埃代表大会的任务"仅在于规定俄罗斯苏维埃共和国联邦的根本的原则，而让每个民族中的工农群众在自己的全权苏维埃代表大会上去独立决定，究竟他们是否愿意，并在任何基础上参加联邦政府及其他联邦苏维埃机关"①。1921年1月7日，列宁在给土耳其大国民议会主席穆斯塔法·基马尔的电报中指出：只有民族自决权原则"才能使加入苏维埃俄国的各民族在相互谅解和相互信任的基础上建立起兄弟般的关系。只有这样的政策才能使俄国各民族强盛起来并统一在一个强大的、能同包围着我们的为数众多的敌人进行战斗的大家庭中。由于我们组成为一个伟大的整体，我们就不仅能击退我们敌人的直接进攻，而且除此之外，还能使我们在我们的共同敌人施展的各种阴谋面前变得坚不可摧"②。

由此可见，列宁不但在革命时期坚定不移地坚持各民族的自决权，而且在革命胜利之后不遗余力地将其付诸实践。在革命胜利之初的实践中，不仅竭尽所能地实现兼并民族的自决权，而且在后来执政过程中将各民族的自决权都写入了新国家的法律法规当中，成为整个国家的指导思想。从当时强敌环伺的高压环境下，列宁对实现各民族的自决权寄予极大的期待，他认为只要承认各民族的自决权，各民族之间就会互相谅解，并彼此信任。各民族就会团结一致，万众一心共抗外敌的武力干涉与破坏，巩固新生的苏维埃政权。

三　强调劳动者之间的联合和社会主义利益高于民族自决权

俄国国内有人认为革命胜利之后各民族的自决权已经实现，因此应当取消民族自决而代之以劳动者自决。国内战争爆发后，巩固政权的任

---

①　赵常庆、陈联璧：《苏联民族问题文献选编》，社会科学文献出版社1987年版，第11页。

②　《列宁文稿》第9卷，人民出版社1979年版，第84页。

务成为当务之急，如何看待民族自决权和如何促进无产阶级联合以巩固政权的问题，成为新时期亟待解决的新问题。列宁针对上述俄国国内出现的新情况和新问题，提出了在当时的苏维埃俄国坚持民族自决权的必要性及其应当遵循的基本原则。

针对党内以布哈林和皮达可夫为代表主张取消民族自决而代之以劳动者自决的观点，列宁认为主张劳动者自决为时尚早，因为每个国家的发展进程不同，阶级分化的程度差异巨大。虽然俄国取得了无产阶级革命的胜利，实现了无产阶级的自决，但这仅仅是俄国一个国家。世界其他民族的发展进程还各不相同，必须预计到其他国家发展的一切阶段，绝不要从莫斯科发号施令。纵观世界其他各民族的发展进程，有些民族处于从中世纪制度进入到资产阶级的民主的阶段，有些民族处于从资产阶级的民主进入到无产阶级民主道路阶段。世界各民族发展进程和阶段不同，因此不同民族党纲中关于民族自决的原则是绝对正确的，还不能彻底废除。在不同的国家中，无产阶级遵循着各自不同的道路和资产阶级划清界限，进行斗争。对待不同国家中无产阶级同资产阶级的分离、分化问题必须特别谨慎，要考虑到其他国家发展的各个不同阶段，耐心等待。就当时的具体情况而言，“一切民族都有自决权。这个论断对于地球上绝大多数居民，对于十分之九也许百分之九十五的居民都适用”①。因为承认民族自决权原则有利于揭穿资产阶级宣扬布尔什维克强迫别的民族接受苏维埃制度的谎言，保证各民族劳动群众之间保持正确的相互关系和彼此信任；承认民族自决权，有利于促进劳动者的自决，保证各民族的自愿和平等的联盟。

就民族自决权本身而言，它在整个党纲中实际只有很次要的意义，布哈林等人把这个问题的意义不适当地夸大了。随着革命的胜利和各民族的解放，民族分离不再是自决权的基本要求，应当将坚持自决的主要目的转移到促进各民族的联合和团结上。面对各民族纷纷独立的情况，列宁指出，苏维埃政府不要担心和害怕各民族独立建立共和国的事实，因为对于苏维埃俄国的无产阶级来讲，重要的不是国界的划分，而是要

① 《列宁全集》第36卷，人民出版社1985年版，第145页。

促进和实现各民族劳动者的联盟，促进同任何民族的资产阶级的斗争①。要坚持俄国和芬兰在共同反对资产阶级剥削斗争的基础上结成完全自由的联盟②。因为“只有各国劳动者的社会主义联盟才能消灭民族迫害和民族纠纷的一切根源”③。

在国内战争开始后，西方的武装干涉使得新建立的苏维埃政权面临极大的威胁，为了保卫和巩固政权，列宁强调社会主义利益高于民族自决权利益。在1918年2月《谈谈不幸的合约问题的历史》一文中列宁指出，从马克思主义和社会主义的一般原则出发，“任何一个马克思主义者都不能否认社会主义的利益高于民族自决权的利益”④。虽然苏维埃社会主义俄国为了实现芬兰、乌克兰和其他民族的自决权一直在进行不懈的努力，但是从当时的现实情况出发，与保护波兰、立陶宛和库尔兰等几个民族自决权不受侵犯的事实相比，保卫苏维埃社会主义共和国的生死存亡更为重要，维护和巩固社会主义共和国的利益要高于实现其他几个民族自决权的利益，这在当时是毋庸置疑的头等大事。

列宁认为对于无产阶级来讲，重要的和根本的问题是维护无产阶级统治，巩固无产阶级政权，保卫来之不易的社会主义。与此相比，国界问题、民族问题以及乌克兰是否要成为一个单独的国家问题等等都是极其次要的问题。无产阶级必须在次要问题上做出让步，在根本问题上采取不容忍、不留情、不调和、不动摇的态度。以俄罗斯和乌克兰的关系为例，如果乌克兰的工人和农民想要尝试建立与俄罗斯的各种制度，如若干年内与俄罗斯联邦合并，或者同俄罗斯分离建立独立的乌克兰苏维埃社会主义共和国，或者同俄罗斯结成各种形式的亲密联盟等，对于出现的各种情况无产阶级都不应当感到惊奇和恐慌⑤。在布尔什维克中间，有人主张乌克兰完全独立，有人主张建立较为密切的联邦关系，也有人主张乌克兰同俄罗斯完全合并，这些都是无可厚非的。无产阶级不应当在关于解决乌克兰民族问题的形式上发生分歧，因为最终采取何种形式

① 《列宁全集》第33卷，人民出版社1985年版，第112页。

② 同上。

③ 同上。

④ 同上书，第254页。

⑤ 同上书，第21页。

解决这些问题将由全乌克兰苏维埃代表大会解决。无产阶级的首要任务是团结一致地反对资产阶级的压迫和进行争取无产阶级专政的斗争，因此，它完全没必要为民族的国界问题，“为两国的关系是采取联邦形式还是其他形式的问题而发生分歧”[①]。苏维埃俄国的共产党人在处理同乌克兰共产党人的意见分歧时，如果分歧涉及乌克兰的国家独立问题、乌克兰同俄罗斯联盟的形式问题等民族问题时，应该采取让步的态度[②]。但是在无产阶级团结起来进行斗争和巩固无产阶级专政等对各民族来说是共同的根本问题上，大俄罗斯、乌克兰或任何其他民族的共产党人，都必须坚持原则，决不能让步和调和[③]。战胜和消灭邓尼金，是大俄罗斯工农和乌克兰工农的根本利益。

实现社会主义的最终目标，要求各国、各民族的劳动者建立起最充分的相互信任和最紧密的联合，只有工人的国际联合才能战胜资本主义国际联盟。共产党员作为国际主义者，坚决反对民族仇恨、民族纠纷和民族隔绝。力求实现世界各民族工农的紧密团结，使它们完全合并成为一个统一的世界苏维埃共和国[④]。因为社会主义大国可以使各民族之间互相帮助取长补短，通力合作，促进各民族经济文化的发展，从而加强各民族人民的接近、联合和团结。反对强制性联合，赞成平等、自愿、民主的联合，就要求承认各民族的自决权，彻底推翻民族压迫，消除民族之间的不信任、猜疑和仇视。从实现社会主义的最终胜利来看，应当坚持劳动者之间联合的原则和社会主义利益高于民族自决权的原则。

四　必须慎重地对待民族感情，反对大俄罗斯沙文主义

十月革命初期，在民族关系中存在着相当严重的大俄罗斯沙文主义，这是沙皇政府长期实行殖民统治造成的后果。列宁认为由于沙皇专制制度压迫和歧视非俄罗斯民族几百年，腐化了大俄罗斯民族，造成了大俄

① 《列宁全集》第38卷，人民出版社1986年版，第47页。

② 同上书，第49页。

③ 同上。

④ 同上书，第46页。

罗斯人的严重偏见，使他们习惯于蔑视其他民族，在民族问题上的这种不良习惯，也影响到了俄国的无产阶级政党，“刮一刮某个共产党员，你就会发现他是大俄罗斯沙文主义者”[①]。这种大俄罗斯沙文主义传统在短时间内很难消除，必然会在党和国家机关中反映出来，如有些人提出先进的俄罗斯文化一定要战胜落后民族的文化，为了实现统一应当建立只用俄语授课的学校，把非俄罗斯民族共和国归并到俄罗斯共和国，建立以俄罗斯为中心的统一集中制国家等错误思想，“造成了大量的真正俄罗斯式的违法乱纪”[②] 现象。

上述事实说明，俄罗斯大国沙文主义是俄国民族问题上的最主要危险。要消除沙皇制度和大俄罗斯资产阶级压迫造成邻近民族对大俄罗斯人的仇恨和不信任，不能只停留在言论上，必须采取实际行动[③]。为了与各民族建立真正平等和相互信任的兄弟关系，列宁甚至要求大民族不仅要遵循形式上的民族平等，而且还要大民族以不平等的地位，抵偿在生活中、事实上形成的不平等。在消除民族间的不信任和仇恨方面，苏维埃政府采取的实际措施包括将沙皇政府从各非俄罗斯民族掠夺到的财物归还给各民族人民，尊重各非俄罗斯民族的信仰和习惯，承认各非俄罗斯民族机关和文化机关是神圣不可侵犯的。1918 年初，列宁签署了《关于保护属于波兰人民的艺术品和古物》的法令，把沙皇政府掠夺来的波兰文物归还波兰。乌克兰和一些穆斯林民族也从苏维埃政权手里，重新取得了原属本民族的历史文物和宗教圣物。

列宁认为随着十月革命的胜利和俄共民族政策的实行，沙皇和资产阶级时代遗留下来的对大俄罗斯人的不信任，在非俄罗斯民族的劳动群众中正随着对苏维埃俄国的了解而消失，但这种不信任并不是在所有民族和所有劳动阶层中都已完全消失。国家愈落后，其小农业生产、宗法性、闭塞性和小资产阶级偏见，即民族利己主义和民族狭隘性的偏见就愈厉害和顽固。只有在各先进国家内的帝国主义和资本主义消灭以后，落后国家的经济生活全部基础急剧改变以后，这些偏见才能消逝，它的

① 《列宁全集》第 36 卷，人民出版社 1985 年版，第 166 页。
② 《列宁全集》第 43 卷，人民出版社 1987 年版，第 354 页。
③ 《列宁全集》第 26 卷，人民出版社 1990 年版，第 157 页。

消逝是极其缓慢的。必须特别小心谨慎地对待受压迫最久的国家和民族的民族感情残余。如对于处在毛拉[①]影响下的吉尔吉斯人、乌兹别克人、塔吉克人、土库曼人，不能要求他们立即进行革命，必须等待这个民族的发展和无产阶级同资产阶级的分离。为了更快地消除他们对压迫民族无产阶级的不信任心理和各种偏见，必须做出一定的让步。

列宁指出在民族问题上要做彻底的国际主义者，力争实现一切民族的工人和农民的自愿联盟。在《致土耳其斯坦共产党员同志们》的信中列宁指出，苏维埃工农共和国对以前受压迫的弱小民族的态度，不仅对苏维埃政权本身，而且对世界上所有的殖民地都具有重大的实际意义，因此共产党员们要用实际行动证明，他们真心想要根除大俄罗斯帝国主义的一切残余。

民族自决问题的本质在于不同的民族走着同样的历史道路，但走法不一。无产阶级需要统一，这种统一应当用宣传、党的影响和建立统一工会来争取。在充分信任和兄弟般团结一致基础上建立完全自觉自愿的联盟，不可能一下子实现，这需要十分的耐心和谨慎。要设法消除许多世纪以来由地主和资本家的压迫、私有制以及因瓜分和重新瓜分私有财产而结下的仇恨所造成的不信任心理。所以，一方面，无产阶级要努力实现各民族的团结统一，坚决打击一切民族的分裂行为；另一方面，要采取非常谨慎、耐心和肯于让步的态度，来对待和处理民族间不信任心理的残余[②]。

在广大农民和小业主中，民族的不信任心理往往是根深蒂固的，操之过急反而会加强这种心理，对实现完全彻底的统一事业造成危害。因此，如果作为压迫民族的大俄罗斯人一直坚持谨慎和耐心的态度来对待被压迫民族，长此以往就会保证被压迫民族不信任心理的消失。苏维埃政府承认波兰、拉脱维亚、立陶宛、爱斯兰和芬兰各国独立的做法，慢慢地并且不断地取得这些深受资本家欺骗压抑的小邻国中劳动群众的信任[③]。这些事实说明，只要苏维埃俄国的无产阶级采

① 毛拉是阿拉伯语中“主人”一词的音译，是对伊斯兰教学者的尊称。在俄国，毛拉是指伊斯兰教宗教仪式的主持人。——参见《列宁全集》第36卷注释55，第441页。

② 《列宁全集》第38卷，人民出版社1986年版，第46页。

③ 同上书，第47页。

用了这种方法，就有把握使被压迫民族中的劳动群众摆脱本民族资本家的影响，完全信任苏维埃俄国的无产阶级，并且和苏维埃俄国的无产阶级一起向未来的统一的国际苏维埃共和国迈进。俄罗斯和乌克兰共产党人必须共同奋斗，消除各种民族主义偏见，给全世界劳动者做出榜样，表明不同民族的工人和农民可以结成真正巩固的联盟，共同为建立苏维埃政权、消灭地主和资本家的压迫、建立世界苏维埃联邦共和国而斗争。

第二节　列宁民族自决权思想的实现形式

由于历史原因，俄国国内各民族之间存在较大的发展差异。在苏维埃政权建立初期，除俄罗斯民族外，其余民族大致有三种类型：第一类是发展程度较高，已经进入资本主义发展阶段的乌克兰、白俄罗斯、立陶宛、拉脱维亚、爱沙尼亚、亚美尼亚和格鲁吉亚等民族，这些民族具有较强的民族自我意识和独立自主要求；第二类是处于前资本主义发展阶段的哈萨克、乌兹别克、吉尔吉斯、塔吉克、土库曼、达吉斯坦等民族，这些民族大多数从事农牧业生产，基本上没有自己的民族工业，在沙俄时期，他们是俄罗斯中央经济的农产品和原料产地，属于典型的殖民地经济；第三类是处于未进入农业经济的游牧部族或仍保留着家长式自然经济的民族部落群体阶段的小民族，如巴什基尔人、车臣人、奥赛梯人、印古什人、布里亚特人、雅库特人，以及俄罗斯北部、西伯利亚和远东地区的汉特人、涅涅茨人、埃文克人、科里亚客人、楚克奇人、爱斯基摩人、阿留申人等民族，他们具有民族制度的特征。沙皇政府竭力维持这些弱小民族内部的社会经济关系，使之处于极其落后的愚昧状态，以图逐步淘汰或消灭[①]。为了贯彻落实不同发展阶段各民族的自决权，列宁大致采取了三种不同形式[②]的自决权实现方式。

① 华辛芝：《列宁民族问题理论研究》，内蒙古人民出版社 1987 年版，第 105—107 页。

② 李技文：《论列宁民族自决权思想形成的历史背景、思想内涵与实践》，《凯里学院学报》2009 年第 2 期。

一　承认被沙俄兼并的部分民族独立并脱离俄国

列宁贯彻落实民族自决权思想所采用的第一种实现形式是，承认芬兰和波兰等沙俄时期兼并的民族独立，并允许他们脱离俄国。早在民主革命时期，列宁论述俄国民族关系的时候就明确指出，在俄国，芬兰和波兰是最有文化，最与其他民族隔绝，最容易最自然地实现自己分离权的两个民族。只是由于他们两国统治阶级害怕无产阶级革命而以同沙俄统治阶级结盟的方式来代替了对民族独立的追求①。

1917 年 12 月 6 日（19 日），芬兰议会通过了宣布芬兰为独立国家的宣言。12 月 18 日（31 日），苏俄人民委员会通过了关于承认芬兰独立的法令。同一天，列宁亲自把法令文本交给了芬兰资产阶级政府代表团团长、芬兰政府首脑佩·埃·斯温胡武德。全俄中央执行委员会在 1917 年 12 月 22 日（1918 年 1 月 4 日）批准了关于芬兰独立的法令。

1917 年 12 月 19 日（1918 年 1 月 1 日），苏维埃政府根据 12 月 2 日（15 日）俄国同德国、奥匈帝国、土耳其和保加利亚在布列斯特－里托夫斯克签订的停战协定，向波斯政府提出了关于制定撤退波斯境内俄军总计划的建议。1917 年 12 月 29 日（1918 年 1 月 11 日），人民委员会通过了《关于“土耳其属亚美尼亚”的法令》，支持土耳其属亚美尼亚人民享有自决权，并撤出自己的军队。1918 年 8 月 29 日宣布，废除沙俄瓜分波兰的一切条约和协定，承认波兰独立；12 月 25 日，全俄中央执行委员会承认爱沙尼亚、立陶宛、拉脱维亚的独立②。

列宁认为，依据民族自决权原则，不论这些共和国是苏维埃共和国还是资产阶级共和国，无产阶级革命政权都应给予承认。只有这样，才能促进非俄罗斯民族的劳动人民逐步摆脱本民族资产阶级民族主义的影响，信任苏维埃俄罗斯共和国，这有助于推翻资产阶级的统治，取得社会主义革命的胜利。

---

① 《列宁全集》第 23 卷，人民出版社 1990 年版，第 330 页。

② 储昭根、于英红：《一战后民族自决原则的公认与效应》，《世界民族》2007 年第 4 期。

二 承认部分共和国独立并促进其与苏俄建立联盟

列宁贯彻落实民族自决权思想的第二种实现形式是，承认部分非俄罗斯民族独立，并在自由平等自愿的基础上促进各民族的联合。二月革命后在非俄罗斯民族中建立的资产阶级民族共和国，因为其与临时政府的关系而日益失去了人民的信任。与此相反，在列宁民族政策的感召下，苏维埃政府日益赢得各民族人民的信赖和拥护。乌克兰、白俄罗斯、南高加索等地非俄罗斯民族纷纷效仿苏维埃政权，走十月革命的道路，建立了独立的苏维埃社会主义共和国。列宁领导下的人民委员会在承认上述共和国独立的同时极力促进其与苏俄的联盟。

苏俄政府首先承认乌克兰为独立的苏维埃民族共和国。1917 年 12 月 16 日，人民委员会发表了《告乌克兰人民书》，承认乌克兰人民共和国"有同俄国完全分离或同俄罗斯共和国缔结建立联邦或其他类似的相互关系的条约的权利"[①]。在列宁起草的《俄共（布）中央关于乌克兰苏维埃政权的决议》中再次肯定乌克兰共和国的独立，指出乌克兰共和国和苏维埃共和国的联盟形式问题，应由乌克兰工人和劳动农民决定，乌克兰苏维埃政权要更广泛地吸收贫苦农民和中农参加管理工作，铲除妨碍乌克兰语言和文化自由发展的一切障碍。1919 年 2 月 4 日，全俄中央执行委员会承认白俄罗斯共和国独立。此后，又先后承认了阿塞拜疆、亚美尼亚、格鲁吉亚等民族共和国的独立。

国内战争期间，为了捍卫新生的无产阶级革命政权，维护各民族的根本利益，防止各民族被各个击破，新独立的各苏维埃共和国从当时国内外的严峻形势出发，提出建立各民族自愿、平等、民主联合的主张。全俄中央执行委员会根据各苏维埃共和国最高机关的愿望，于 1919 年 6 月 1 日通过了《关于俄罗斯、乌克兰、拉脱维亚、立陶宛、白俄罗斯等苏维埃共和国结成军事联盟的决定》。根据此决定，各苏维埃共和国建立了军事经济联盟。之后，他们的国民经济、交通运输、财政和劳动人民委员会也随之联合起来，而后又统一了海关和邮电管理，建立了统一货

① 《列宁全集》第 26 卷，人民出版社 1990 年版，第 338 页。

币制度。在此基础上，1920—1921 年俄罗斯联邦、阿塞拜疆、乌克兰、白俄罗斯、亚美尼亚和格鲁吉亚缔结了军事和经济联盟条约。这些条约成了它们经济合作的法律文件。在战争取得胜利后，这种战时结成的联盟在列宁的建议下被保存了下来。列宁认为必须力求建立愈来愈紧密的联邦制同盟，才能捍卫处在帝国主义包围中的各苏维埃共和国的生存，恢复被战争破坏了的生产力，保证劳动者的福利，保证将来能够有计划地组织世界经济的发展。

1922 年以前，各苏维埃共和国具有独立的对外政策。1922 年全欧经济会议在热那亚召开，由于协约国只向俄罗斯联邦发出了邀请，所以其他共和国委任俄罗斯联邦代表它们的利益同别国签约。这是各苏维埃共和国的首次外交联合，统一外交的协定补充了经济和军事领域的条约关系，为后来建立统一的外交政策打开了先例。各苏维埃共和国军事、经济、交通和外交等方面联盟的建立，促进了彼此之间的联系和合作，增进了各共和国人民之间的了解、信任与友谊，联合的益处日益显现。

各共和国经济进一步发展的客观需要和当时依然险恶的国际形势，要求彼此之间建立更加紧密的联盟。1922 年 12 月 30 日，由俄罗斯联邦、乌克兰、白俄罗斯、外高加索联邦联合组成统一的苏维埃社会主义共和国联盟①。苏联的成立是各独立自主的苏维埃民族共和国自由和民主自决的结果，是列宁民族自决权思想的具体体现。

三　在加盟共和国境内建立民族自治实体

列宁贯彻落实民族自决权思想的第三种实现形式是，在各加盟共和国境内建立各种民族自治实体。在贯彻落实上述民族自决权的同时，列宁领导布尔什维克党着手解决加盟共和国国内各民族自决权的实现形式问题。

根据 1918 年 1 月全俄苏维埃第三次代表大会批准的《被剥削劳动人民权利宣言》的规定，俄罗斯苏维埃共和国是在自由民族的自由联盟基

---

① 陈联璧：《民族自决权新议》，《民族研究》2001 年第 6 期。

础上建立的各苏维埃民族共和国联邦[①]。为了实现国内小民族的自决权，民族事务人民委员部制定了关于民族自治的条例，在加盟共和国内批准成立了一系列民族自治共和国。1918 年 4 月 30 日，土耳其斯坦苏维埃自治共和国首先成立并加入俄罗斯联邦。在 1918 年上半年进行成立鞑靼和巴什基尔自治共和国的筹备工作。1918 年 3 月 16 日，俄共（布）中央讨论了巴什基尔问题，决定由民族事务人民委员部同巴什基尔人进行谈判。3 月 20 日签订的《中央苏维埃政权和巴什基尔政府关于巴什基尔实行苏维埃自治的协议》规定，根据苏维埃宪法组织巴什基尔苏维埃自治共和国，并确定了共和国的疆界和行政区划[②]。1920 年 5 月 27 日，由列宁和米·伊·加里宁签署了全俄中央执行委员会和人民委员会关于成立鞑靼自治共和国（鞑靼苏维埃自治共和国）的法令[③]。一些地域性的苏维埃共和国，如顿河共和国、捷列克共和国、库班－黑海共和国、塔夫利达共和国等相继成立，这些共和国成为向民族区域自治过渡的一种形式。列宁认为，社会主义制度下民族区域自治也是实行民族自决权的一种形式，所建立的各加盟共和国和自治单位都享有充分的自治和自决权。苏维埃俄国根据民族自决原则，给予各族人民在其地区内实行自治的权利，并支持他们建立地方共和国。这样做的目的是为了增进加入苏维埃俄国的各民族的相互谅解和相互信任，并在此基础上建立兄弟般的关系[④]。后来将这种措施扩展到其他共和国，在乌克兰、阿塞拜疆、格鲁吉亚、乌兹别克、塔吉克等加盟共和国境内也陆续建立了民族自治共和国和自治州[⑤]。同时又在苏联各散杂居民族和小民族居住的许多地方，先后“建立了 250 个民族自治乡和 5300 个民族自治村苏维埃”[⑥]。

列宁通过上述三种形式实现了绝大多数民族的自决和自治，使众多的非俄罗斯民族都实现了当家作主，独立自主地管理本民族的事务。但

① 《列宁全集》第 3 卷，人民出版社 1984 年版，第 404 页。

② 《列宁全集》第 36 卷注释 54，第 441 页。

③ 《列宁全集》第 38 卷注释 66，第 391 页。

④ 《列宁文稿》第 9 卷，人民出版社 1979 年，第 84 页。

⑤ 陈联壁：《民族自决权新议》，《民族研究》2001 年第 6 期。

⑥ 许新、陈联壁等：《超级大国的崩溃——苏联解体原因探析》，社会科学文献出版社 2000 年版，第 22 页。

是列宁认为在贯彻落实各民族的自决权时，不能不加区别地支持一切民族的独立自主要求。关于民族是否独立的观点是与具体环境和条件相联系的，分析每一个民族独立是否适宜要结合具体情况具体分析，不能一概而论。十月革命后，巩固苏维埃国家政权和促进民族发展，是首要的和根本的问题，也是是否支持民族独立的前提条件。以西伯利亚的独立为例，1918 年 4 月，列宁坚决反对西伯利亚独立，他认为在西伯利亚苏维埃中央执行委员会中设立外交人民委员部是没有任何必要的；在当时的条件下，西伯利亚独立有利于东方的兼并，独立的乌克兰、芬兰就是前车之鉴。因此列宁主张西伯利亚仅限于俄国不可分割的一部分实行自治，设立属于外交人民委员部的外交专员，接受外交人民委员部的指示，并以外交人民委员部的名义进行活动①。

第三节　列宁民族自决权思想的实践结果

十月革命后，列宁民族自决权思想在苏维埃俄国的实践产生了深远的影响，不仅比较成功地缓解了俄国复杂的民族问题，而且推动了欧洲和世界范围内民族解放运动的蓬勃发展。

一　促进了俄国各民族的联合

俄国是世界上少有的几个民族关系极为复杂的国家之一，沙皇政府极力同化和高压的殖民政策使得国内民族矛盾十分尖锐，非俄罗斯民族的离心倾向始终存在。为了解决国内民族矛盾，不同的阶级和政党都提出了自己的民族纲领，但是他们的出发点大多都是维护俄国的殖民统治和领土完整。对于广大非俄罗斯民族的被压迫地位，要么视而不见，要么实行民族同化高压政策，以民族文化自治思想安抚和转移视线。

与其他阶级不同，列宁从无产阶级革命和俄国各民族的实际出发，大力提倡民族平等，反对大俄罗斯民族的特权。为了反对民族压迫，实

① 《列宁全集》第 48 卷，人民出版社 1987 年版，第 732 页。

现彻底的民族平等，他提出了民族自决权思想，主张各民族有自由分离权，有脱离俄国建立独立民族国家的权利。这在俄国是史无前例的民族纲领，是真正从各非俄罗斯民族的利益出发符合俄国实际的民族纲领。

民主革命时期，民族自决权思想契合了广大非俄罗斯民族反对沙皇地主专制统治的强烈要求，在反对资产阶级各派别和社会民主工党内部的错误思潮方面发挥了重要作用。它揭露了统治阶级否定非俄罗斯民族自决权，维护沙皇专制统治民族政策的实质，唤醒了非俄罗斯民族的权利意识，推动了革命的发展。帝国主义战争期间，列宁极力反对帝国主义掠夺战争和他们用武力强行进行的兼并，积极从事争取各民族自决权的斗争，使非俄罗斯民族更加清醒地认识到了统治阶级的本质。二月革命后，资产阶级临时政府继续沙俄时期的民族压迫政策，拒绝给予各民族自决权的做法，与十月革命胜利后列宁坚持并贯彻落实各民族自决权的行动，形成了鲜明对比。

苏俄在法律上规定各民族一律平等，给予各民族自决权，承认各民族享有自由分离权，直至独立和建立民族国家的权利。在实践中承认各民族共和国的独立，积极帮助和支持一些弱小民族建立自治共和国，实行民族自治，帮助弱小民族发展经济和文化等等。苏维埃俄国不仅帮助国内各民族在历史上首次实现了民族自决，揭穿了民族资产阶级关于大俄罗斯人要消灭其他民族的谎言，而且使布尔什维克党赢得了国内各民族的信任，促进了民族联合，为党团结一切可以团结的力量，战胜国内外的武装干涉，巩固和壮大新生的苏维埃政权做出了重大贡献。各民族团结一致共同反对国内外的武装干涉叛乱，最终取得了战争的胜利。国内战争期间，包括东部各民族在内的所有非俄罗斯民族都把俄罗斯苏维埃共和国看作是反对帝国主义的不屈不挠的战士，是唯一进行反帝国主义战争的共和国。

列宁民族自决权思想的贯彻落实，促进了各民族的团结与联合，避免了俄罗斯分崩离析的命运。十月革命后，在俄罗斯帝国的废墟上，建立了一系列新型国家政权。与当时欧洲古老帝国纷纷解体不同，这些新政权在共同抵抗外来侵略巩固政权的过程中实现了各民族的联合，在平等自愿基础上建立了多民族国家——苏联，这与列宁的正确领导和贯彻落实民族自决权思想是密不可分的。

二　赢得了周边民族的信任和支持

周边民族对列宁民族自决权思想的认识经历了从最初的不理解、怀疑到最终接受的过程，其中包括与列宁曾经进行过激烈辩论的波兰、荷兰、德国、法国等国的社会民主党人。在俄国，沙皇政府和地主、资本家奉行的民族扩张和民族压迫激起了波兰、芬兰和波罗的海沿岸等周边民族对大俄罗斯民族深刻的仇恨，猜疑和不信任，敌对情绪由来已久。二月革命后，周边许多民族建立了资产阶级共和国，并且积极争取自治权，对外则纷纷投靠协约国，反对布尔什维克党及其革命主张。十月革命胜利后，列宁在处理同周边民族的关系时始终坚持一切被压迫民族都有自决权，不仅给予周边民族被临时政府拒绝的自治权，而且更进一步承认周边民族的民族自决权，自由分离权和独立建国权，在领土问题上做出了许多不完全符合严格遵守民族自决原则的让步，最终用事实赢得了周边敌视民族的信任，吸引了很多依附于帝国主义的民族。

国内战争期间，当协约国进攻布尔什维克失败以后，希望通过包括波罗的海沿岸三国等在内的小国来扼杀苏维埃，他们反对苏俄与周边小国结盟，极力怂恿上述国家与苏俄为敌。英国和法国曾同高尔察克和美国勾结起来对爱沙尼亚百般施加压力，以停止对波罗的海沿岸各国的援助相要挟，千方百计阻止其与布尔什维克缔结和约。协约国对拉脱维亚和波兰竭力挑唆，但均遭到失败。

列宁认为得到协约国支持的周边小国如果都来反对苏俄，苏俄会遭到失败。它们之所以没有这样做，是因为它们看到了列宁在苏俄坚持和落实民族自决权的实际行动，俄国革命的实践使得它们相信，布尔什维克是真诚的尊重和承认被压迫民族的自决和独立，永远反对沙俄的殖民政策，永远不会为了压迫别人而进行战争。尽管他们仇恨和敌视曾经压迫和侵略过他们的大俄罗斯，但是它们知道，十月革命后，它们的主要敌人不是布尔什维克，而是尤登尼奇、高尔察克、邓尼金[①]。有些依赖协约国的小国不敢公开拒绝协约国的要求，他们采取了等待、拖延等措施，

① 《列宁全集》第38卷，人民出版社1986年版，第186页。

一直到尤登尼奇、高尔察克和邓尼金被击溃。布尔什维克无条件承认芬兰的独立使得芬兰的资产阶级政府站在了布尔什维克一边。他们意识到反对布尔什维克就是帮助曾经压迫芬兰、拉脱维亚、波兰和其他许多民族的尤登尼奇、高尔察克和邓尼金等沙皇将军，与其这样，还不如“等一等再说”①。芬兰革命取得短暂胜利后，1918 年 3 月 1 日在彼得格勒同苏俄签订了《俄罗斯社会主义联邦苏维埃共和国和芬兰社会主义工人共和国加强友好和团结的条约》，在该条约中苏俄在领土上向芬兰所作的让步，更加清楚地说明了布尔什维克党政策的真实性。

许多资产阶级国家对待苏俄的态度是动摇的，作为资产阶级国家，它们仇视苏俄；作为被压迫民族，它们又宁愿同苏俄媾和。争取他们的最有效的手段，就是苏俄的民族自决权政策。早在第一次世界大战前，列宁是俄国唯一直言不讳地宣布俄罗斯各族人民有权自决直至从俄国分离出去的政治家。他甚至认为乌克兰也享有这种权利，“这使他的学生们感到吃惊，使他的敌人感到害怕”②。正是列宁坚定不移地坚持各民族的自决权，才取得了周边民族和国家的信任，得到了他们的支持，并最终赢得了国内战争的胜利。

三　产生了广泛的国际影响

十月革命胜利后，执政的布尔什维克党坚决贯彻落实民族自决权原则，废除秘密外交，公布沙俄时期签订的不公平外交条约，实行和平外交政策等措施，不仅团结了国内各民族，赢得了周边国家的理解和信任，而且在欧洲和世界上也产生了广泛而深远的影响。

十月革命促进了欧洲革命运动的发展。欧洲各国许多反对革命的人改变了对待苏俄的态度，其中包括资产阶级知识分子、社会革命党人和孟什维克等。巴黎、伦敦等城市中，资产阶级知识分子发出了“不许干涉苏维埃俄国”的呼吁，德国爆发了建立苏维埃政权的尝试。革命的胜

---

① 《列宁全集》第 38 卷，人民出版社 1986 年版，第 186 页。

② ［苏］阿·阿夫托尔汉诺夫：《苏共野史》，晨曦等译，湖北人民出版社 1982 年版，第 217 页。

利虽然使俄国失去了英美法的资本家，但却得到了英法德的工人、士兵和农民的同情和支持，欧洲出现了革命运动高涨的局面。列宁认为自1905年以来，享有内部充分自由和民主机关选举权长达12年之久的芬兰，在俄国革命的影响下也发生了社会主义革命，这个事例充分证明，战后革命普遍爆发和高涨的主要原因是人类陷入了绝望的境地，正是因为被压迫民族的反抗，"才使社会主义革命成为不可战胜的"①。

列宁民族自决权思想对正在从事民族解放事业的世界民族解放运动产生了巨大影响。十月革命的胜利树立了民族解放斗争和无产阶级革命的榜样，打开了帝国主义缺口，极大地鼓舞了世界上被压迫民族的民族解放运动，亚、非、拉等地掀起了新一轮民族解放运动的高潮。列宁一如既往地坚持世界范围内一切被压迫民族都有自决权，对于殖民地人民争取民族自决权的斗争，他不但从理论上给予指导，而且力所能及地从组织上和物质上给予帮助。1920年5月10日列宁在《致印度革命协会》② 的复电中指出，苏维埃俄国实行的民族自决原则，被压迫民族摆脱国内外资本主义剥削并取得最终解放的原则等，引起了争取自由而英勇斗争的印度的极大响应，列宁对此感到非常高兴。苏维埃俄国高度关注印度无产阶级的革命，只有包括无产阶级在内的全世界的劳动者团结一致，才能取得社会主义革命的最终胜利。列宁希望全世界的穆斯林和非穆斯林，包括东方的一切劳动者都联合起来，结成紧密的联盟共同进行斗争，只有印度、中国、朝鲜、日本、波斯、土耳其等所有国家的劳动者都团结起来共同进行解放斗争，才能切实保证彻底战胜世界资本主义③。

苏俄为解决其他国家的民族问题提供了范例。为了更好地帮助和支持殖民地民族解放运动，加强国际无产阶级的联系和斗争，列宁于1919年成立了共产国际。通过国际中介，其他民族在学习俄国革命经验的同

① 《列宁全集》第33卷，人民出版社1985年版，第303页。

② 列宁致印度革命协会的贺词是1920年5月10日通过无线电发出的。1920年2月17日在喀布尔举行的印度革命者大会寄给了列宁一份大会通过的决议。决议对苏维埃俄国为所有被压迫阶级和被压迫民族的解放特别是为印度的解放而进行的伟大斗争，表示深切的谢意和钦佩。列宁的贺词是对上述决议的答复。——参见《列宁全集》第39卷注释70，第490页。

③ 《列宁全集》第39卷，人民出版社1986年版，第111页。

时，也将列宁的民族自决权思想传播开来。列宁指出共产党在民族问题上应当准确地估计具体的历史情况和经济情况，把被压迫阶级、被剥削劳动者的利益，同笼统说的民族利益明确地区分开来，把被压迫的、附属的、没有平等权利的民族，同压迫的、剥削的、享有充分权利的民族也明确地加以区分[①]。在民族和殖民地问题上，共产国际要竭尽所能地促进各国各民族无产阶级和劳动群众的接近和联合，共同进行反帝反封建的革命斗争[②]。只有这种接近，才能保证战胜资本主义，只有战胜资本主义，才能消灭民族压迫和不平等的现象。各国共产党必须反对本国的封建势力，帮助资产阶级民主解放运动，援助农民运动，使西欧共产主义无产阶级与东方各殖民地以至一切落后国家的农民革命运动，结成尽可能密切的联盟[③]。必须向一切国家特别是落后国家的劳动群众不断说明和揭露帝国主义列强一贯进行的欺骗，即打着建立政治上独立国家的幌子，建立在经济、财政和军事方面都完全依赖于它们的国家。在当时国际形势下，除了建立苏维埃共和国联盟，附属民族和弱小民族别无生路。

没有被压迫殖民地民族劳动群众的援助，首先是东方各族劳动群众的援助，资本主义国家的无产阶级革命是不可能取得胜利的。同时，殖民地、半殖民地的东方各被压迫民族只有同国际无产阶级联合起来进行反帝斗争，才能获得解放。在《亚洲的觉醒》一文中，列宁提出“全世界无产者和被压迫民族联合起来!”的伟大号召。列宁创立并领导的第三国际，团结了国际无产者和各国的被压迫民族，在反剥削、反压迫和反殖民主义革命斗争中，起了巨大的推动作用。

处于欧洲大国殖民统治之下的各殖民地半殖民地民族，深切关注俄国的革命，他们从列宁领导的俄国革命中看到了革命胜利的希望。世界各国，包括有3亿雇农受英国人压榨的印度在内，都在觉醒，革命运动都在日益发展。“大家仰望着一颗明星，仰望着苏维埃共和国这颗明星”[④]，他们认为苏维埃共和国为反对帝国主义者承担了最大的牺牲，经受住了严酷的考验。世界上绝大多数居民都拥护他们执行的和平政策和

① 《列宁全集》第39卷，人民出版社1986年版，第161页。

② 同上书，第161页。

③ 同上书，第164—165页。

④ 《列宁全集》第38卷，人民出版社1986年版，第188页。

民族自决原则，同情俄国革命的国家日益增多①。在十月革命的影响下，各国的民族解放运动迅速发展，中国、印度等亚洲、欧洲、非洲和拉丁美洲的被压迫民族掀起了要求推翻民族压迫，建立独立的民族国家的革命运动，这些革命洪流逐渐汇聚，形成了第一次世界大战后世界范围内关于民族自决的第一次高潮。

① 《列宁全集》第38卷，人民出版社1986年版，第188页。

第五章

列宁与威尔逊民族自决权思想比较

与列宁同期倡导民族自决权思想的著名政治家，还有美国前总统伍德罗·威尔逊，他的民族自决权思想对战后世界秩序的安排和殖民地民族解放运动，同样产生了深远影响。通过与威尔逊民族自决权思想的异同比较，可以更好地理解列宁的民族自决权思想。

第一节　威尔逊的民族自决权思想

威尔逊民族自决权思想是美国全球战略调整时期的产物，是美国冲出美洲，走向世界的理论武器，对于当时的殖民地民族解放运动，战后欧洲秩序的安排，乃至美国的外交政策等都具有极其重要的理论和实践意义。

一　威尔逊民族自决权思想的形成和发展

北美独立战争之后，实力弱小的美国为了自保，对外奉行孤立主义的外交政策，对内进行大规模的领土扩张。南北战争后国内市场的统一，促进了美国经济的飞速发展。到 1890 年北美大陆的领土扩张已基本结束，但是他们并未就此止步。在 19 世纪末，美国步欧洲列强的后尘，踏上了海外扩张的道路。大规模领土扩张和国内经济的巨大发展，使美国经济实力急速膨胀，对海外市场的依存度不断提高。这既为美国的海外扩张准备了物质条件，也对海外扩张提出了新的要求，美国需要放弃孤立主义，确立新的全球性的政治经济战略。

与此同时，以欧洲国家为主导的殖民体系，正遭受到殖民地民族解放运动的强烈反抗。帝国主义列强对世界的掠夺和瓜分，彼此之间的争夺及其引发的战争更加激起了人们的反感，实现世界永久和平，争取民族独立解放成为世界性的两大时代主题。

正是在上述时代背景下，1912 年威尔逊赢得大选，成为美国总统。执政后威尔逊顺应国内外形势发展的要求，积极主张美国应当改变孤立主义的外交政策，参与国际事务。为了打破欧洲国家在全球的垄断优势，他批判欧洲国家的军事战略，反对他们动辄使用武力或者以武力威胁解决国际争端的做法，提出要维护世界永久和平，必须以集体安全代替欧洲国家长期执行的均势模式。为了争取和团结广大的殖民地人民同美国一起反对欧洲强国，威尔逊积极支持民族国家的独立运动。他认为只有满足世界各被压迫民族和弱小民族的独立愿望，才有可能打破欧洲国家主宰世界的殖民体系，建立新的世界秩序，将美国利益同全球利益结合起来。美国对民族独立和民族解放运动的支持，将会赢得新独立国家的信任和支持，跟随美国的国家就会增多，美国的市场就会扩大，这不仅有利于美国经济的发展，而且有利于增加美国对国际事务的影响。

威尔逊是在处理菲律宾问题的过程中最早提出了民族自决权思想。美西战争后，美国仍然沿用了旧的殖民统治方式对菲律宾进行统治，激起了菲律宾人民的激烈反抗。为了实现美国控制菲律宾的长远利益，威尔逊改变了美国在菲律宾的政策，以托管者代替了宗主国，突出利他主义思想，他强调在处理菲律宾问题时，要“以精神同化代替武力镇压，将菲律宾建成皈依美国原则的榜样殖民地”①。此后，威尔逊在不同场合发表了大量演说，阐释了他的民族自决权思想。

1913 年 10 月 7 日，他在菲律宾政策演说中指出美国是托管者，是为

① 张澜：《伍德罗·威尔逊的民族自决思想》，《江西师范大学学报》（哲学社会科学版）2000 年第 3 期。

了菲律宾的最终独立而帮助菲律宾[1]。同年 12 月，威尔逊在年度国情咨文中再次告诫国民，处理菲律宾问题必须着眼于美国的长远利益，支持菲律宾独立[2]。威尔逊认为菲律宾的最终目标是民族独立，但是承认和支持菲律宾独立并不意味着菲律宾独立就能够立即实现，因为菲律宾不具备民族独立所要求的条件，是需要接受教育的小孩，而美国则是教育菲律宾成长的大人，美国有义务帮助菲律宾逐步扩展和完善其自治体系，其目的是要“建立一个全世界都会承认的适合于管理他们自己事务的民族政府”[3]。为了将菲律宾独立发展的方向纳入美国希望的轨道，威尔逊对菲律宾独立的时间一拖再拖。1916 年美国《琼斯法案》虽然给予菲律宾独立权，但却没有规定独立时间。给予菲律宾独立权是威尔逊民族自决权思想提出的标志，虽然这种独立是有限定条件的。

威尔逊的民族自决权思想在处理墨西哥问题的过程中进一步发展。在对待和解决墨西哥革命和民族独立问题时，威尔逊的民族自决权思想经历了一个重大的转变和发展，即从以建立立宪政府为借口不断干涉墨西哥内政，到最终承认墨西哥人民有权处理内部事务。

墨西哥紧邻美国西南，是美国对拉美外交的主要对象之一。威尔逊上台后力图稳定墨西哥政局，维护和扩展美国在墨西哥的政治经济利益，通过美墨关系树立美国在拉美地区的新形象[4]。威尔逊在 1913 年 10 月 25 日费城的演说和“新拉美政策”演说中指出，应当坚持民族平等，只有在民族平等的条件下才能成为彼此的朋友[5]；每一个民族都有选择政府的权利，建立和改变政府形式的权利，这是自治的基本原则[6]；政府的合法性是基于被统治者同意；美国真诚地尊重墨西哥人民以自己的方式处理

---

① Ray S. Baker and William E. Dodd, *The New Democracy Presidential Messages*, *Addresses and Other Papers* (1913 - 1917), New York: Harper and Brothers Publishers, V1, 1926, p. 53.

② Ibid., p. 77.

③ 张澜:《伍德罗·威尔逊的民族自决思想》,《江西师范大学学报》(哲学社会科学版)2000 年第 3 期。

④ 史晓红:《从民族自决角度看威尔逊的墨西哥政策》,《世界史研究》2007 年第 1 期。

⑤ Ray S. Baker and William E. Dodd, *The New Democracy Presidential Messages*, *Addresses and Other Papers* (1913 - 1917), New York: Harper and Brothers Publishers V1, 1926, p. 72.

⑥ Ibid., p. 60.

自己事务的权力①。另一方面，威尔逊又声称美洲在民族平等和自由自愿基础上组建的政府只能是立宪政府，美洲只有建立了立宪政府，才能获得自由和平的发展。立宪政府是美洲获得自由和平发展的唯一出路。美国是美洲立宪政府的朋友和引路人，有义务帮助美洲建立立宪政府。美洲人民在组建立宪政府时，美国要采取各种方式予以帮助②。

根据上述思想，美国起初以乌尔塔临时政权是专制政府为借口，拒绝承认它的合法性，要求在墨西哥重新进行民主选举，建立立宪政府。对外极力阻止英、德等欧洲大国对乌尔塔政权的支持和插手墨西哥事务，抵制欧洲诸国对墨西哥的殖民扩张。在内外施压未曾奏效的情况下，1914 年 4 月 21 日，威尔逊派兵入侵墨西哥，动用武力强行干涉墨西哥内政。美国的武力干预遭到来自各方面的强烈反对，甚至乌尔塔政府被迫退位后组建的卡兰萨政府同样斥责美国的武力入侵，反对美国对墨西哥内政的干预。为了实现控制墨西哥政府的目的，威尔逊又掀起了“倒卡”行动，扶持亲美的比利亚，从“倒乌”到“倒卡”直到“扶比”，以建立立宪政府为借口，一再干预墨西哥内政。

一战爆发后，德国希望墨西哥成为牵制美国的力量，迫于外界压力，威尔逊逐渐减少了对墨西哥事务的干涉。1915 年 1 月 8 日，在“杰克逊纪念日”演说中，威尔逊最终改变了对墨西哥的干预政策，承认墨西哥政府在内部事务的处理方面与美国一样是自由的、绝对排他性的、不容干涉的③。在美国放弃对墨西哥内政的干预后，卡兰萨最终取得了胜利，并组建了政府。1915 年 10 月 19 日，美国和其他拉美 6 国，正式承认了这一新政府。1915 年 11 月，威尔逊对美国的墨西哥政策再一次作了检讨。他表示，美国“不想从墨西哥得到任何东西，根本不想在他们的内

① *Foreign Relations of the United States*, United States Government Office, Washington, 1914, p. 476.

② The Department of State, ed., *Papers Relating to the Foreign Relations of the United State*, Washington United States Government Printing Office, 1920 - 1925, 1913.

③ Ray S. Baker and William E. Dodd, *The New Democracy Presidential Messages, Addresses and Other Papers* (1913 - 1917), New York: Harper and Brothers Publishers, V1, 1926, pp. 247 - 248.

政方面越俎代庖或声称有权这么做”[①]。从理论上承认墨西哥人民拥有处理内部事务的权力，是这一阶段威尔逊民族自决原则的重大转变和发展。

1916 年之后，威尔逊的民族自决权思想逐步成熟并作为美国的对外政策之一付诸实践。1916 年 5 月世界大战进行了将近两年后，交战各国已经筋疲力尽，对于和平的渴望成为所有人的共识。顺势而为，威尔逊提出再造世界和平的三项原则，即每个民族享有选择国家的权利；国家无论大小其主权和领土完整都应当得到尊重；应当避免对国家和民族权利进行侵略而破坏世界和平的行为[②]。1917 年 1 月 22 日，威尔逊在“没有胜利的和平”演说中再次强调指出：“政府所有的正当权利都来自被统治者的意愿，政府不论在什么地方都无权把民族当作财产从一国划归另一国；”因为，“每个民族都有决定自己的政治制度和发展道路的自由”[③]。这里所讲的每个民族都有选择自己的政治制度和发展道路的自由，与列宁的民族自决就是民族独立自主处理本民族事务的权利等观点相当接近。正是因为民族问题和世界和平之间的密切关系，威尔逊反复指出，必须尊重各民族的愿望，民族治理的基本依据只能是民族自己的意愿。“‘民族自决’不是一句空话。今后违背这一原则的政治家必将自取其祸。”[④]

一战后欧洲强国被打败或被削弱，旧有的均势彻底打破了，而美国则巩固了头号经济强国的地位，建立世界新秩序的契机出现了。十月革命胜利后的第二天，苏俄颁布了《和平法令》，公布了秘密条约、协定和外交函电，批评了资产阶级国家的对外政策[⑤]。苏维埃政权的上述做法揭露了帝国主义对外政策的黑幕，大大促进了各国人民反战运动的开展。

---

① *Foreign Relations of the United States*, United States Government Office, Washington, 1916, p. 695.

② August Heckscher, *The Politics of Woodrow Wilson Selections from His Speeches and Writings*, New York: Harper and Brothers Publishers, 1956, p. 252.

③ *Foreign Relations of the United States*, United States Government Office, Washington, 1917, p. 27.

④ August Heckscher, *The Politics of Woodrow Wilson Selections from His Speeches and Writings*, New York: Harper and Brothers Publishers, 1956, p. 263.

⑤ ［苏］波将金等：《外交史》第 3 卷（上），史源译，生活·读书·新知三联书店出版社 1982 年版，第 90 页。

世界各国热爱和平的各阶层人士都纷纷谴责协约国，并强烈要求美英等国对苏维埃的和平倡议做出积极响应[①]。

为了响应和回答苏俄的和平倡议，阻止苏维埃俄国外交政策影响的扩大和加强[②]，争取政治上的主动权，1918 年 1 月 8 日，威尔逊在国会两院发表了著名的“十四点和平纲领”演说，公布了他的战后世界和平计划。威尔逊在“十四点计划”中强调公开外交、自由贸易、公海航行自由、民族自治和尊重主权等主张，与赤裸裸的帝国主义强权政治理念截然不同。威尔逊指出他提出的所有方案中，都贯穿着一条对所有人民和民族都公正的明确原则，即“每个民族无论强弱，都享有自由和安全的平等生活权利”[③]。十四点计划后威尔逊民族自决权思想成为处理欧洲民族问题的主要原则。威尔逊的上述主张给当时要求民族自决和建立独立的民族国家的各民族带来了希望，在当时的国际上产生了巨大影响。《纽约先驱论坛报》于 1918 年 1 月 9 日评论说，威尔逊“只用一篇演说就改变了美国政策的全部性质，打破了它的一切传统。他把美国带回了欧洲，建立了美国的世界政策”[④]。

二 威尔逊民族自决权思想的主要特点

从威尔逊民族自决权思想的形成和发展过程可以看出，他的民族自决权思想具有如下一些特点：

（一）威尔逊民族自决权思想服从和服务于美国的国家利益

威尔逊是在美国全球战略重大调整的关键时期提出民族自决权的。他的出发点和根本目的是为了实现美国的海外利益，拉拢广大殖民地人民同美国一起，对抗以欧洲国家为核心的旧的世界秩序，逐步扩大美国

① 王彦敏：《列宁的〈和平法令〉与威尔逊的“十四点”》，《山东社会科学》2004 年第 7 期。

② ［美］阿瑟·林克：《伍德罗·威尔逊文集》第 45 卷，普林斯顿大学出版社 1979 年版，第 456 页。

③ ［英］埃里·凯杜里：《民族主义》，张明明译，中央编译出版社 2002 年版，第 124 页。

④ 邓蜀生：《伍德罗·威尔逊》，上海人民出版社 1982 年版，第 149 页。

对世界事务的影响和领导，最终建立以美国为首的世界新秩序。拖延菲律宾独立时间的主要目的是为了建立符合美国利益的菲律宾新政府。在墨西哥问题上，一方面声称墨西哥民族有选择、建立和改变政府形式的权利，承认墨西哥在内政方面享有与美国同等的自由平等权；另一方面却认为使用武力取得政权是违法行为，美国有义务和责任出面进行干涉，甚至可以使用非民主的方式来实现民主。为了将墨西哥发展进程纳入美国的控制之下，美国打着民主政治和立宪政府，道义帮助的旗号多次干涉墨西哥内政，甚至不惜动用武力。维护美国利益的大国主义实质暴露无遗。

“十四点计划”中关于欧洲和世界民族问题的安排可以看出，美国在规定欧洲民族独立和保障其领土完整的同时，主要强调了达达尼尔海峡航行自由以及巴尔干地区门户开放和铁路干线国际化，暴露出美国要利用其经济优势在地中海和中近东地区同英法进行争夺的企图。威尔逊自己宣称建立国际联盟的目的是“要为世界的其余地区做门罗主义为西半球世界所做的事情”，是门罗主义“应用于全世界的逻辑的延伸”①。但后来按照威尔逊民族自决权思想处理欧洲民族问题的实践说明，美国只不过是用“民族自治”、“民族自决”、“国家独立自主”等口号来排挤老牌殖民主义者对殖民地附属国的占有，用所谓“权力共同体”和“有组织的普遍和平”来取代欧洲列强的传统均势政策。从颠覆墨西哥乌尔塔政权到出兵海地、多米尼加和古巴，都说明威尔逊是理想主义地提出目标——承认时代的进步所带来的新的价值观念，现实主义地实现目标——以美国的利益为出发点②。

（二）威尔逊民族自决权思想的前提条件是美国式民主政治

威尔逊在多次讲话中提出，所有民族都有选择自己政府和发展道路的权利，有选择生活在其中的国家的权利。但是他的民族自决的实现是有前提条件的，这就是资产阶级民主政治，这是解决落后国家民族问题

---

① Charles Seymour, ed, *The Intimate Papers of Colonel House Arranged as a Narrative*, Poston 1926 - 1928, Vol. 4, p. 281.

② 王彦敏：《列宁的〈和平法令〉与威尔逊的“十四点”》，《山东社会科学》2004 年第 7 期。

的最佳途径。他认为民主政治的建立并非一蹴而就，不但落后民族自身要不断努力，而且必须接受在这方面比较先进和成熟国家的教育和指导，威尔逊将这种指导和帮助的义务视为美国的道义义务，为了建立民主政治，即使采用武力方式也是必要的。墨西哥的例子就很好地说明了这一点。美国历史学家查里斯·S. 索恩斯就指出："威尔逊关于民主和立宪政体的想法是真诚的……造成（拉美人民）接受这一观点的困难是，从一开始，威尔逊就明显地认为，美国必须用强有力的手段，以非民主的行为去建立民主。"① 我国美国文化与外交史专家王晓德指出："威尔逊政府的对墨政策一方面反映出美国在落后国家传播其价值观念的内容，但更多地暴露出把自己的意志强加给一个主权国家的强盗逻辑"，"威尔逊从他的使命观出发，设想向全世界，尤其是向不发达国家传播美国的传统价值观念，要求其他国家沿着美国设计好的方向发展。"② 这些观点充分说明了威尔逊民族自决原则中民主政治的本质及作用。

（三）威尔逊民族自决权思想对不同民族采取区别对待政策

通过菲律宾和墨西哥政策我们可以看出，威尔逊虽然在理论上没有明确述及独立民族和殖民地半殖民地民族的区别，但从他民族自决思想的形成过程来看，他对二者采取了区别对待的政策。

从墨西哥政策中可以看出，对于已经独立的民族国家，威尔逊主张承认该民族拥有绝对排他性的对本民族内部事务的处理权，同时不能完全放弃对其事务的干涉。是否干涉该民族事务的出发点和判断标准是美国利益。威尔逊在对待和处理独立的苏维埃俄国时再次采取了与处理墨西哥问题时同样的做法。尽管威尔逊主张，对于已经取得独立的俄国采取不干涉内政原则，在"十四点计划"第六点声称尊重俄国人民选择国家制度的权力，要求从俄国领土上撤军，并给予俄国各种援助③。但是从

---

① "Wilsonian Missionary Diplomacy", http: //galenet. galegroup. com/servlet/OVRG.

② 王晓德：《梦想与现实——伍德罗·威尔逊"理想主义"外交研究》，中国社会科学出版社 1995 年版，第 79—80 页。

③ 赵一凡编：《美国的历史文献》，生活·读书·新知三联书店出版社 1989 年版，第 266—269 页。

关于十四点原则的官方注释可以看出，所谓俄国的领土，并不是原属俄罗斯帝国的所有领土，而是肢解俄罗斯帝国之后剩余的部分领土。因为第十三点成立独立波兰的规定，排除了恢复帝国疆域的可能性。它给予芬兰人、立陶宛人、拉脱维亚人，或许还有乌克兰人以独立权，把高加索割让给土耳其，把中亚细亚划作某一列强的委任统治地更是肢解俄罗斯的具体步骤。“注释”还进一步写道，在处理苏维埃俄国问题时，首先承认其版图内新成立的若干临时政府，然后对这些政府进行援助①。从这里可以清楚地看到，威尔逊并不是真正尊重俄国内政，而是想肢解俄国。

对于殖民地半殖民地民族，他主张该民族在理论上都有独立权，但是在实际上不适合立即独立，必须在别国的监护下实行自治阶段的过渡，才能最终实现独立，其实质就是希望在美国的监护下，按照美国的政治模式建立民主政府，在民主政府的领导下走向独立。这是在菲律宾实行的政策，后来美国将其扩展到解决欧洲战败国殖民地问题上。一方面提出对于波兰、奥匈帝国和奥斯曼帝国统治下的各民族，应当归还被占领的土地，撤出占领军，按照民族界限决定其归属，对巴尔干国家的政治及经济独立和领土完整予以保障，给予其自治权；另一方面，力主建立一个国际组织对其进行监管，逐步实现独立。在这些民族独立之前，只能实行自治。

（四）威尔逊民族自决权思想侧重于强调人民选择政府的权利

按照西方政治思想传统，主权国家建立在被统治者同意并授权的基础上，国家建立后首要任务就是组建政府保障国家权力和疆界的安全，为人民服务并接受人民监督，人民可以自由选择最好的政府形式。威尔逊从欧洲传统的政治思想出发，在各种演讲和宣传中，多次强调人民享有选择政府的权利，被统治者同意是建立合法政府的前提②。虽然威尔逊也曾在不同的场合提倡民族平等原则，尊重主权国家的领土完整和主权独立，尊重民族选择发展道路和政治制度的自由，但是他更多地强调尊

① 关勋夏：《威尔逊与第一次世界大战》，《军事历史研究》1998 年第 3 期。

② Robert Lansing, *The Peace Negotiation: A Personal Narrative*, Boston and New York: Houghton Mifflin Company, 1921, p. 96.

重人民选择政府的权利。

三　威尔逊民族自决权思想的运用

从早期菲律宾和墨西哥的实践运用可以看出，威尔逊民族自决思想存在致命的缺陷，最主要的问题是威尔逊没有对民族自决权的含义进行界定或者做出较为明确的说明，致使民族自决权概念含糊不清，缺乏统一标准。美国国务卿蓝辛就曾对此提出质疑，他指出威尔逊谈到自决时，没有指明其适用主体究竟是指某个种族，还是某个领土范围，抑或是某个共同体。如果对民族自决权的适用主体不加限定和说明就盲目付诸实践，将会危及世界或者地区的和平与稳定①。正是威尔逊民族自决权思想存在的问题，导致后来在战后欧洲秩序安排和解决其他民族问题时的许多困惑和不解。从威尔逊民族自决权思想的发展来看，由于美国利益掣肘，因此他对民族自决的要求不断变化，随意更改，表现出严重的言行不一。虽然他较早地提出了民族自决权思想，但后来却被欧洲国家利用，取得了处理欧洲战败国民族问题的主导权。

在对战后欧洲秩序的安排上，威尔逊民族自决原则的实践先是受到欧洲诸国的强烈质疑，英法等协约国认为威尔逊的“十四点计划”就是美国想要插手欧洲事务的幌子，他们绝不愿意拱手让出已经到手的利益，极力阻挠美国对欧洲的渗透。后来，欧洲诸国大肆利用威尔逊的民族自决权思想，逐渐取得了处理战败国民族问题的主导权。由于威尔逊在处理欧洲战败国问题上摇摆不定，言行不一而丧失了时机。

在奥匈帝国的政策中，威尔逊前后不一，变化无常。宣战初期他声称美国不希望损害或重新安排奥匈帝国，不干涉帝国处理自身经济政治事务的权利②。十四点时期，威尔逊仍然倾向给予奥匈帝国各民族自治发

① Robert Lansing, *The Peace Negotiation: A Personal Narrative*, Boston and New York: Houghton Mifflin Company, 1921, p. 97.

② Whittle Johnston, "Reflections on Wilson and the Problems of World Peace", in Arthur S. Link, ed., *Woodrow Wilson and A Revolutionary World*, 1913 – 1921, New York, 1978, p. 207.

展的机会，而非按照种族界限分裂帝国[①]。但到了 1918 年秋天，美国对奥政策发生了剧烈变化，从 1918 年初期主张在现有国家框架内给予各个种族自治的权利，激变为每个民族都有建立主权国家的权利，不仅承认捷克斯洛伐克和南斯拉夫独立，而且把自决和按照民族边界划分国家的原则几乎等同起来，最终导致奥匈帝国瓦解。

在巴尔干的控制权上，奥匈帝国瓦解后，威尔逊一方面通过财政援助的方式对塞尔维亚等民族进行渗透，希望参与中近东战后安排。另一方面却屈从于欧洲各国的压力，压制巴尔干各民族的独立要求，主张巴尔干问题应该由和会统一解决。为了不致过分激怒欧洲各国，威尔逊对于中近东各民族的独立要求和愿望，一再犹豫不决和搪塞推托，最终丧失了对中近东事务的主导权。

在承认捷克斯洛伐克的问题上，欧洲国家处处都先于美国采取行动，最终将主导权掌握在自己手中。1918 年 5 月，意大利政府承认捷克斯洛伐克军队为盟国军队，有自治权。6 月 15 日，法国政府正式承认捷克斯洛伐克国家的存在，并称这是依据威尔逊的民族自决理论做出的选择。6 月 22 日，英国承认对捷克斯洛伐克的承诺。协约国的行动迫使美国于 6 月 24 日声明，斯拉夫族的各分支应该完全脱离德奥统治；并口头上承认捷克斯洛伐克国民会议为其最高权力机构，但是没有正式承认捷克斯洛伐克。8 月 14 日英国正式承认捷克斯洛伐克国民议会为其最高权力机构。美国不得不于 9 月 3 日承认捷克斯洛伐克国民议会拥有完全的军队指挥权和处理捷克斯洛伐克内务的权力[②]。

在南斯拉夫问题上，继协约国承认南斯拉夫之后，美国政府被迫于 10 月 19 日声明认为南斯拉夫民族不仅仅局限于自治下的和平，承认它们有权按照自己的意愿去处理民族事务和争取各种权利[③]，从而满足了南斯拉夫人的独立愿望。

---

① William R. Keylor, "Versailles and International Diplomacy", in Manfred F. Boemeke, etc. eds., *The Treaty of Versailles: A Reassessment after* 75 Years, Washington, D. C.: German Historical Institute, and Cambridge: Cambridge University Press, 1998, p. 475.

② 张澜：《从威尔逊的民族自决思想看美国的政治扩张》，《华东师范大学学报》（哲学社会科学版）2003 年第 5 期。

③ *Foreign Relations of the United States*, United States Government Office, Washington, 1918, p. 851.

在巴黎和会上，威尔逊的重要目标是建立一个由美国控制的国际联盟[①]。为此，和会召开之后，美国坚持先讨论国际联盟盟约问题。为了得到英法等国的支持，威尔逊在一系列问题上采取了妥协退让政策，甚至不惜出卖别的民族的利益。为了满足英国瓜分殖民地的要求，威尔逊放弃了“海洋自由计划”；为了保证法国的安全，威尔逊答应法国对德国进行严格制裁；此外如意大利的阜姆问题、比利时的赔款问题、中国山东问题、原属德国的土耳其殖民地“委任统治”问题和肢解德国等，都是威尔逊妥协退让的产物。这一切说明了威尔逊宣扬的“公正”、“国家平等”、“民族自决”等原则的虚伪性。所谓“自决”根本是由美国为首的各国列强，根据其利益来决定[②]。为了保住国际联盟，他放弃了“民族自决”而代之以“委任统治”原则，表面上将各民族的主权置于国联的“监督”下，实质上是忽略战败国殖民地人民的民族自决权而将其私自转让。蓝辛认为，威尔逊自己对“自决”的最大背弃在于，不管奥地利人民是否愿意，不准奥地利与德国合并[③]。

虽然威尔逊打着民族自决的旗号，但是却被欧洲国家利用，反而取得了处理欧洲战败国民族问题的主动权。威尔逊面对巴尔干民族的自决要求时的优柔寡断，证明了威尔逊民族自决原则的言行不一。正是由于概念的含糊不清和模糊易变，才使得支持、拥护威尔逊民族自决主张的人把威尔逊“自决”原则与自己的历史经验和现实需要混合起来，提出了各种不同的民族自决观点。

威尔逊曾说，“自决”不仅仅是一个词汇，而是权威的行动准则[④]。但是他自己的行动证明，“自决”只是一个词汇而已。随着国会拒绝批准联盟盟约，威尔逊的民族自决权思想最终归于失败。

---

① ［法］安德烈·莫鲁瓦：《美国史——从威尔逊到肯尼迪》，复旦大学历史系世界史组译，上海人民出版社1977年版，第96页。

② 唐彩霞：《威尔逊的“民族自决”与中国山东问题》，《内蒙古师范大学学报》（哲学社会科学版）2003年第1期。

③ Robert Lansing, *The Peace Negotiation: A Personal Narrative*, Boston and New York: Houghton Mifflin Company, 1921, p. 99.

④ The Papers of Woodrow Wilson, vol. 46, p. 321.

第二节 列宁与威尔逊民族自决权思想异同比较

列宁和威尔逊都是杰出的政治家，对时代的发展变化极具敏锐性，为了顺应广大被压迫民族的要求，他们同时提出了民族自决权思想，综观二者的理论与实践，既有相同之处，又有本质区别。

一 列宁与威尔逊民族自决权思想的相同之处

列宁和威尔逊同处一个时代，面临相同的历史课题，持有反对欧洲强国殖民体系、争取广大被压迫民族的相同目的，二者倡导的民族自决权思想具有许多相同之处。

（一）顺应时代潮流

20世纪初列宁和威尔逊对民族自决思想的集中阐述和大力倡导，是和帝国主义时代密不可分的。帝国主义时代遍及全球的殖民统治、残酷剥削和压榨、武力威胁和战争等，严重威胁着各民族的生存，激起了被压迫民族的强烈反抗。推翻帝国主义的殖民统治，争取民族解放运动，实现世界的永久和平，构建新的国际秩序成为时代主题。列宁和威尔逊民族自决思想就是对上述问题的回答。二者的民族自决思想在客观上都具有反对战争和殖民主义的性质，反对秘密外交和结盟，主张公开外交，希望实现永久和平。他们提倡民主、自由、和平、民族无论大小强弱一律平等、尊重主权国家政治经济独立和领土完整等思想，具有时代的进步意义。

列宁作为无产阶级的革命家，从无产阶级和广大被压迫民族的立场出发，坚决彻底地谴责和反对列强之间的秘密协议和军事结盟、帝国主义战争和殖民主义压迫。他不仅揭露资本主义剥削和压迫的实质，帝国主义掠夺殖民地战争的实质，而且号召被压迫民族和无产阶级起来进行革命，推翻垄断资产阶级的统治，建立社会主义。为了实现社会主义，就必须坚持各民族的自决权，承认各民族享有自由分离权和成立独立国家的权利，只有这样，才能在平等自愿的基础上结成广泛的反对资产阶级的联盟，完成革命任务。十月革命胜利后，列宁大力提倡废除秘密外交，公开了沙俄时期列强之间签订的秘密外交文件，努力实现各民族的自决权，以实际行动证明了反对秘密外交和坚持民族自决权的诚意和决心。

威尔逊从美国国家利益出发，同样反对欧洲国家的殖民体系。他认为第一次世界大战爆发的原因是欧洲国家为了强占别国领土、获取殖民地和势力范围，取得更强的经济、军事实力和更有利的战略地位。欧洲国家主导的均势战略和武力解决国际争端的做法具有很大的局限性，因此极力反对用武力解决国际争端，倡导利用道义和集体的力量来维护世界和平。他认为要获得永久和平，必须用集体防御来代替旧的安全均势。为了团结和争取广大被压迫民族的信任和支持，威尔逊对蓬勃发展的反殖民主义民族解放运动给予了积极支持。他倡导的民族自决原则，反对干涉别国内政和秘密外交，恢复比利时领土、重新调整意大利边界、归还阿尔萨斯—洛林给法国，德国从占领国撤军等等措施反映了当时殖民地、半殖民地的民族解放要求，顺应了历史发展潮流，具有进步作用。

（二）抛弃旧的国际传统，建立新的国际秩序

第一次世界大战充分暴露了欧洲国家战前奉行的强权政治和外交均势原则的弊端和局限，战争和战后世界性革命高潮的兴起，使旧式的欧洲强权政治体制受到了沉重的打击，以维也纳体系为标志的欧洲中心时代走向尾声。废除旧的均势外交，建立新的世界秩序成为亟须解决的现实问题。列宁和威尔逊的民族自决思想首次在国际关系领域引进了道义的原则，他们共同反对战争、谴责和抛弃强权、奴役、掠夺和秘密外交等传统的国际关系游戏规则，支持民族自决、主张民族平等，抛弃欧洲主导的、以均势为基础的国际政治秩序，代之以民族自决为基础的国际新秩序，这些都是符合当时世界多数国家和民族意愿的进步思想。

第一次世界大战爆发后，列宁结合帝国主义的时代特征指出，帝国主义战争具有不可避免性，只有推翻国际资本主义，与过去旧的传统彻底决裂，实现社会主义才能建立全新的国际秩序。列宁分析了资本主义

发展的帝国主义新阶段，认为西方发达国家资本主义的发展已经到了崩溃的边缘，无产阶级和广大的被压迫民族必须团结起来共同推翻国际资本主义的统治，实现无产阶级专政，逐步过渡到共产主义社会，最终走向没有剥削、没有阶级，各民族在平等基础上完全融合的人类共同体。列宁坚决反对谋求某些阶级、民族和国家的私利和特权，极力倡导在国际主义原则下实现全人类的最终解放。

威尔逊全球政治思想发展脉络十分清晰，即美国要干预世界事务，要成为世界领袖。威尔逊认为，不是因为美国自身想要参与世界政治，而是因为随着美国实力的增强，美国人民的天赋才能，美国已经成为人类历史的决定因素了。不管美国愿不愿意，它都不能再继续保持孤立了①。于是美国奉行了一百多年的孤立主义外交传统被放弃了。出任美国总统后，威尔逊的全球政治思想日益成熟②。他主张美国应该积极参与全球事务，建立由美国领导的新的国际秩序。要实现美国主宰国际事务的梦想，就必须打破旧的以欧洲为核心的外交传统。为此，威尔逊极力批判旧的均势外交，认为均势是强国通过使用武力或者威胁使用武力来使弱国屈服让步，以达到为强国和大国服务的体制。实践证明这种旧的体制效果欠佳，它并不能保持国际政治力量的平衡，在解决国际事务中的作用非常有限，因而不能维护世界的和平与稳定③。只有建立一个由民主国家构成的国际社会，国际和平才能得到保障。向世界各国“传播”民主，促使其他国家“采纳”民主政体，成为威尔逊民族自决思想和新秩序外交的一个主要内容。

第一次世界大战爆发初期，威尔逊试图依靠美国在道义和精神力量上的优势地位，以中立和调解人的立场和利他主义原则结束战争，确立持久和平，改造国际政治。参战以后，威尔逊继续以国际正义形象自居。他认为美国参战的主要目的是捍卫世界和平和正义原则，对抗自私和反

---

① ［美］阿瑟·林克：《外交家威尔逊——他的主要外交政策一瞥》，知识出版社 1957 年版，第 145 页。转引自曹胜强《20 世纪国际秩序的历史研究——凡尔赛体系与雅尔塔体系之比较》，《世界历史》1997 年第 1 期。

② ［美］布鲁斯特·C. 丹尼：《从整体考察美国对外政策》，世界知识出版社 1988 年版，第 89 页。

③ *Woodrow Wilson and Revolutionary World* 1913 - 1921, New York, 1978, pp. 213 - 214.

人性的权力，实现世界各民族真正自由和自治，并在此基础上团结一致共同维护世界和平和正义原则①。战争期间，威尔逊极力反对协约国签订的秘密条约，拒绝对各民族进行瓜分，极力宣扬各民族的自决权和平等权，主张各国的主权独立和领土完整应当得到与大国一样的尊重。他希望通过赢得战争来变革旧有的国际政治，建立美国心目中公正的新秩序、新外交。美国参战的主要目的不是为了帮助欧洲恢复战前旧的国际秩序，而是要为真正改变和重塑未来世界新秩序作出贡献②。对于战后秩序的安排，威尔逊认为理想的解决办法是，在集体安全思想的指导下，建立一个国际组织来调解各国关系，使得世界各国无论大小，均享有平等的权利和义务。威尔逊一方面声称集体安全是为了维护共同和平，而不是谋求某国或集团的私欲和野心。但同时他又说，为了战后重建工作，其他国家都需要美国经济援助，美国应当对此给予大力支持，“谁以资本供给全世界，谁就应当管理全世界”③。美国凭借实力称霸世界意图显露无遗。

（三）引起国际社会的巨大反响

列宁和威尔逊的民族自决思想不仅在当时的国际社会产生了巨大反响，而且对后来历史的发展和国际关系新秩序的建立也产生了深远影响。正是在列宁和威尔逊等人的倡导下，一战前后，民族自决成了国际政治的一大信条，其国际影响一直延续至今。

为了领导无产阶级夺取政权和推进世界革命，列宁提出在处理民族关系问题时必须坚持民族自决权思想。在领导俄国革命和建设社会主义的过程中，虽然遭到来自国内外各方面的不理解和攻击，列宁始终坚持民族自决原则，并且同各种反对意见进行了不妥协的艰苦斗争。经过反复论证和实践，证明它在调动俄国各被压迫民族人民的革命积极性，推翻沙皇专制统治、建立社会主义国家方面起了重要作用。十月革命胜利

---

① N. Gorden Levin Jr., *Woodrow Wilson and World Politics: America Response to War and Revolution*, Oxford, 1968, p. 153.

② ［美］孔华润：《剑桥美国对外关系史》（下册），张震江等译，新华出版社2004年版，第40—41页。

③ ［苏］库尼娜：《1917—1920年间美国争夺世界霸权计划的失败》，世界知识出版社1957年版，第217页。

后，列宁在《和平法令》中宣告，凡是把一个弱小民族并入一个强大国家而没有得到这个民族的同意，就是兼并或侵占别国领土的行为，不管这种强迫兼并是发生在何时，不管这个被强迫兼并或留在别国版图之内的民族的发展或落后情况如何，也不管这个民族是居住在欧洲或是居住在远隔重洋的国家①。这种彻底的尊重民族自决的做法得到了一切被压迫民族的热烈欢迎和高度赞同，激起了世界各民族人民反对武力兼并和侵占别国领土行为的革命高潮。

列宁的民族自决思想促进了俄国国内各民族工人和劳动人民在平等和相互信任基础上的重新联合。苏俄政府宣布放弃沙皇时代俄国在一切殖民地半殖民地的权益，列宁与共产国际对殖民地半殖民地民族解放的高度重视，更使亚洲的反帝反殖运动得到了直接或间接的外部推动②。如中国涌现出包括孙中山先生以及其继承者和发展者为代表的一批民族民主革命先驱，为改变中国半殖民地半封建的社会状态，完成伟大的民族民主革命进行了前赴后继的斗争，土耳其穆斯塔法·凯米尔领导的民族解放运动，印度甘地号召印度教徒和穆斯林团结起来争取印度独立等，都是列宁民族自决思想最直接的国际政治影响的产物，上述影响一直持续到二战以后。苏维埃俄国革命和殖民地半殖民地民族解放运动反过来又对欧洲发达国家产生了强烈的影响。1917 年 12 月法国总工会召开大会并通过决议，要求效仿苏俄废除秘密外交。国际舆论也热烈赞扬各民族争取解放的斗争，法国著名作家昂利·巴比塞写道“当取得解放的人类要纪念自己的解放节日的时候，他们就会极其兴奋、极其热情地庆祝 1917 年 11 月 7 日这个苏维埃国家诞生的日子，而苏维埃国家最早一个法令就是《和平法令》”③。

威尔逊民族自决思想，在欧洲和亚洲同样产生了深远影响。威尔逊所作的一系列关于民族自决思想的演说反映了绝大多数民族和国家的迫切愿望，赢得了许多弱小民族或被压迫民族的拥护。它不仅为亚洲被压迫民族的解放运动提供了法理依据，坚定了他们追求民族独立自主的决

---

① 《列宁选集》第 3 卷，人民出版社 1995 年版，第 354—355 页。

② ［法］埃莱娜·卡·唐科斯：《分崩离析的帝国：苏联国内的民族反抗》，郗文译，新华出版社 1982 年版，第 301 页。

③ 王绳祖：《国际关系史（1917—1929）》第 4 卷，世界知识出版社 1995 年版，第 9 页。

心，而且迫使欧洲殖民国家也不得不宣布和承认民族自决原则，支持亚洲等其他殖民地民族要求民族自决的行为①。“十四点计划”提出后，中国人民深受鼓舞，陈独秀在《每周评论》的发刊词中写道：“美国威尔逊大总统屡次的演说，都是光明正大，可算得现在世界上第一个好人。”②不少学生还跑到美国使馆门前高呼“威尔逊大总统万岁！”③列宁给予“十四点计划”高度评价，认为它是资本主义阵营最强有力的国家对《和平法令》的回音，是“向世界和平迈出的一大步”，并且要求《消息报》全文刊登这篇演说。该报评论说，威尔逊的“十四点计划”是争取民主和平斗争的一次伟大胜利，苏维埃俄国希望美国人民能够成为争取民主和平斗争中的一个真正的朋友④。1919 年《凡尔赛条约》签订后，民族自决权开始成为处理国际关系的一条基本原则。依据“十四点计划”的最后一点建立起来的国际联盟对于国际事务的协调和解决具有积极的意义。国联民族自决原则，维护国际和平与安全的宗旨，集体安全原则和普遍裁军的任务，诸多社会和人道主义条款等在很大程度上都被后来的联合国继承，在国际事务中发挥了日益重要的作用。

威尔逊的民族自决思想对美国外交亦产生了长远的影响。威尔逊打破了一百多年来主导美国外交的孤立主义传统，使美国从地区性大国走上世界大国的道路。此后，美国外交按照威尔逊的理想主义原则，积极争夺和巩固其世界霸权。罗斯福的“四大自由”，杜鲁门的“保卫自由世界”，卡特的“人权外交”，布什的“超遏制战略”，克林顿的“人权高于主权”等，均与威尔逊理想主义外交密切相关。基辛格认为：“无论如何，威尔逊在思想上的胜利比任何其他的政治成就更根深蒂固，因为每当美国面临建立世界新秩序的使命之际，它总是殊途同归地回到威尔逊的观念上。”⑤

总之，列宁和威尔逊的民族自决思想在战争和危机不断的世界各国

① K. M. Panikkar, *Asia and Western Dominance*, New York: The John Day Co., Inc., 1954, p. 200.

② 陶文钊：《中美关系史（1911—1950）》，重庆出版社 1997 年版，第 48 页。

③ 李庆余：《11 个美国人和现代中国》，安徽大学出版社 1998 年版，第 55 页。

④ 张镇强：《美国总统威尔逊在武装干涉苏俄中的作用》，《美国研究》1988 年第 4 期。

⑤ ［美］亨利·基辛格：《大外交》，顾淑馨、林添贵译，海南出版社 1997 年版，第36 页。

产生了相当大的影响，两者都吸引了不同种族和肤色的世界各国人民的目光[①]。他们的思想和实践极大地冲击了旧秩序，丰富了民族自决权理论，促进了民族主义的发展，使“民族自决权”原则成为重要的国际政治原则之一。英国历史学家巴勒克拉夫评论道，“尽管威尔逊和列宁互相竞争，各不相让，但他们有一个共同点：即他们都抛弃了现有的国际秩序。他俩都拒绝了秘密外交、领土兼并和贸易歧视；他俩都摆脱了欧洲均势；他俩都谴责‘过去对现在的影响’。他俩都是‘那个时代的革命斗士’，是‘新的国际秩序的预言家’”[②]。

二　列宁与威尔逊民族自决权思想的根本区别

列宁和威尔逊在当时的国际环境中都大力提倡民族自决权思想，主张实现世界各民族的平等、自由和独立，反对武力威胁和用武力威胁来解决国际争端。但是由于他们所处的阶级立场不同，历史使命不同，从各自不同的代表利益出发，他们的民族自决权思想也有很多不同，在实践过程中产生了截然不同的结果。二者的区别主要表现在理论传统、根本目的、适用范围、实现方式和实践结果等方面。

（一）理论传统不同

从国际关系理论传统来看，列宁的民族自决权思想属于革命主义的国际关系理论范畴，而威尔逊的民族自决思想则继承了理性主义传统。革命主义思想家强调人类社会，认为国际关系的实质在于超越国家分野的人和人的关系[③]。他们认为世界是二分的，一方面是代表人类普遍利益的负有实现人类共同体使命的正义力量，另一方面是阻碍人类共同体实现的异端或坏人。革命主义的近现代典型代表是马克思主义，列宁从马克思主义的辩证唯物主义和历史唯物主义世界观和历史观出发，认为无

---

① ［英］杰弗里·巴勒克拉夫：《当代史导论》，上海社会科学出版社1996年版，第116页。

② 同上书，第113—114页。

③ 时殷弘、张凤丽：《现实主义、理性主义、革命主义——国际关系思想传统及其当代典型表现》，《欧洲》1995年第3期。

产阶级是唯一的大公无私的代表人类普遍利益和正义的力量，而资产阶级是一切压迫和剥削的根源。只有无产阶级团结起来推翻资产阶级的统治，建立无产阶级专政，才能最终实现自身和全人类的解放。

列宁的民族自决思想以推翻殖民主义统治，彻底解放全世界被压迫民族为宗旨，争取无产阶级斗争的利益。他从经济基础出发，认为在国际政治中阶级是首要行为体，战争与和平的根源来自经济基础。资本主义的发展规律决定了在帝国主义时代条件下战争是不可避免的，要彻底根除战争爆发的根源，就必须推翻资产阶级的统治。资本主义日益将人类连为一体，资产阶级的跨国界联系日益紧密，因此反对国际资本主义的力量也应该实行跨界联合。国际关系的对峙发展形成跨界联合起来的一个阶级反对另一个阶级的联盟。被压迫民族反对压迫者的斗争，无产者反对资产阶级的斗争，其最终的目标是实现共产主义，从各民族自决过渡到全体劳动者的自决。

与列宁的革命主义传统不同，威尔逊的民族自决思想属于国际关系中理性主义传统。理性主义在承认国际无政府状态的同时，更注重有序的国际交往。他们认为国际关系中各国的共同利益，共同价值观念和共同规范起着或必将起首要作用①。威尔逊认为战争的起因是专制制度、国际强权政治和国际贸易壁垒，实现永久的国际和平的途径是建立普遍的民主制度、实施民族自决和公开外交，用国际组织来保证国际政治法制化，用自由贸易促进国际经济关系的发展。

威尔逊认为民族自决权是人类享有的一项最基本的自由和权利。民族自决就是所谓“普遍主权”和“被统治者同意”。他的自决思想以被统治者的同意为核心，侧重于自治权和一国内部的人民自己管理自己，自由地决定自己的统治者以及统治形式。他的表述更贴近民族自决权的原意。他关注的是个人、群体和民族的自决，而不是阶级的自由和自决，他不像列宁那样旗帜鲜明地支持被压迫民族和殖民地人民。威尔逊认为在国际体系中国家仍然是重要的行为体，民族自决和国家主权是世界和平唯一可能的基础。战争的根源是强权政治，要实现永久和平就必须实

① 时殷弘、张凤丽：《现实主义、理性主义、革命主义——国际关系思想传统及其当代典型表现》，《欧洲》1995 年第 3 期。

行民族自决，用民族自决取代强权政治，在理性指导下各民族享有独立自主权利，所有人民和民族都有在自由与安全的平等条件下共处的权利①。

（二）根本目的不同

由于政治文化背景和各自代表的阶级利益的不同，列宁和威尔逊对民族自决权思想阐发的目的大相径庭。列宁的主要目的是推翻殖民体系中的民族压迫和民族剥削，消除民族之间的不平等关系，实现各民族的平等和独立，其中包括建立独立的民族国家，这是民族最终接近与融合前提。只有主张各民族在平等基础上的自决，才能赢得国内外各民族的信任，才能领导和团结世界各民族，帮助无产阶级实现推翻资本主义，建立共产主义的目标。帝国主义对殖民地民族的压迫和剥削使得广大的被压迫民族同无产阶级站在一起，共同反对压迫民族。无产阶级必须尽可能团结一切力量，反对强大的敌人。列宁在为无产阶级制定民族纲领的时候，一直坚持强调民族自决应服从无产阶级斗争的利益，只有无产阶级革命取得了胜利，才能实现没有剥削、没有压迫的理想社会，实现各民族的团结和融合的最终目的。

威尔逊民族自决权思想的根本目的，是为了争取广大被压迫民族对美国的信任和支持，增强美国政治经济的吸引力，打垮以欧洲为核心的旧的世界格局，削弱欧洲实力，实现美国的领袖地位，主导世界事务。威尔逊认为世界上所有民族都有自我完善和发展的能力，只要加以适当引导，每一民族都可以具有自决能力。作为上帝选民的美利坚民族，负有垂范、引导其他民族走向美好未来的历史使命，要对其他民族进行教育和培养。因为美国实力的增长使得美国已经成为历史的决定因素了。他不止一次地强调，美国将是世界金融的领袖，在商业上占有优势地位，并且是工业的霸主，世界各国期待美国的领导和指挥②。英国学者吉尔·伦德斯塔德指出，美国传统文化认为美国是世界众多民族中负有特殊使

① Vasquez, ed., *Classics of International Relations*, third edition, New Jersey: Prentice - Hall, Inc., 1996, p. 17.

② 托马斯·贝莱：《威尔逊和大出卖》，约翰·霍普金斯出版社 1956 年版，第 66 页。

命的独特民族，肩负传播先进文明的重任[①]。美国在北美大陆实现了“文明”对“野蛮”的征服，美国要把它们的文化理念和政治制度推向全世界。威尔逊的民族自决权思想的确在一定程度上达到了瓦解欧洲国家殖民体系，肢解欧洲部分殖民帝国，削弱欧洲力量的目的，符合世界被压迫民族要求摆脱殖民统治，实现民族独立的愿望，赢得了部分民族人民的信任和支持。

但是，威尔逊在其文章和演讲中多次表述对落后国家和民族人民的轻视和不信任，不但认为他们不能依赖自己的力量实现民族自决，而且对于不服从美国教导和影响的民族，可以通过暴力和武力威胁的方式强迫别人接受美国的“帮助”。“如果我只能通过偶尔击倒某人来保持对他的道义影响，如果这就是他尊重我的基础，那么出于为他的缘故，我就偶然将其击倒。如果一个人不安静地坐下来听你说，就骑在他的脖子上，强迫他听。”[②] 这与列宁强调“胜利了的无产阶级不能强迫任何异族人民接受任何替他们造福的办法”的观点形成了鲜明的对比。事实证明，即使是再好的替其他民族谋福利的救世良方，也必须要经过受助者同意，不能以替他人谋福利为借口强迫别人接受不愿意接受的任何事情。一战后在欧洲国家领土变更方面，更是暴露了威尔逊妄图削弱欧洲大国，瓦解其殖民体系，按照美国意图建立世界秩序的意图。

（三）适用范围不同

列宁民族自决思想适用于一切民族，不仅包括欧洲范围内的被压迫民族，也包括欧洲以外的所有殖民地各被压迫民族。列宁认为只要违背人民的意志兼并某一领土，那么该土地上的民族就享有民族自决权。从十月革命后俄国关于民族自决权思想的实践来看，其中还包括统一国家内部要求自决的民族，如乌克兰、白俄罗斯等，甚至鞑靼和巴什基尔。在列宁看来，重要的不是民族的边界划在哪里，民族实现自决采取的形式如何，重要的是无论采取何种方式，都是民族在平等自愿的基础上作

---

① Geir Lundestad, *The American "Empire" and Other Studies of U.S. Foreign Policy in a Comparative Perspective*, Oxford University Press, 1990, p. 11.

② Arthur S. Link, ed., *The Papers of Woodrow Wilson*, Princeton University Press, 1978－1981, Vol. 37, p. 48.

出的选择，是民族独立自主地处理本民族事务的权利。就无产阶级来说，这些问题都只具有次要的作用，而坚持无产阶级国际主义原则，尽可能团结更多的力量进行无产阶级革命，夺权政权，实现共产主义才是最终目的。因此，无产阶级支持所有民族的自决权。在十月革命后，列宁将民族自决思想的重点转移到强调各民族在平等条件下的联合和接近上。

从其提出过程看，威尔逊的民族自决思想也是针对所有的民族，但是在其实践过程中，则更多的是针对欧洲老牌殖民国家控制的殖民地、半殖民地民族和一些发展较为落后的国家。尤其是在“十四点计划”之后，几乎都是针对欧洲，甚至只提到同盟国①。可见，列宁民族自决思想的适用范围比威尔逊的要广泛得多。列宁强调要争取所有被压迫人民的独立，其中包括苏俄、亚洲和非洲②。而威尔逊虽然在演讲中指出尊重所有民族的自决权，但是在实践民族自决权思想的过程中，往往以美国的国家利益为标准，有选择地支持民族争取自决权的斗争。凡是符合美国利益要求的民族自决要求，威尔逊都不遗余力地给予支持；反之，则要么漠视民族自决要求，要么否定或者反对，甚至诉诸武力也在所不辞。

（四）实现方式不同

视角差异决定了列宁与威尔逊实现民族自决权的方式不同。列宁从革命的视角出发，强调在帝国主义时代只有通过革命，才能真正实现各民族的自决权；而威尔逊主要从外交的视角出发，反对用武力和战争来解决国家争端和实现民族自决，主张尊重各民族管理本民族事务的权利，尊重被统治者的意愿，在世界和平环境中展开竞争。

列宁认为民族自决权的实现形式有建立独立的民族国家、在主权国家内部实行自治、与他国合并等等多种实现形式，其实现方式有和平和革命两种。就当时的现状而言，革命是民族自决实现的主要方式，因为垄断资产阶级绝不会主动放弃对世界各民族的压迫和剥削，要实现各民族的自决权就必须通过暴力革命推翻资本主义。列宁反对对资本主义进行改造的改良计划，反对违反民族自决原则和民族意愿的领土兼并。他

---

① 时殷弘：《新趋势·新格局·新规范》，法律出版社2000年版，第302页。

② N. Gordon Levin Jr., *Woodrow Wilson and World Polities*, Oxford, 1980, p. 32.

认为在推翻资本主义之后，各民族可以采取各种形式实现其民族自决权，在实践中究竟采取哪种形式，要根据各民族发展程度在自愿原则的基础上具体安排。

威尔逊民族自决的实现方式分为两种。对于独立的民族国家，他主张承认其民族自决权，尊重其政治经济独立和领土完整；对于殖民地半殖民地民族，他主张承认民族自决原则是他们享有的一项基本权利，但是承认其独立并不意味着该民族的独立就能够立即实现，这些民族的独立必须要在国际社会或者别的先进国家的帮助下逐步实现。

威尔逊认为不论是独立国家的民族还是未获独立的民族，只有建立了真正的民主政治，立宪政府，才能最终实现真正意义上的民族自决，而立宪政府的标准就是美国的政治制度和价值观念。以此为标准，他对菲律宾独立的条件和时间久拖不决，在墨西哥问题上不惜动用武力。战后威尔逊仅仅主张在西方国家主导的国际联盟宪法允许的框架下，通过法律程序逐步实现各殖民地民族的自决权，其具体形式是在西方国家的指导和帮助下，在上述国家建立符合西方要求的民主政治，然后再实现其自决。在参战后世界秩序的重新安排上，更是接受委任统治的形式作为许多民族自决权的实现形式，忽视殖民地民族的独立意愿，将其主权置于另一种力量的控制之下，这实际上是否定了这些民族的自决权。委任统治或者托管形式妥协性和渐进性的特征，充分体现了威尔逊既想改变现有的国际旧秩序，又不想立即同西方国家决裂和对立的立场。

（五）实践结果不同

列宁和威尔逊意识形态方面的分歧和历史使命观念的不同，导致了其民族自决思想的结果迥然不同。列宁在实现民族平等和民族团结，坚持民族自决权方面具有彻底性和前后一贯性，在东方国家中产生了广泛的影响；而威尔逊则因其民族自决权思想前后不一，模糊易变的特征而半途而废，不了了之。

列宁从革命初期提出民族自决权思想起，就始终坚持给予各被压迫民族自决权，为此，不仅同国内外各种反对意见进行了激烈的辩论，而且在革命胜利后，积极贯彻落实各民族的自决权。俄国国内各民族根据自身的发展情况，通过不同的形式实现了民族自决权——有些民族获得了独立，脱离了俄国建立了独立的民族国家；有些民族根据自愿原则平等地实现了民族联合；有些民族则在历史上首次实现了民族区域自治。无论各民族采取何种自决形式，列宁领导的苏维埃俄国都给予帮助和支持，尊重民族自己的选择。这不仅赢得了国内各民族的信任，而且赢得了欧洲和东方民族的欢迎。列宁史无前例地承认乌克兰等国内各民族的自决权，在党内外更是影响深远。由此，在苏俄的推动下，广大被压迫民族将民族自决权思想作为争取民族解放运动的指导思想，一战后在国际范围内兴起了民族自决的浪潮。

从威尔逊民族自决思想的实践来看，一战前后，威尔逊在处理一些民族问题时在一定程度上遵从了民族自决原则。不管是出于无奈还是别的原因，他都在表面上承认菲律宾和墨西哥等国家的领土完整和独立不受侵犯。辛亥革命后率先承认中华民国和退出六国银行团，成为第一个承认中华民国的西方国家。苏俄十月革命初期声称不干预俄国内政，一直反对武装干涉苏俄。

贯穿威尔逊民族自决权思想实践的决定因素，是美国的国家利益。第一次世界大战结束后，在世界秩序的安排和战败国的处理问题上，威尔逊的自决思想只提到了战败国的部分民族问题，而对战胜国的民族问题却避而不谈，面对欧洲强国的步步紧逼，威尔逊一再妥协退让，最终使其民族自决原则沦为战胜国肢解战败国的一个理论工具。

为了让欧洲诸国赞成建立国际联盟的主张，他听任欧洲和日本等国家在战后任意兼并别国领土，扩张势力范围，随意蹂躏弱小民族以攫取民族利益。在 1919 年 2 月 5 日讨论国联会员国时，威尔逊为了维护国内糖业资本家的利益和防止菲律宾落入日本之手，竟声称菲律宾人满足于美国的殖民地地位。他说菲律宾只不过是“一些杂七杂八的小团体的居住地，而没有形成一个社会共同体”[①]。威尔逊民族自决权思想在欧洲实践打破了欧洲均势传统，造成了许多不稳定的后果，促成一系列有利于德国未来扩张的恶性状态[②]。战胜国根据《凡尔赛和约》的规定，重整欧

① 罗伊·沃森·柯里：《伍德罗·威尔逊与远东政策》，张玮瑛、曾学白译，社会科学文献出版社 1997 年版，第 66 页。

② 时殷弘：《新趋势·新格局·新规范》，法律出版社 2000 年版，第 123—125 页。

洲边界，他们不是按照民族意愿，而是随意划分民族疆界。为了削弱和惩罚德国，他们将德国肢解，使其疆域缩小14.3%。随着俄国退出东欧，东欧众多小民族国家的建立，制约德国的力量大大减小，德国的地缘政治地位不但没有被削弱，反而增强了，其地缘战略优势空前强大。民族自决原则使欧洲的边界延长了1265公里，破坏了欧洲传统的均势原则和原来国家经济的统一，引发了日后引起欧洲争端的少数民族问题。

威尔逊在民族自决问题上的二重性特别明显。一方面，高唱民族自决，极力拉拢弱小国家和民族；另一方面，为了美国的利益不惜附加种种条件甚至背弃民族自决权思想①。英法等国利用"民族自决"衍生出扩充势力范围的新政治制度——委任统治制度②。假国际联盟之名，"委任"战胜国"统治"战败国的殖民地，为殖民主义提供了一种华丽包装，使其合法化。这一时期协约国之所以积极推动所谓的"民族自决"，是因为他们想通过自决权原则来实现其国家战略利益，而不是为了那些少数民族本身。这种言行不一、出尔反尔的做法，激起了被压迫民族的不满和反抗，同时也遭到了西方国家的普遍质疑。把山东的权益让给日本后，陈独秀评论道，"什么公理，什么永久和平，什么威尔逊总统的十四点宣言，都成了一文不值的空话"③。美国亨利·洛奇斥责威尔逊："把山东……从一个盟国的手里拿给另一个盟国，作为签字参加联盟的代价的做法，是外交史上最肮脏的事情，像瓜分波兰一样可耻。"④ 威尔逊的妥协退让不仅导致许多弱小国家的不满和反抗，甚至在美国国内也遭到了极大的批评。由于国会的反对，美国不能成为国际联盟的成员，更谈不上以此领导和建立世界新秩序了。美国影响国际事务能力的有限性和国内政治斗争，共同限制了威尔逊民族自决思想的实现，威尔逊的民族自决思想最终沦为一纸空文。

① 张澜：《从威尔逊的民族自决思想看美国的政治扩张》，《华东师范大学学报》（哲学社会科学版）2003年第5期。

② ［英］埃里·凯杜里：《民族主义》，张明明译，中央编译出版社2002年版，第128—129页。

③ 陶文钊：《中美关系史（1911—1950）》，重庆出版社1997年版，第58页。

④ 王玮：《美国对亚太政策的演变》，山东人民出版社1995年版，第176页。

第 六 章

列宁与斯大林民族自决权思想比较

革命时期斯大林积极撰文宣传和捍卫民族自决权思想，革命胜利后协助列宁贯彻落实各民族的自决权，在帮助非俄罗斯民族实现民族自决权方面取得了巨大成就。但是苏联成立前后，斯大林关于民族团结和联合的形式问题同列宁发生了严重的分歧。在苏联宣布建成社会主义后，斯大林对待非俄罗斯民族的政策发生了巨大变化，限制和剥夺各民族特别是弱小民族的自决权，在民族问题上犯了许多严重错误。通过比较列宁和斯大林民族自决权思想和实践的异同，可以加深对列宁民族自决权思想的正确理解和认识。

第一节　斯大林的民族自决权思想

斯大林生活在民族成分极其复杂的高加索地区，他对民族问题的关注由来已久。民主革命初期，他不仅提出了和列宁高度一致的建党原则，积极拥护列宁的建党主张，而且撰文积极支持和宣传民族自决权思想。他的许多论断，都被列宁赞同并加以引用。

一　斯大林对民族自决权思想的主要贡献

在革命早期，远在高加索的斯大林同样坚决反对按民族建党的联邦制原则，他在1904年发表的第一篇较为全面地论述俄国民族问题的文章《社会民主党怎样理解民族问题》一文中认为，联邦主义只能巩固无产者之间的民族壁垒，使党成为一个畸形的、分散成各个政党的“联邦式的联盟”，从而破坏党的集中统一[①]。该观点和列宁的建党原则不谋而合，是来自于非俄罗斯民族中对列宁建党原则的强有力支持。

1905年革命失败后，斯大林加紧对民族问题进行研究。1913年参加党的会议期间，斯大林就民族问题与列宁交换了意见，得到了列宁的认同和赞赏。会后，列宁委托斯大林写一篇关于马克思主义民族问题的文章，斯大林在维也纳写了《民族问题和社会民主党》（即《马克思主义和民族问题》）一文，这篇文章在马克思主义民族理论发展史上占有重要地位。这是“布尔什维克党在战前国际舞台上对民族问题所发表的最重要的言论。这是布尔什维主义关于民族问题的理论和纲领宣言”[②]。著作问世后，列宁作了高度评价：“那篇文章写得很好。这是当前的重要问题”[③]。在该文中，斯大林对民族自决权思想作了通俗易懂的阐释。

（一）深刻分析了民族运动的产生及其性质、内容和形式，现代民族的形成过程，系统阐明了马克思主义关于民族自决权的基本理论

在该文序语中，斯大林分析当时的形势时指出，在1905年革命期间，国内各民族不分民族的共同进行反对沙皇的斗争，反封建的共同问题高于一切；但是在革命失败后，共同进行革命斗争的各民族内部开始兴起了民族主义，民族问题高于一切[④]。民族主义浪潮日益迅猛发展，严重威胁和削弱了无产阶级革命斗争，面对这种国内情况，斯大林严肃地指出，必须“给民族主义一个反击，使群众同普遍的‘时疫’隔离”，要“用久经考验的国际主义的武器，用统一不可分的阶级斗争去对抗民族主义”，以“努力消除民族主义的迷雾，不管这种迷雾来自何方”[⑤]。

接着，斯大林分析了民族运动的产生和发展过程，民族运动的实质

---

① 熊坤新：《斯大林民族定义之我见》，《世界民族》1998年第2期。

② ［苏］亚历山大洛夫等：《斯大林传略》，外国文书籍出版局1951年版，第43页。转引自金炳镐《“民族”新证》，《西南民族大学学报》（人文社会科学版）2007年第1期。

③ 《列宁全集》第35卷，人民出版社1985年版，第73页。

④ 《斯大林全集》第2卷，人民出版社1953年版，第289页。

⑤ 同上书，第290页。

和内容。他认为现代民族，即资产阶级民族是在古代民族的基础上发展起来的，它形成于资本主义上升时代，是与资本主义生产方式紧密联系在一起的。资产阶级消灭封建制度，大力发展资本主义的过程，同时就是人们形成为民族的过程[①]。民族运动的主角是资产阶级，市场是资产阶级学习民族主义的第一个学校。资产阶级为了发展自己的经济，销售自己的商品，千方百计地要战胜和自己竞争的异族资产阶级，力求保证“自己的”“本民族的”市场，把民族市场统一起来。这样，在统一的过程中不仅逐渐形成了现代民族，而且使得斗争的领域也发生了变化，从最初的经济领域开始扩展到政治领域，主要表现是要求“限制迁徙自由，限制语言使用，限制选举权，减少学校，限制宗教活动等等”[②]。为了与统治阶级的高压政策相对抗，被压迫民族中的资产阶级举起了“保卫祖国”“复兴民族”等旗号，于是民族运动就开始了。

斯大林着重分析了西欧和东欧各国民族和国家形成的两种情况。第一种，西欧各民族形成过程同时就是他们变为独立的民族国家的过程。如英吉利、法兰西等民族形成过程就是英国和法国单一民族国家形成的过程。在西欧，爱尔兰民族是一种例外，这是爱尔兰民族运动的主要原因。第二种如奥匈帝国和俄国等东欧国家，在封建主义没有被消灭，资本主义不发达，被压迫民族还没有觉醒的时候，组织国家的任务只能由发展较快、各方面都走在前头的民族来完成。在奥地利由当时政治上最为发展的德意志人担负起统一各民族，组织多民族国家的任务。在匈牙利则是马扎尔民族，在俄国是俄罗斯民族。这种民族在多民族国家中成了统治民族，而发展缓慢的被压迫民族由于“碰到了早已居于国家领导地位的统治民族中的领导阶层极其强烈的反对”[③]，不可能再成立单一的民族国家，他们变成了被统治民族，东欧绝大多数民族结合在一起形成了多民族国家。在西欧作为例外的爱尔兰情形，在东欧则成了通例。

在20世纪初期，东欧各民族的资本主义获得了不同程度的发展，“资本主义闯进了被排挤的民族的平静生活中”[④]，唤醒了被排挤民族中资

① 《斯大林全集》第2卷，人民出版社1953年版，第300—301页。

② 同上书，第303页。

③ 同上书，第302页。

④ 同上书，第301页。

产阶级的反抗和斗争意识，他们开始组织力量同统治民族中的资产阶级进行斗争，于是在东欧也兴起了民族运动[①]。

民族运动的性质和斗争的实质是各民族资产阶级之间的斗争。在资本主义上升时期，“民族问题”由资产阶级提出，民族运动由资产阶级及其政党领导，它的指导思想是资产阶级民族主义，其斗争的实质始终是为了维护资产阶级的利益[②]。虽然民族运动是资产阶级领导的维护资产阶级利益的革命运动，无产阶级不能以此为借口无所作为，而是应当坚决反对民族压迫政策[③]。因为无产阶级在民族压迫的高压政策中是首当其冲的，“工人受到的损失并不比资产阶级受到的少，甚至还要多”[④]。无产阶级应当参加民族运动，但是无产阶级要时刻提高警惕，及时揭露资产阶级的欺骗宣传和挑拨离间，甚至要防止资产阶级挑起民族间的相互残杀。

斯大林指出民族运动的内容各不相同，民族运动的内容是由民族运动的目的和要求决定的[⑤]。如爱尔兰民族运动的内容是争取土地，波西米亚的民族运动则是要求解决“语言问题”。有些民族运动要求公民权利平等和信教自由，而另外则要求使用“本族的”官吏或组织本族的议会等等。

总之，民族运动的实质是资产阶级的运动，它的内容、形式和命运是和资产阶级的命运、阶级利益紧紧联系在一起的。

社会民主党解决民族问题的基本纲领是民族自决权，即民族有权自由决定自己的命运。所谓的自决权就是民族自己决定自己命运的权力，除了民族本身之外，其他任何人或者组织都无权使用暴力干涉民族的生活、学校教育、风俗习惯、语言和其他各种权利[⑥]。“自决权就是民族能按自己的愿望去处理自己的事情。它有权按自治原则安排自己的生活。它有权和其他民族建立联邦关系。它有权完全分离出去。每个民族都是

① 《斯大林全集》第2卷，人民出版社1953年版，第302页。
② 同上书，第305页。
③ 同上。
④ 同上。
⑤ 同上书，第303页。
⑥ 同上书，第306页。

自主的，一切民族都是平等的”[①]。

社会民主党要为实现民族自决权而斗争，消灭民族压迫政策，缓和、降低和消除民族间的斗争[②]。但是，党在维护民族权利，为实现民族自决权而斗争时，必须教育党员明确区分党的义务、纲领与民族的权利是两种不同的东西。因为党是“保护无产阶级利益的，而民族则是由不同的阶级组成的”[③]。所以，党不能支持和维护民族的所有要求。觉悟的无产阶级更不能站到资产阶级的“民族”旗帜下去做损害无产阶级及其政党的利益。否则，“就是企图使工人的阶级斗争适应民族斗争”[④]，是与党的纲领背道而驰的，必须坚决加以反对。

解决民族问题时需要辩证地分析和对待民族分离的问题。民族问题不是孤立的和有决定意义的问题，而是国家解放总问题的一部分。行使民族自决权要符合民族中大多数人的利益，即无产阶级和广大劳动人民的利益。马克思主义认为，要正确解决民族问题，就必须将其放到发展着的历史环境中去，结合民族发展的具体经济、政治、文化和历史条件具体分析，才能最终决定究竟应当怎样解决该民族的问题，应当采取什么样的形式来实现民族自决权。民族的经济、政治和文化的条件是解决该民族问题的唯一关键[⑤]。不应当无条件地要求民族分离，要从该民族所处的经济、政治和文化条件出发具体分析是否需要分离。因为民族自决权虽然规定民族有权处理自己的事情，甚至有权分离。“但这并不是说它在任何条件下都应当这样做，也不是说自治制或分离制无论何时何地都有利于民族，即有利于该民族中的多数，有利于劳动阶层。”[⑥] 虽然民族有权处理自己的事情，但是也不能侵犯其他民族的权利。

斯大林分析比较了奥地利和俄国的民族结构和历史任务，认为在奥地利民族问题是政治生活的轴心，是生死存亡的问题，其首要问题是以现存的议会制度为基础解决民族问题；而俄国的情形则不同，俄国没有

---

① 《斯大林全集》第 2 卷，人民出版社 1953 年版，第 306—307 页。
② 同上书，第 307 页。
③ 同上。
④ 同上。
⑤ 同上书，第 309 页。
⑥ 同上书，第 308 页。

议会，全国解放是俄国的重心和最重要的问题，民族问题不是独立的和最重要的决定性问题，而是全国解放总问题中的一部分①。俄国首要的任务是解决土地问题，即反封建的斗争，民族问题是从属的问题②。研究和解决俄国民族问题的关键和唯一正确的方法是，要以俄国具体历史条件为出发点，辩证地分析俄国的民族问题③。只有这样，才能捍卫党的民族自决权的纲领，与机会主义、改良主义企图在不推翻资产阶级统治的条件下，获得所谓“民族自由”的错误立场和方法进行坚决的斗争。

（二）尖锐深刻地批判了鲍威尔、施普林格尔等在民族问题上的机会主义观点，指出俄国的马克思主义者绝不能简单模仿和采用奥地利社会民主党民族文化自治的民族纲领

斯大林认为民族文化自治就是民族自治，它与民族自决是两种根本对立的纲领，是与民族发展、阶级斗争相抵触的④。早期的资本主义使民族逐渐集结起来，组成单一的民族国家。但是随着资本主义的发展，民族之间联系的扩大，人们的不断迁移，民族开始逐渐分散。民族迁移和阶级斗争使得民族统一的可能性也越来越小⑤。民族文化自治却人为地、不切实际地把一些被实际生活彼此隔离和转移到全国各地去的人勉强凑成统一的民族联盟，这与民族的整个进程是相抵触的。“民族文化自治”是一种精致的民族主义，是用资产阶级的“民族原则”来代替社会主义的阶级斗争原则，并用社会主义的辞藻巧妙地伪装起来的民族主义，对无产阶级更加有害。民族文化自治非但不能解决民族问题，反而导致民族问题更加尖锐和紊乱，它更容易破坏工人运动的团结统一，结果只能按民族使工人们彼此隔离开来，加剧工人之间的纠纷⑥。

斯大林批评了犹太人的民族文化自治思想。他指出犹太民族散居于其他民族之中，正在被同化⑦，崩得不顾犹太民族发展的这种现状，反而

① 《斯大林全集》第2卷，人民出版社1953年版，第314页。
② 同上书，第314—315页。
③ 同上书，第315页。
④ 同上书，第322页。
⑤ 同上书，第323页。
⑥ 同上书，第326页。
⑦ 同上书，第329页。

提出了保障少数民族权利和犹太民族不被同化的问题，主张实行民族自治，即民族文化自治。这是把民族自治强加于一个存在和前途都成问题的民族身上。崩得企图维护和保全“民族”的一切特点，其结果必然把犹太人和一切非犹太的东西隔离，在组织上走上使犹太工人隔离的道路和背叛党章的分离主义。崩得民族自治的联邦原则，就是要把统一的无产阶级政党划分成按民族成分组织的联合机构，以此来反对各族人民联合起来进行革命斗争。斯大林尖锐地指出没有国家的民主化，民族充分自由发展文化的权利就不可能得到有效保障。反之，国家越民主，就越能保障民族自由发展，越能减少对民族权利侵犯的发生①。从民族文化自治纲领的实践来看，奥地利社会民主党在“民族文化自治”的旗帜下分裂为六个民族主义的小党，对工人运动的团结，起了恶劣的破坏作用。崩得的民族文化自治纲领已经引起了各民族工人之间的冲突，民族文化自治的思想在俄国造成了比奥国更为有害的气氛②。

斯大林批评了一部分高加索社会民主党人的民族文化自治纲领。斯大林承认，“由于高加索居民成分及其生活条件有许多特点，在全国性的宪法范围内实行高加索区域自治确实是必要的”③。俄国社会民主党在第二次代表大会上就曾宣布：“凡是生活条件和居民成分与俄国本部各地不同的边区皆得实行区域自理。”④ 这里的区域自理就是区域自治。但是在高加索地区实行民族文化自治却是错误的，这是因为高加索的许多民族文化发展程度都很低，它们只有原始的文化，有些民族虽有本民族的特殊语言，但没有本民族的文学；就民族本身的发展进程而言，许多民族还都处于从古代民族向现代民族的过渡阶段，一部分民族正在被同化，一部分民族获得了较快发展⑤。在这种条件下实行文化自治只能是将统治阶级的文化强加给后进民族。斯大林指出，解决高加索民族问题的正确方法是把后进的民族纳入高度文化的总轨道。在高加索地区实行区域自治的政策之所以必要和正确，就在于“它把后进的民族引上总的文化发

① 《斯大林全集》第2卷，人民出版社1953年版，第331页。

② 同上书，第339页。

③ 同上书，第341页。

④ 同上。

⑤ 同上书，第342页。

展的大道，帮助它们跳出小民族闭关自守的狭隘范围，推动它们前进，使它们易于享受高度文化的成果”①。而民族文化自治之所以错误，就在于它与民族区域自治恰恰相反，它的实质是把各民族禁锢在旧的狭隘范围内，把民族固定在文化发展的低级阶段上，妨碍民族走上高级的文化阶段。因此，这种混合式（配合式）的自治不但无益，反而有害，它不仅阻碍后进民族的发展，还会“把区域自治变成被组织在民族联盟内的各民族互相冲突的舞台”②。

斯大林批评了孟什维克取消派民族文化自治和党的民族自决权纲领的“原意并不抵触”的观点。斯大林明确指出，党的纲领中的“民族自决的条文所说的是民族权利。根据这个条文，民族不仅有权实行自治，而且有权实行分离。条文上所讲的是政治上的自决”③。民族权利和党的纲领原则是两种完全不同的东西。民族的自决权讲的是政治上自决。而民族是由各个阶级组成的，它的权利可以表现任何阶级，包括资产阶级、贵族和僧侣。民族权利势必和党的纲领的原意相抵触，即和无产阶级的利益相抵触。如社会民主党人的纲领上有信教自由一条，按照这一条，任何人都有信仰任何一种宗教的自由，但党又要宣传无神论、宣传共产主义的世界观，这和无产阶级的利益并不抵触。自决权问题也是如此。各民族有权按照自己的意愿去处理自己的事情，任何人都不能用强迫手段进行干涉。但是并不是说社会民主党对民族的一切要求都给予支持，相反地，党始终要教育各族群众按照无产阶级的利益来处理本民族的事情，对其中有害的、不适当的要求党必须加以反对。

（三）全面论述了解决俄国民族问题的基本原则和主要方法

斯大林明确指出，要解决俄国的民族问题，就必须密切联系俄国当时的具体形势④。从俄国当时实际情况出发，斯大林提出了解决民族问题

① 《斯大林全集》第 2 卷，人民出版社 1953 年版，第 344 页。

② 同上。

③ 同上书，第 346 页。

④ 同上书，第 351 页。

的四个必要条件。一是自决权[①]。在解决民族问题时，要估计到国内和国外两种情况。如果国内外的形势有利于某个民族必须提出和解决本身独立的问题时，马克思主义者就必须对其给予支持。二是区域自治。对于那些由于某种原因而宁愿留在整体范围内的民族，正确解决问题的唯一办法就是实行区域自治。按照居民而不是民族划分自治范围，打破而不是巩固民族壁垒，最终实现按照阶级划分居民，实现无产阶级的团结统一[②]，它能最适当地利用本地区的天然资源并发展生产力。三是在语言、学校等一切方面实行民族平等[③]。斯大林指出，少数民族所需要的不是那种人为的联盟，而是在当地拥有真正的权利，即使用本民族的语言，有本民族的学校，有信仰宗教、迁徙等等的自由。只有实现国家的完全民主化，并在此基础上颁布全国性的法律，无一例外地禁止任何民族享有任何特权，禁止任何妨碍或限制少数民族权利的做法，"才能实际地而不是纸上空谈地保障少数民族的权利"[④]。四是工人的国际主义团结的原则[⑤]。民族文化自治和崩得的联邦制，两者都要求"按民族划分"，"按民族进行组织"，不同的只是前者要求"划分全体居民"，后者则要求"划分社会民主党工人党员"。组织上实行联邦制的结果，只能瓦解统一的工人政党，按民族组织起来的工会将会四分五裂，民族纠纷就会尖锐化，社会民主党内部精神涣散，一盘散沙[⑥]。"民族的组织形式是培养民族狭隘性和民族保守性的学校"[⑦]。事实证明，必须摒弃破坏工人团结的民族文化自治和联邦制的组织原则，采取跨民族的组织原则，才能实现工人的国际主义团结。

斯大林的上述论断，写于列宁集中论述民族自决权思想之前。从列宁后来关于民族自决权思想的翔实论述中可以看出，他们关于民族运动的发展历史及其实质、民族文化自治思想的危害、俄国党内民族自决权

---

① 《斯大林全集》第 2 卷，人民出版社 1953 年版，第 352 页。

② 同上书，第 353 页。

③ 同上书，第 354 页。

④ 同上书，第 355 页。

⑤ 同上书，第 358 页。

⑥ 同上。

⑦ 同上书，第 356 页。

思想的政策等都保持高度一致的看法。斯大林的相关论述还被列宁在后来多次引用。在整个民主革命时期，斯大林在理论上撰文支持和捍卫列宁的民族自决权思想，在实践中积极贯彻和争取实现各民族的自决权。十月革命后，斯大林被任命为俄罗斯苏维埃共和国民族事务委员会的人民委员，参与制定与民族问题有关的所有方针政策，在领导苏维埃俄国解决民族问题方面做出了卓越的贡献。

国内战争前后，随着部分民族同俄罗斯的分离和独立，一些边疆地区的民族也提出了分离的要求。对此，斯大林在《苏维埃政权对俄国民族问题的政策》一文中持反对态度。斯大林认为，从民族权利出发，各民族享有自决权是无可争辩的，居住在俄国边疆地区的民族和部落，同样享有和其他一切民族一样的同俄国分离的不可剥夺的权利；如果这些民族中的某一民族的大多数人民，像1917年芬兰的那样，决定同俄国分离，那么俄国必须确认事实而批准分离①。但从阶级利益出发，从当时中部和边疆地区结成革命联盟反对帝国主义干涉措施的利益来看，要求边疆地区分离是极端反革命的②，应当排斥和反对使边疆与俄国分离的做法③。有人据此认为斯大林此时已经改变了对民族自决权思想的看法，把民族分离当作反革命阴谋。这种看法是不对的。因为协约国为了扼杀苏维埃俄国正在加紧向俄国的边疆地区渗透，以前独立的芬兰、波兰和高加索地区的一些民族，已经加入了协约国反对苏俄的行列。为了反对协约国的渗透，加强俄国中部和边疆地区的联盟，斯大林反对边疆地区某些民族的分离要求。斯大林的上述立场和列宁反对西伯利亚独立的理由和立场是一致的。

二　斯大林对列宁民族自决权思想的捍卫和落实

斯大林执政将近三十年间，他在贯彻落实列宁民族自决权思想，帮助各民族实现事实上的平等和真正当家作主方面进行了不懈的努力，取

① 《斯大林全集》第4卷，人民出版社1956年版，第329页。

② 同上书，第314页。

③ 同上书，第314—318页。

得了重大的成就。

（一）政治上继续提高少数民族地位，在苏联各民族地区进行政权建设的同时，在最高国家权力机关苏维埃中增设两院制

列宁逝世后，斯大林上台执政。他在法律上规定，苏联公民不分民族及种族，在经济、政治、文化及社会各方面一律平等。在实践中强调要重视提高少数民族政治地位，实现民族平等。帮助非俄罗斯民族进行政权建设，建立民族自治实体，使一些少数民族拥有自治组织或享有自治权利。

苏联的成立仅是创建多民族国家的开始。斯大林在执政初期力争使所有民族都有可能建立自己的政权体制，实现民族自决权。斯大林帮助国内各民族进行了大规模的地方政权的建设，主要形式有加盟共和国、民族自治共和国、自治州和民族专区等。

斯大林首先完善了俄罗斯联邦的政权形式，先后帮助一些少数民族建立了一系列民族自治共和国。1920 年在俄罗斯联邦范围内成立的新的自治共和国有卡累利阿、布里亚特蒙古（从 1958 年起改名为布里亚特社会主义自治共和国）、楚瓦什、切禅、印古什等，自治州有哈卡斯、阿蒂盖等。其次，在广阔的中亚地区进行了民族划界，建立了土库曼、乌兹别克、哈萨克和塔吉克等加盟共和国和自治共和国。在中亚细亚民族国家界线的划分涉及 1700 万人口的大约 400 万平方公里的广大地区，促进了该地区苏维埃政权建设。再次，对北方少数民族的氏族制度进行了改造，在氏族制度的基础上结合特殊的民族成分和生活方式，创建了许多自治州，其政权机关融合了新旧管理体制的成分。1925 年 2 月 26 日至 1937 年 9 月 26 日，斯大林为居住在俄罗斯联邦北部和西伯利亚的科米彼尔米亚克、多尔干、汉特、曼西、涅涅茨、埃文基、楚科奇和科里亚克等弱小民族建立起 10 个民族专区①。许多民族在历史上第一次建立了符合民族利益的、独立自主的自治组织。最后，提升了一些非俄罗斯民族的地位。1924—1936 年，斯大林先后将北奥赛梯、摩尔多瓦、车臣—印古什、乌德穆尔特、卡尔梅克、楚瓦什和马里等一批自治州升格为自治

① 赵常庆、陈联璧等：《苏联民族问题研究》，社会科学文献出版社 2007 年版，第 77—78 页。

共和国；又将塔吉克斯坦、哈萨克斯坦和吉尔吉斯斯坦由自治共和国升格为加盟共和国；取消了外高加索联邦，让阿塞拜疆、亚美尼亚和格鲁吉亚加入联盟[①]。1940 年，拉脱维亚、立陶宛、爱沙尼亚和摩尔达维亚苏维埃社会主义共和国加入苏联，使得苏联的加盟共和国增加到 15 个。

在进行地方政权建设的同时，为了扩大少数民族管理国家事务的权利，斯大林在最高国家权力机关苏维埃中实行两院制。俄共（布）十二大上，斯大林提出两院制构想。他认为国家最高权力机关苏维埃设立两个平等的院，一个是按地区选出的反映所有劳动者阶级利益的联盟院；另一个是由各加盟共和国和各民族地区选出的反映纯粹民族要求的民族院。两院享有平等的立法权[②]。1924 年苏联苏维埃中央执行委员会由一院改为两院制，增设了代表苏联 100 多个大小民族利益的民族院。社会主义建成后有人建议取消民族院，1936 年 11 月，斯大林指出没有反映与民族特点有关的最高机关——民族院，就无法管理苏联这样一个多民族国家[③]。1936 年苏联宪法规定，苏联最高苏维埃由联盟院和民族院组成。民族院由加盟共和国、自治共和国、自治州和民族专区选举产生，他们的代表人数分别为 25 名、11 名、5 名和 1 名[④]，这样，就保证了各非俄罗斯民族在最高国家权力机关平等地参与管理国家事务的权利。

（二）经济上帮助非俄罗斯民族大力发展经济，努力消除民族发展差距

十月革命后一系列文件和法律的制定，为各民族实现自由平等和民族自决权提供了法律上的保障。但是，由于各民族在经济、文化、社会等发展水平上存在很大差距，特别是中亚、外高加索、西伯利亚、远东和北部地区许多民族的经济文化社会发展甚至还停留在前资本主义发展阶段，昔日边疆落后民族并没有达到事实上的民族平等。从 20 世纪 20 年代初起，在斯大林的领导下，俄共（布）采取种种措施，帮助一些落后民族大力发展经济。斯大林在俄共（布）十二大关于民族问题的

---

① 赵常庆、陈联壁等：《苏联民族问题研究》，社会科学文献出版社 2007 年版，第 78 页。

② 《斯大林全集》第 5 卷，人民出版社 1957 年版，第 209—211 页。

③ 《斯大林选集》下卷，人民出版社 1979 年版，第 415 页。

④ 赵常庆、陈联壁等：《苏联民族问题研究》，社会科学文献出版社 2007 年版，第 79 页。

报告中特别强调，俄罗斯无产者应当继续给予非俄罗斯民族兄弟般的援助①。

苏联政府在人力、物力和财力上全面帮助落后民族的发展。首先有计划地将俄罗斯联邦部分工厂连同设备迁到原料产地和边远的民族地区去②，为边疆地区较快建立现代工业生产奠定了基础。其次斯大林从俄罗斯联邦派出熟练工人、工程技术人员、专家、教师和医生到非俄罗斯民族地区，帮助其发展经济和文化。斯大林还帮助民族地区兴修铁路和水利，改善交通和生产条件。土—西铁道干线和第聂伯水力发电站的建成投产，对于东西部的物资交流和东部地区工业的发展起到了重要作用，改变了整个民族地区的生活方式。自20年代起，斯大林给非俄罗斯民族地区拨出大量资金。在第一、二个五年计划期间，苏联政府向中亚细亚和外高加索各共和国提供的资金，占建设新项目总投资的大约一半。此外，上述地区居民在很多年内免缴农业税和一般民事税，实行采购价格差别政策等措施，激活了民族地区居民的积极性和创造性。工业的发展和城市人口的增加，对于原材料和粮食的需求大幅度上升。斯大林通过没收地主土地分给无地或少地的农民，实行土地改革，免交各种捐税，并帮助他们兴修水利等诸多措施，促进了民族地区的较快发展。在先进地区的帮助下，很多地区都实现了集体化。

上述措施的施行，促进了各民族地区，尤其是以前比较落后的民族地区经济的巨大发展，使目不识丁的游牧民族跨越了千百年的历史发展阶段——从宗法制度直接步入了20世纪的现代文明。在经济文化比较落后的中亚和高加索地区，取得的成就尤其引人注目。截止到第二个五年计划末的1937年，就工业在国民经济所有部门总产量中所占比重来说，中亚细亚和外高加索各共和国以及哈萨克斯坦已接近中部工业地区的水平③。卫国战争期间，作为苏联大后方的中亚经济不仅保持了战前水平，

① 《斯大林全集》第5卷，人民出版社1957年版，第201页。

② 赵常庆、陈联璧：《苏联民族问题文献选编》，社会科学文献出版社1987年版，第46页。

③ 赵常庆、陈联璧等：《苏联民族问题研究》，社会科学文献出版社2007年版，第83页。

而且还有所发展①。

（三）文化教育上帮助一些非俄罗斯民族创造或改革文字，开展大规模的扫盲运动，大力发展民族教育事业

斯大林指出，“愚昧无知是苏维埃政权最危险的敌人”②，必须提高边疆地区人民群众的文化水平。苏维埃国家曾先后为52种少数民族语言创造了文字，促进了非俄罗斯民族文化教育事业的较快发展③。斯大林在执政初期基本上沿袭了列宁时期的语言政策，允许各民族语言自由发展。在各加盟共和国的当地民族中基本上用本民族语言进行教学。如沙俄时期几乎被同化的乌克兰语和白俄罗斯语，在1938—1939学年都被本民族使用进行语言教学。1930年在苏联还成立了专门教授西伯利亚一些弱小民族语言的学院，为这些民族培养师资。

开展大规模的扫盲运动，帮助落后民族读书识字，取得了巨大成就。1926—1932年间苏联脱盲人数达到13万多，其中妇女2万多。1939年人口普查资料说明，从9岁到49岁识字人数的比例已超过87%，到1940年共教会约6000万人识字，基本完成扫盲任务④。1959年的人口普查说明在苏联所有共和国彻底扫除了文盲⑤。

20世纪30—40年代后加大了对发展民族地区文化教育事业的预算和拨款幅度，兴办各类学校，大力发展教育事业。在十几个少数民族共和国建立了100多所高等学校，对于贫困地区的学生采取减免学费和资助伙食等政策，为民族地区培养造就了大批建设人才。到50年代末苏联党和政府认为，各民族地区的经济、文化发展水平已大体上拉平了⑥。

---

① ［苏］阿·涅纳罗科夫、阿·普罗斯库林：《苏联怎样解决民族问题?》，新闻社出版社1983年版，第53页。

② 《斯大林全集》第4卷，人民出版社1956年版，第317页。

③ 赵常庆、陈联璧等：《苏联民族问题研究》，社会科学文献出版社2007年版，第85页。

④ 李传明编：《苏联史（1917—1945）》，上海外语教育出版社1985年版，第143页。

⑤ ［苏］阿·涅纳罗科夫、阿·普罗斯库林：《苏联怎样解决民族问题?》，新闻社出版社1983年版，第58页。

⑥ 赵常庆、陈联璧等：《苏联民族问题研究》，社会科学文献出版社2007年版，第86、92页。

（四）组织上大力提拔和培养民族干部队伍

十月革命胜利初期，非俄罗斯民族地区，尤其是中亚和高加索地区因其经济发展落后，无产阶级和共产党员数量很少，再加上文化水平低下，党政干部极其缺乏。1921 年 3 月党的十大指出，在各非俄罗斯民族地区要大力发展和巩固由本地人组成的法院，行政、经济和政权机关，这些本地人必须是能够使用本民族语言、熟悉当地居民生活习惯和心理的人[①]。这是党首次以决议的形式明确提出在少数民族地区大胆任用当地民族干部。20 年代初到 30 年代末的近 20 年间，为了尽快实现非俄罗斯民族，主要是东方落后民族地区“机关干部民族化”，国家采取了放宽入党标准，简化入党手续，大力发展少数民族党员等应急措施，把大批非俄罗斯民族的工农分子推到领导岗位上。十大后的 20 年间，苏联党和政府不遗余力地加速培养少数民族干部，在全国扫盲运动的基础上，设立了专门培养民族干部的学校。在莫斯科创办的东方劳动者共产主义大学及其分校，为俄罗斯联邦境内的东方共和国和州、中亚、高加索和伏尔加河流域、塔什干、巴库和伊尔库茨克等民族培养了几千名共产党、共青团和工会干部[②]。从 1923 年起，还在中亚等地区办起了不少地方性的共产主义大学。

由于上述政策的实行，各共和国党政干部的素质发生了很大变化，民族干部的比重提高了。卫国战争期间，成千上万的党务工作者、苏维埃工作者和经济工作者奔赴前线。对后方的接替干部重新进行大量培训，不仅设立中央和地方各个不同级别的党校来培养不同级别的干部，而且设立社会科学研究院来培养党的理论工作者。在这段时间，各类党校共培养 6.38 万名学员，其中包括民族地区在内的地方党校培训的 5.5 万名学员，占 86%[③]。自 20 世纪 30 年代末起，从各民族地区以及基层单位的主要党政负责人绝大多数都是当地民族干部，非俄罗斯民族地区的党政

① 《苏共决议汇编》中文版第 2 分册，人民出版社 1964 年版，第 101—105 页。

② 赵常庆、陈联璧等：《苏联民族问题研究》，社会科学文献出版社 2007 年版，第 90—91 页。

③ ［苏］伊·伊·普罗林：《领导干部的选拔、配备和培养》，劳动人事出版社 1986 年版，第 26 页。

民族干部队伍从无到有，逐渐发展壮大。

综上所述，斯大林执政的将近30年间，苏联各非俄罗斯民族地区，特别是昔日贫穷落后的民族地区发生了巨大变化。非俄罗斯民族的政治地位得到提高，有权参与国家和社会事务的管理；经济、文化得到很大发展，人们的物质、文化生活水平不断提高；非俄罗斯民族知识分子队伍和干部队伍逐渐形成，广大非俄罗斯民族的人员素质和精神面貌大为改观，当家作主的意识普遍增强。

第二节　斯大林与列宁民族自决权思想的分歧

早在苏联成立前后，斯大林和列宁民族自决权思想的分歧就已经初露端倪，鉴于列宁的威望和影响，斯大林暂时服从了列宁的观点。列宁去世后，随着苏联宣布社会主义建设的完成，向共产主义过渡，斯大林开始逐渐背离列宁的民族自决权思想，否定民族问题的存在，剥夺非俄罗斯民族的自决权，犯下许多严重的错误。

一　斯大林与列宁关于民族和国家联合形式问题的分歧

随着无产阶级政权的巩固和社会主义建设的展开，斯大林与列宁在处理有关民族问题的思想逐渐产生了分歧。在讨论组建多民族国家的形式问题时，二者的思想分歧全面暴露。

（一）组建高加索联邦问题和著名的格鲁吉亚事件

1921年4月上旬，列宁曾几次提出，在南高加索建立一个区域性的经济机构，主要目的是缓解南高加索地区的经济困难，支援俄罗斯中部地区大城市建设所需各种资源供应，利用南高加索丰富的石油、煤炭等资源。列宁在组建南高加索区域性经济联盟机构时，一再强调要注意南高加索地区的特殊情况，结合高加索的具体条件周密考虑，决不能照搬俄罗斯的做法[①]。

斯大林对列宁建立高加索联邦的观点高度赞同，但是在建立高加索联邦过程中，与列宁主张周密考虑高加索地区特殊情况不同，斯大林对于建立南高加索联盟的特殊情况和进程认识严重不足，在推进联盟建立进程中急功近利，态度强硬。对于南高加索地区的反对意见不是采取正确的应对措施，耐心的了解和细致的说服，而是对其冠以“民族主义”的帽子，不断打压。他以打击“民族主义”为名，极力压制不同意见，不顾当地民族的反对强行推进南高加索联盟的组建进程。1921 年 7 月上旬，斯大林在格鲁吉亚视察工作时认为，南高加索各共和国的“民族主义”妨碍了各民族的联合。他在主持起草的俄共（布）中央高加索局全会的决议中，要求坚决打击“民族主义倾向分子”[②]。俄共中央代表，高加索局领导人奥尔忠尼启则坚持斯大林的观点，主张对建立高加索联邦的不同意见进行高压和打击。8 月，高加索局通过建立高加索经济局的决议。11 月，在俄共（布）中央书记莫洛托夫参加下，又通过了建立南高加索联邦的决议[③]。

为了压制不同意见，斯大林写信给列宁建议并起草了一个俄共（布）中央政治局关于成立南高加索共和国联邦的决定草案。列宁除“基本上同意”外，提出了两点修改意见，一是认为立刻成立南高加索共和国联邦“为时过早”，二是要把建立联邦问题在有关共和国范围内发动全党和广大工农群众进行广泛讨论，要通过每个共和国的苏维埃代表大会自下而上地实施，并且特意指出，“如果有很多人反对，应准确而及时地报告俄共中央政治局”[④]。根据列宁意见修改了的决定下达后，在俄共高加索局强行推动下，1922 年 3 月 12 日，南高加索三国签署了建立联邦制联盟协议。

在成立苏联和南高加索联邦的过程中，格鲁吉亚共和国为了保持独

---

① 《列宁全集》第 50 卷，人民出版社 1988 年版，第 210、232 页；《列宁全集》第 41 卷，人民出版社 1986 年版，第 184 页。

② 《斯大林全集》第 5 卷，人民出版社 1957 年版，第 76—77 页。

③ 徐博涵：《列宁晚期关于民族问题的思想理论与斗争》，《东欧中亚研究》1998 年第 4 期。

④ 《列宁全集》第 42 卷，人民出版社 1987 年版，第 282 页。

立地位，与斯大林为首的俄共中央进行了斗争，并最终引发了著名的格鲁吉亚事件。虽然格鲁吉亚领导人同样赞成建立高加索联邦，但他们更想保持民族独立。他们认为以自治的形式实现联合的时机尚未成熟，因此极力反对斯大林和奥尔忠尼启则的强硬立场。1922 年俄共中央十月全会通过的决议规定，外高加索的三个共和国通过外高加索联邦加入即将成立的苏联，遭到了格鲁吉亚穆迪瓦尼等领导人和阿塞拜疆某些领导人的反对。他们认为南高加索联邦是多余的，通过南高加索联邦加入苏联降低了三国地位，要求格鲁吉亚直接加入苏联。格鲁吉亚等的反对意见被奥尔忠尼启则斥责为沙文主义，他用党内警告、撤销职务、乱扣帽子等手段胁迫格鲁吉亚共产党领导人屈服。10 月 22 日，斯大林要求奥尔忠尼启则把各种民族主义残余清除出中央委员会。在此情况下，格鲁吉亚共产党中央主席团在全会上集体辞职，奥尔忠尼启则不但接受了他们的辞职，而且另组了新的中央委员会。这就是著名的格鲁吉亚事件。中央书记处派出以捷尔任斯基为首的三人调查委员会对此事件进行调查，但他们和斯大林一起，对奥尔忠尼启则作了诸多的辩护①。

在处理南高加索联邦和格鲁吉亚事件中，斯大林已经表现出了明显的歧视和压制少数民族要求和意愿的倾向，开始走上了背离列宁民族自决权思想的道路。他在尊重和倾听其他民族要求和呼声方面缺乏耐心，并且笼统地把少数民族要求当家作主的愿望不加区分地归为“民族主义”进行打击和压制，造成了极其严重的不良后果，唤醒和加深了非俄罗斯民族对于俄罗斯民族的不信任。

（二）在组建多民族国家形式问题上的“自治化”方案

经过战争时期的同舟共济，各民族共和国都希望加强联合，在以什么样的方式联合起来的问题上，斯大林提出了与列宁完全不同的民族“自治化”方案。

1922 年 8 月，俄共（布）中央政治局成立以斯大林为首的专门委员会，讨论各苏维埃共和国联合问题。9 月该委员会通过了斯大林提出的

① 徐博涵：《列宁晚期关于民族问题的思想理论与斗争》，《东欧中亚研究》1998 年第 4 期。

《关于俄罗斯苏维埃联邦共和国同各独立共和国的相互关系的决议草案》，规定乌克兰、白俄罗斯、阿塞拜疆、格鲁吉亚和亚美尼亚作为自治共和国加入俄罗斯联邦，其中央国家机关从属于俄罗斯联邦的中央国家机关。各共和国的外交、军事、交通和邮电等委员部与俄罗斯联邦的相应机构合并；各共和国的财政、粮食、劳动、国民经济委员部和国家安全机构要服从俄罗斯联邦相应机构的指令，而只有各共和国的司法、内务、教育、农业、工农检查、卫生人民委员部是相对“独立的”[①]。

对于斯大林提出的“自治化”方案，各方反应不一。党的很大一批工作人员表示赞成，阿塞拜疆和亚美尼亚共产党中央委员会也表示支持；格鲁吉亚则表示反对，认为加强各共和国经济联合和政策统一是必要的，但“以自治的形式进行联合为时过早”，必须保留共和国“独立的一切特征”；乌克兰和白俄罗斯对这个草案表示反对[②]。

列宁坚决反对斯大林的“自治化”方案，他认为《俄罗斯各族人民权利宣言》已经宣布了各族人民的平等，苏俄已经承认了波兰、芬兰、乌克兰、白俄罗斯、波罗的海沿岸各共和国的独立生存权，这些国家在法律上已成为主权独立的国家，在这种情况下如果实施自治原则就是倒退一步，就是损害他们的利益和权利。国家联盟不是在俄罗斯联邦范围内的自治联邦，而是各独立共和国在完全平等的基础上联合起来的联邦，俄罗斯苏维埃联邦共和国同其他苏维埃共和国是平等的，俄罗斯苏维埃联邦共和国“将同它们一起平等地加入新的联盟”，即平等地加入“欧洲和亚洲苏维埃共和国联盟”[③]。一道和平等是解决民族问题的最重要原则，正是各个民族的主权和平等才是他们自愿接近和联合的主要条件。联盟的形式应当既是联合的又是独立的苏维埃共和国。

列宁致信俄共（布）中央政治局，严厉批评了“自治化”方案，认为问题十分严重，“斯大林有点操之过急”，并提出了重要修改意见：（1）把有关共和国“加入”俄罗斯联邦共和国的提法改为有关共和国同俄罗斯联邦共和国一起联合成为苏维埃共和国联盟；（2）除俄罗斯联邦

① 赵常庆、陈联璧等：《苏联民族问题研究》，社会科学文献出版社 2007 年版，第 57 页。
② 同上。
③ 《列宁全集》第 43 卷，人民出版社 1987 年版，第 213—214 页。

中央执行委员会外，应建立全联盟中央执行委员会；（3）重新研究各共和国有关人民委员部组建和合并的问题，建议联盟的外交和对外贸易人民委员部驻外机构中必须有各共和国代表参加；（4）有关财政、粮食、劳动和国民经济委员部、国家安全机构的工作，建议由各共和国中央执行委员会进行协商解决，而不是服从俄罗斯联邦相应机构的指令；（5）建议设立纯粹协商性质的代表会议。在联盟中央执行委员会中，要绝对坚持由各共和国的代表轮流担任主席，以保证联盟成员国的绝对平等[①]。

列宁认为实现各苏维埃共和国联合的过程中，既不能助长民族独立主义，也不能消灭各苏维埃共和国的独立性，而是要建立平等的民主的社会主义联盟国家[②]。要使各共和国建立愈来愈紧密的联合，较快地由联邦制走向民主集中制的彻底统一，就必须尽快消除各独立共和国对俄罗斯联邦的不信任心理，俄罗斯人绝对不能急躁。

对于列宁的意见斯大林并不认同，他认为列宁的主张有可能助长民族分离主义，批评列宁有民族自由主义倾向。列宁对斯大林的错误观点再次予以尖锐的批评，认为斯大林等人发动了一场“真正的大俄罗斯民族主义运动”，“自治化”方案是妨碍各苏维埃共和国联合的主要障碍，宣布要同“大俄罗斯沙文主义决死战”[③]。最后俄共（布）中央委员会根据列宁的建议重新制定了联合决议草案，确认乌克兰、白俄罗斯、外高加索联邦共和国同俄罗斯联邦共和国，缔结组成新的联邦国家的条约，选举新的全联盟中央执行委员会，作为统一联邦制国家的最高权力机关。

列宁建立民族联合的主张，反映了各民族的共同愿望，按照列宁意见重新制定的新联合方案，得到了各苏维埃共和国的一致拥护。1922 年 12 月 30 日在莫斯科举行了苏联成立大会，批准了《苏维埃社会主义共和国联盟成立宣言》和《苏维埃社会主义共和国联盟成立条约》，宣告苏联正式成立。条约规定组建全苏最高国家权力机关，大体上确定了它们的职权范围；规定了各共和国自愿地和等同地让给联盟的全权极限，包括

---

① 赵常庆、陈联璧等：《苏联民族问题研究》，社会科学文献出版社 2007 年版，第 57—58 页。

② 《列宁全集》第 43 卷，人民出版社 1987 年版，第 214 页。

③ 赵常庆、陈联璧等：《苏联民族问题研究》，社会科学文献出版社 2007 年版，第 58 页。

国防、集中计划、统一外交等。大会选出了苏联中央执行委员会及其执委会主席，主要有：加里宁（俄罗斯联邦）、彼得罗夫斯基（乌克兰）、切尔维亚科夫（白俄罗斯）、纳里马诺夫（外高加索联邦）[①]。

（三）列宁对“自治化”方案和两类民族主义的最后批判

斯大林等人在修改后的决议中仍然坚持旧文本基本正确，新文本只做了少许变动，有意混淆列宁方案与“自治化”方案之间的原则区别。列宁对斯大林在民族联合问题上暴露出来的大俄罗斯沙文主义忧心忡忡。在苏联成立当天，列宁口授了最后一篇关于民族理论和政策的重要文献——《关于民族或“自治化”问题》，对斯大林“自治化”方案和两类不同性质的民族主义进行了最后批判。

列宁认为斯大林在处理民族关系问题上存在过于“急躁”、“喜欢采取行政措施”、随便给人扣“社会民族主义”罪名和搞“大俄罗斯民族主义”等错误做法，他联系格鲁吉亚事件认为“自治化”的想法是根本不对的，根本不合时宜的。这是一种“真正大俄罗斯民族主义的运动”，斯大林和捷尔任斯基对这一运动“负政治上的责任”。列宁认为那些满不在乎随便给人加上“社会民族主义”罪名的人，“其实他自己不仅是真正道地的‘社会民族主义分子’，而且是粗暴的大俄罗斯的杰尔席莫尔达”[②]。列宁主张除了军事和外交外，给予各加盟民族共和国的各人民委员部完全的独立。

列宁专门谈了认识和对待大俄罗斯沙文主义和格鲁吉亚的民族主义问题。他认为不能抽象地谈论民族主义问题，因为这样做是不恰当的。正确的做法是“必须把压迫民族的民族主义和被压迫民族的民族主义，大民族的民族主义和小民族的民族主义区分开来”[③]。作为大民族的俄罗斯民族，在对待小民族的民族主义的历史实践中一直都是存在严重的错误。所以，压迫民族的国际主义，应当不仅表现为遵守形式上的民族平等，“而且表现在压迫民族即大民族要处于不平等地位，以抵偿在生活中

---

① ［苏］阿·涅纳罗科夫、阿·普罗斯库林：《苏联怎样解决民族问题?》，新闻社出版社1983年版，第27页。

② 《列宁全集》第43卷，人民出版社1987年版，第353页。

③ 同上书，第352页。

事实上形成的不平等”①。无产者为了在斗争中保证取得“异族人”最大的信任，“在对少数民族的让步和宽容这方面做得过些比做得不够要好”②。在当时大俄罗斯人沙文主义思想根深蒂固，少数民族对大俄罗斯人的不信任心理由来已久，大俄罗斯主义成为妨碍民族团结与国家紧密联合的主要因素的情况下，必须着重强调反对大俄罗斯主义，并尽可能地对少数民族实行让步。

二　斯大林时期解决民族自决权问题的主要失误

苏联宣布建成社会主义之后，斯大林认为苏联经济的快速发展基本拉平了各民族的发展水平，长期积累的民族问题已经基本解决。苏联今后的任务转入发达社会主义的建设和向更高阶段的过渡，苏联民族发展的重心也开始转入促进各民族的接近与融合阶段。为此，他开始实行一系列的政治经济措施来加强各民族之间的联系，有意无意地削弱和压制地方民族的各种权利，加强中央对地方的控制和管理。二战前后任意践踏和取消小民族的自决权，在解决苏联民族问题时造成了严重的失误。

（一）国家制度从联邦制向中央集权的单一制体制演变

马克思和列宁等马克思主义者都曾经否定联邦制而赞成单一制，主张集中统一的大国更有利于社会生产力的发展，更符合国际化的要求。斯大林同样持此观点，他曾经反对在俄国建立联邦制的国家结构形式。十月革命前夕，斯大林在《反对联邦制》一文中以美国和俄国为例指出，为了有利于经济的发展，美国必须把彼此之间没有联系的各殖民地联合起来，建立邦联或联邦。俄国的情况与美国不同，因为俄国各地区之间存在许多经济和政治纽带，俄国越民主，这些政治经济纽带就越牢固。如果在俄国建立联邦制，就要首先割断现存联系各个区域的经济和政治纽带，然后才能在此基础上建立联邦制，这是不合理，也是反动的。因此“联邦制在俄国不会解决而且不能解决民族问题，它只能用唐·吉珂

① 《列宁全集》第43卷，人民出版社1987年版，第352页。

② 同上书，第353页。

德式的挣扎来扭转历史车轮，把民族问题弄得错综复杂起来”[①]。

但是在革命实践的过程中，他们在解决具体民族问题时又都不同程度地改变了这种看法。如马克思在爱尔兰问题上就曾赞成联邦制。十月革命后，为了联合各独立民族，列宁和斯大林也改变了反对联邦制的看法，他们认为在苏维埃国家条件下，联邦制通常是向中央集中的单一制国家的过渡步骤，是各民族走向完全统一的过渡形式。列宁认为，十月革命后，无论是俄罗斯联邦同原来的匈牙利苏维埃共和国、芬兰苏维埃共和国、拉脱维亚苏维埃共和国，当时的阿塞拜疆苏维埃共和国、乌克兰苏维埃共和国的关系中，还是在俄罗斯联邦内部既没有成立国家又没有实行自治的各民族的关系中，实践证明，“联邦制是各民族劳动者走向完全统一的过渡形式”[②]，它是完全适合当时的俄罗斯国情的。俄罗斯苏维埃共和国必须团结各国先进工人的苏维埃运动和一切民族解放运动，“必须实行使一切民族解放运动和一切殖民地解放运动同苏维埃俄国结成最密切的联盟的政策”[③]。1918 年 4 月，斯大林就俄罗斯联邦共和国的组织问题答记者问时强调说，“历史证明，美国和瑞士的联邦制是各州、各邦从独立走向完全联合的过渡阶段。联邦制作为从独立到帝国主义单一制的过渡阶段是一种完全适宜的形式，但是各州、各邦联合成统一的国家整体的条件一旦成熟，联邦制就被废除和抛弃了”，“俄国的联邦制也同美国和瑞士的联邦制一样注定要起过渡作用，过渡到将来的社会主义单一制”[④]。

到 20 世纪 20 年代末，斯大林认为形成单一制国家的条件已经成熟，应当开始逐步加强中央集权。为了实现工业化和推行农业集体化，统一全国行动，集中全苏的人力、物力和财力，斯大林不断扩大和加强联盟中央的权力，缩小和削弱各加盟共和国的权限，使得国家体制逐步从联邦制向单一制过渡。在联共（布）党内关于如何加速社会主义建设问题进行争论和斗争的过程中，斯大林开始加强个人集权地位，并最终形成了以他为首的中央高度集权的领导体制。

---

① 《斯大林全集》第 3 卷，人民出版社 1955 年版，第 26—27 页。
② 《列宁全集》第 39 卷，人民出版社 1998 年版，第 162 页。
③ 同上。
④ 《斯大林全集》第 4 卷，人民出版社 1956 年版，第 68 页。

斯大林时期，联共（布）首先形成党中央高度集权的领导体制。斯大林将党的政党组织原则颠倒过来，无限扩大和提高中央书记处的地位和作用。总书记由一个负责处理中央机关日常事务、组织和执行中央全会和政治局决议的职务，变成了凌驾于中央全会和政治局之上、一切重大问题都由总书记决定的党内最高领导职务。各加盟共和国共产党组织完全附属于联共（布）中央，没有任何独立自主性。

其次，加强对地方党组织的控制，削弱地方党组织的权限。苏联成立后，为了更好地贯彻联邦制原则，本应给予各加盟共和国党组织一定的独立自主权，但斯大林既未发扬列宁强调的党内民主化主张，也未对特殊历史条件下形成的高度集中化的党组织领导体制进行改革。相反，他把这一高度集中化的组织领导原则加以发展并推向极端。联共（布）中央不仅直接向各加盟共和国共产党下达指令，而且直接组建其领导机关，委派干部。各加盟共和国共产党中央领导机关完全附属和服从联共（布）中央，并执行其决议。

与此同时，斯大林把联共（布）党内高度集中化的组织领导原则，运用到国家体制上，实行党和国家干部一体化原则，即“党的干部是党的指挥人员”，同时又是“国家领导机关的指挥人员”①。各加盟共和国的国家领导人既要作为地方党组织成员而坚决执行联共（布）中央的决议，绝对服从其领导，又要以加盟共和国政权代表的身份坚决执行联盟中央政府的决议，绝对服从联盟中央政府的领导。

最后，苏联形成以俄罗斯民族为中心的单一制。苏联成立条约和苏联宪法都明文规定，各加盟共和国是平等的主权国家。可是，俄罗斯联邦共和国在苏联一直享有特权地位。1923 年 6 月选出的苏联中央执行委员会代表中，俄罗斯联邦共和国代表 280 名，占代表总数的 80%②。历届苏联最高国家首脑和中央政府管理机构的各部委主要领导职务，大多数由俄罗斯人担任，斯大林除外。有相当多的俄罗斯人被委派到各少数民族共和国担任党政重要领导职务，对非俄罗斯民族的领导人起到控制和

---

① 《斯大林文集》，人民出版社 1985 年，第 269 页。

② ［苏］伊凡·麦斯特连柯：《苏共各个时期的民族政策》，林钢译，人民出版社 1983 年版，第 103 页。

监督的作用。俄罗斯人控制联盟中央领导权的局面，使得俄罗斯在苏联享有凌驾于其他非俄罗斯民族共和国之上的特权，苏联实际上仍然是以俄罗斯民族为中心的集中制国家，这在很大程度上背离了民族平等原则和联邦制原则[①]。

（二）经济上中央高度集权的部门管理体制大大削弱了加盟共和国的经济自主权

20世纪30年代，苏联形成了联盟中央政府对全苏经济建设工作实行集中领导的部门管理体制。经济建设的重大决策由党做出，而政府必须贯彻执行。1934年1月联共（布）十七大后，在联共（布）中央委员会，各加盟共和国党中央，各省、市和区的党组织领导机关设立领导生产建设的机构，后来设立的部门越来越多，以至于政府机关有什么部，党的机关也设立相应的部。各级党的领导机关的部处于领导地位，各级政府机关的部则处于从属地位。

（三）用阶级斗争的方式处理民族问题，以反对资产阶级民族主义为借口，迫害大批少数民族干部、知识分子，甚至普通群众

联共（布）十七大上斯大林明确提出国内民族矛盾的实质是阶级矛盾、民族纷争是阶级斗争的观点，进而强调乌克兰等地方民族主义已成为苏联民族关系中的“主要危险”，号召全党要坚决打击地方民族主义[②]。

20世纪20年代中期，为了筹集工业化所需的大量资金，斯大林先是强制用低价收购或没收富农和富裕农民的粮食，遭到抵抗。出现粮食和食品短缺后，斯大林于1929年底到1930年初掀起了农业集体化高潮。许多地区采取行政命令手段，强迫农民加入集体农庄，遇到了农民的抵制和反对，乌克兰、白俄罗斯和北高加索等地区爆发了独特的“粮食罢工”运动。斯大林认为农民的反抗是社会主义条件下，阶级斗争尖锐化的表现，必须严厉打击[③]。1930—1932年期间，6万户富农分子定为反革命被

---

① 赵常庆、陈联壁等：《苏联民族问题研究》，社会科学文献出版社2007年版，第108—109页。

② 《斯大林全集》第13卷，人民出版社1956年版，第319—320页。

③ 同上书，第309、319页。

枪决，其家属子女和38.1万户富农分子被强迫迁往边疆地区。许多不愿加入集体农庄的中农、贫苦农民被划入“小富农”之列，受到沉重打击和迫害①。农民积极性严重受挫，农业生产遭到了很大破坏。由此引发严重的饥荒，仅哈萨克斯坦就有230万居民饿死，90多万被迫迁往中国、蒙古、阿富汗和伊朗等国家；乌克兰共和国居民减少300万，其他少数民族地区人口也明显减少②。

在20世纪30年代肃反运动中，斯大林把与他持不同观点，或者主张维护民族自主权和民族历史文化传统的人视为“资产阶级民族主义者”、社会主义敌人进行打击和迫害。乌克兰等共和国的第一书记和人民委员会主席等最高领导人都遭到清洗和镇压，株连的人不计其数③。俄罗斯联邦的卡累利阿等自治共和国中央执行委员会主席、人民委员会主席以及自治共和国的党的主要领导人被指控为“民族主义”，遭到杀害。各加盟共和国教育人民委员部遭到清洗，许多教育工作者被捕，数千名科学家、文学艺术家和数万名教师惨遭迫害。卫国战争前夕，西白俄罗斯、西乌克兰、立陶宛、拉脱维亚和爱沙尼亚并入苏联，许多干部和知识分子作为“民族主义者”受到迫害④。斯大林的“肃反”运动不仅迫害了少数民族干部和知识分子，也殃及许多普通群众。如1937—1938年间，土库曼斯坦有15660名普通居民受到审判，其中有5500多人是工人和集体农庄庄员⑤。直到20世纪50年代初，苏联党和政府仍坚持民族矛盾的实质是阶级矛盾，把民族纠纷看成阶级斗争的表现。1953年1月13日《真理报》针对犹太人问题和所谓克里姆林宫医生案件发表社论说，社会主义建设的成就不是导致阶级斗争的熄灭，而是导致阶级斗争的加强。

---

① ［苏］罗·梅德韦杰夫：《斯大林和斯大林主义》，中国社会科学出版社1989年版，第110—111页。

② 赵常庆、陈联壁等：《苏联民族问题研究》，社会科学文献出版社2007年版，第124页。

③ ［苏］罗·梅德韦杰夫：《斯大林和斯大林主义》，中国社会科学出版社1989年版，第215—216页。

④ 许新、陈联璧、潘德礼、姜毅等：《解决民族问题的阶级斗争方式与民族关系危机》，《中国民族报》2009年10月16日。

⑤ 赵常庆、陈联壁等：《苏联民族问题研究》，社会科学文献出版社2007年版，第125—126页。

（四）大规模强制迁移弱小民族

20世纪30年代肃反运动时期，斯大林开始强制迁移小民族。到卫国战争期间，以极少数人“同德国法西斯合作”和“背叛祖国”罪名为借口，采取突袭、暴力等手段大规模强制迁移弱小民族，两天内从克里米亚驱逐了所有鞑靼族居民[①]。派10万军队包围车臣、印古什族村庄，将几十万居民押上闷罐火车，全部迁往中亚和西伯利亚，使他们蒙受巨大灾难，同时撤销其原有的自治共和国建制。被强制迁徙的少数民族在流放地被剥夺了最起码的权利，实施严格的军事化管理制度。所有人必须严格遵守内务人民委员部特管局制定的日常生活规则，服从全部安排。每月必须到内务部登记报到，党员外出参加党的会议，也必须得到专设村军代表的批准。有劳动能力的移民必须参加劳动，如违犯将受行政处罚[②]。对整个民族进行大规模的迁徙在人类历史上实属罕见，严重影响了苏联的族群关系[③]。

斯大林在处罚通敌罪行时，对大民族和小民族采取了区别对待的政策。他对大民族的通敌罪行不置可否，而对少数民族则大肆挞伐，更何况通敌的只是该民族中的少数人，有些少数民族中不乏大量顽强的抗敌英雄。斯大林不仅迁徙整个民族，甚至限期召回许多在前线作战的巴尔卡尔族和日耳曼族军人，将其发送到迁徙地[④]。采用株连来惩罚整个民族是极其错误的做法。

斯大林对少数民族的迁徙政策，人为破坏了当地民族文化，中断正常的民族发展进程，使得被迁徙民族遭受巨大的人口损失和经济损失[⑤]。伏尔加河流域德意志人代表团在同米高扬会面时说：“这种情况就连我们

---

① ［俄］罗伊·麦德维杰夫：《让历史来审判——论斯大林和斯大林主义》，何宏江译，东方出版社2005年，第930页。

② 沈志华：《苏联历史档案选编》（第12卷），社会科学文献出版社2002年，第513页。

③ 谢晓燕：《不能为斯大林强制性的民族迁移政策辩护》，《探索》2008年第5期。

④ H. Ф. 布加伊：《论30—40年代苏联驱逐民族出境问题》，于洪君译，《世界民族》1990年第4期。

⑤ 罗伊·麦德维杰夫：《关于斯大林时代受害者的人数》，忻俭忠译，《国际观察》1989年第2期。

在沙皇俄国时期都没有过。"[①] 民族迁徙政策造成了族际关系紧张和新的民族冲突。

（五）强迫波罗的海三国加入苏联

二月革命后，波罗的海沿岸地区立陶宛、拉脱维亚和爱沙尼亚三个民族脱离俄国，成立了资产阶级政权。十月革命后，上述三个民族曾相继建立起苏维埃国家政权，不久被资产阶级武装势力推翻，又恢复了资产阶级国家。俄罗斯苏维埃政权于1920年宣布承认立陶宛、拉脱维亚和爱沙尼亚为独立国家。苏联成立后于1926年和1932年分别与他们签订了互不侵犯条约，波罗的海三个共和国有20年的独立时期。

二战前夕，为了维护苏联边境安全，粉碎西方国家遏制苏联的目的，斯大林于1939年8月，与德国签订了互不侵犯条约；9月又签订了有关两国友好边境条约并附加一项秘密议定书，将波罗的海三国划入苏联的势力范围。10月苏联与波罗的海三国签订互助条约，苏军进驻波罗的海。1940年8月，在苏联的政治压力和武力威胁下，三个资产阶级共和国改为苏维埃社会主义共和国，同时加入苏联[②]。斯大林不仅利用政治和军事压力强迫三个共和国加入苏联，而且在其加入苏联后，对其反对派人士进行逮捕和迫害，强迫其迁移，这不仅违背了苏联宪法中关于自愿加入联盟国家的规定，而且造成了民族之间的不满和怨恨。

（六）从主要反对大俄罗斯沙文主义到主要反对地方民族主义

列宁一直认为大俄罗斯沙文主义是妨碍民族团结、国家统一的主要危险，因此应当重点反对大俄罗斯沙文主义。斯大林在执政初期也主张继续批评大俄罗斯沙文主义[③]。但随着社会主义建设指导思想的变化，斯大林不久就把地方民族主义当成了主要危险[④]。自联共（布）十七大召开后，斯大林及其后来的领导人都不再提大俄罗斯民族主义是主要危险，

---

① 谢晓燕：《不能为斯大林强制性的民族迁移政策辩护》，《探索》2008年第5期。

② 赵常庆、陈联璧等：《苏联民族问题研究》，社会科学文献出版社2007年版，第128—129页。

③ 《斯大林全集》第12卷，人民出版社1955年版，第315页。

④ 《斯大林全集》第13卷，人民出版社1956年版，第319—320页。

而突出强调反对地方民族主义，或者只笼统地提出反对沙文主义和地方民族主义。

一方面，斯大林有意突出和称赞俄罗斯民族的丰功伟绩。他歪曲沙皇征服非俄罗斯民族的历史，公开为沙皇武力征服少数民族和对外侵略扩张政策辩护，颂扬沙皇时期的著名军事将领[①]。斯大林批评恩格斯的《俄国沙皇政府的对外政策》一文，写作时“过于兴奋而忘记了最基本的、他非常清楚的事实”，“片面地夸大了沙皇政府对外政策的扩张性”，因此，恩格斯的这篇文章不值得在《布尔什维克》杂志上发表[②]。1945年5月24日，斯大林在克里姆林宫招待红军将领的讲话中，多次感谢伟大俄罗斯人民的贡献[③]，只字不提其他民族在保卫社会主义国家斗争中的功绩。长期以来有意突出俄罗斯民族的“丰功伟绩”，要求其他非俄罗斯民族对其感恩戴德，是宣扬大俄罗斯沙文主义。1952年10月，苏共十九大总结报告认为在第二次世界大战中，苏联收复西乌克兰、西白俄罗斯，强迫波罗的海三国和摩尔达维亚加入苏联，收复库页岛南部和千岛群岛，才是最符合苏联历史发展实际的边界[④]，凡是过去沙皇武力征服过的领土都应划归苏联。在斯大林的影响下，苏联理论界和学术界也竭力为沙皇吞并非俄罗斯民族的历史进行辩解并极力加以美化，认为沙皇征服非俄罗斯民族“具有很大的进步意义”[⑤]，不仅挽救了非俄罗斯民族免遭民族和宗教压迫，而且促进了非俄罗斯民族的发展。这不仅违背了历史的真实，而且完全抹杀了沙皇政府殖民政策的本质，从而完全背离了马克思主义的历史唯物主义观点和民族自决权思想。

另一方面，斯大林歧视和贬低其他非俄罗斯民族。斯大林在突出和颂扬俄罗斯民族的同时，对其他非俄罗斯民族阐述其民族历史文化，颂扬民族优秀历史文化遗产和风土人情的现象，不加区别地一律斥责为“民族局限性”和“民族主义”，轻则公开批判，重则绳之以法。

---

① 《斯大林文选》，人民出版社1962年版，第286页。

② 同上书，第658—662页。

③ 《斯大林文选》，人民出版社1962年版，第428—429页。

④ 赵常庆、陈联璧：《苏联民族问题文献选编》，社会科学文献出版社1987年版，第176页。

⑤ 《苏联百科辞典》中文版，中国大百科全书出版社1986年版，第221、1286、1345页。

斯大林在口头上是反对民族同化和主张各大小民族平等的，但在实践中往往忽视小民族的权利，贬低散居各地的众多民族集团的利益。以犹太民族政策为例，在斯大林晚期，反犹太主义死灰复燃。1948 年苏联当局借口犹太人参与了国际犹太人组织的“反革命活动”，逮捕了犹太人反法西斯委员会成员。反犹活动逐步深入和扩大，禁止犹太人在国家机关工作，限制各高校招收犹太学生，许多犹太人的学校、剧院、报纸和刊物被查封。1952 年底，斯大林听信克里姆林宫医生利季娅·费·季马舒克的诬告，制造了轰动一时的克里姆林宫医生案，凡是与犹太民族有关的医疗机构、医学研究机构、科研机构和高等学校都受到了不同程度的牵连①。

（七）强制推行俄语

20 世纪 30 年代中期以后，由于经济发展的需要和中央集权的加强，斯大林开始强制推行俄语。在苏维埃国家政权建立初期，苏联政府用拉丁字母改造中亚和外高加索一些民族的文字，但后来斯大林强行用俄文字母为这些民族创造新文字。1937 年以反对“资产阶级民族主义”为借口，对各少数民族共和国持不同政见者进行大规模镇压之际，1938 年 3 月，苏联人民委员部和联共（布）中央联合发布了《关于民族共和国和民族州必须学习俄语》的决议，规定在各民族学校开设俄语必修课，要求中学生能够自如运用俄语，独立阅读俄文报刊和书籍，通过掌握俄语来熟悉和了解俄罗斯文化。这项决议实际上使俄语成为各非俄罗斯民族的必修课，此后俄语在非俄罗斯民族地区开始广泛推广。

综上所述，斯大林执政后期通过各种途径加强中央集权，剥夺非俄罗斯民族的自决权和自治权，抬高俄罗斯民族的地位，强制推行俄语等做法，不仅违背了列宁民族平等的原则，而且造成了新的民族矛盾和冲突。

---

① 赵常庆、陈联璧等：《苏联民族问题研究》，社会科学文献出版社 2007 年版，第 128 页。

三 斯大林和列宁民族自决权思想分歧的主要原因

斯大林对列宁民族自决权思想的背离，与当时苏联的国际国内环境密不可分，同时也与斯大林本人思想认识上的错误密切相关。要正确认识和分析斯大林和列宁关于民族自决权思想分歧产生的主要原因，就必须联系苏联社会主义建设的具体社会环境。

（一）国际环境的影响

由于苏联自成立后，一直处在帝国主义的包围之中和武装威胁之下，客观上需要集中全国的人力和物力，加快经济建设和发展国防力量，巩固和保卫政权，这就为斯大林限制和剥夺各共和国的自决权提供了国际理由，这也是造成斯大林采取不同于列宁时期实行的民族政策的国际因素。

一战即将结束时爆发的俄国革命，遭到了国际的武装干涉。战争结束后，西方国家的主要目的就是遏制苏联的发展和德国的重新崛起。巴黎和会后西方国家对苏联的武装干涉以失败告终，此后，西方国家虽然放弃了武力干涉，但并未停止对苏俄的遏制和孤立。从战争中脱身的协约国，改变了遏制苏俄的策略和方式，从直接武力威胁转向对苏俄周边新独立国家和苏俄边疆区民族的渗透，妄图联合周边民族共同封锁苏维埃政权，限制新独立共和国的发展，利用边疆地区民族达到分化瓦解苏维埃俄国的目的。即使在新独立的民族共和国走向联合自强后，协约国仍未放弃遏制苏维埃政权的目的，巨大的国际威胁始终存在。

对德国的遏制和肢解激起了德国的强烈反抗。在20世纪30年代遍及全球的经济危机时期，以希特勒为首的德国法西斯纳粹党右翼势力掌握了政权。他们以民族自决为口号，以解救同胞，为德国拓展生存空间为借口，先后吞并中东欧许多独立的民族国家，严重威胁着欧洲和苏联的安全。西方国家以“祸水东流”为目的，对德国的扩张采取绥靖政策，一再纵容。在此情况下，为了加强苏联抗衡西方特别是法西斯进攻的力量，斯大林逐渐加强了对国内外民族的控制，对外强迫波罗的海三国加入苏联，对内掀起了肃反运动，加强了对非俄罗斯民族的控制，极力反对非俄罗斯民族的离心倾向，加速苏联社会发展的一体化。经济上加快苏联建设的进程，加强国家对社会人力、物力和财力的掌控，致使非俄罗斯民族对经济发展权限大大缩小。

（二）国内环境的影响

斯大林与列宁在成立多民族国家形式问题上产生分歧的直接原因，是对当时苏维埃政权面临的国内现实问题认识不同。革命胜利后，列宁努力的方向和工作的重心，是想消除民族间长期积累的猜疑和不信任，最终在民族平等的基础上实现自愿联合。而斯大林则对上述问题的重要性和长期性严重认识不足，他对现实问题的认识十分乐观。他认为革命胜利后各民族已经推翻了民族压迫，实现了民族平等，此时应当加强民族间的联合，增强革命力量来对抗协约国的威胁，巩固无产阶级政权和革命成果。在“自治化”方案中，斯大林认为既然战争期间各苏维埃共和国都能接受各苏维埃共和国的军事经济联盟机构，作为俄罗斯联邦的下属机构存在，那么在政治上加入俄罗斯苏维埃，也应该是顺理成章的，这有利于各共和国较快地由联邦制的联合走向民主集中制的彻底统一。

但事实是各加盟共和国同苏维埃俄国经济军事方面的从属关系，只是战争时期临时性的紧急应对措施。面临生死存亡的威胁面前，为了增强革命的力量，取得战争的胜利，各加盟共和国接受和认可了双方的从属关系。这种战时的应急措施并不一定适用于和平建设时期各共和国之间的长期联合。斯大林显然对各民族追求来之不易的自由和平等权利的强烈愿望估计不足，急于过渡的思想显山露水。

（三）过高估计苏联社会政治和经济发展的形势，过早地从联邦制向单一制过渡

列宁认为联邦制是多民族国家走向接近与融合的过渡形式，但是因为列宁过早去世，他并未对这种过渡的时间和形式等问题做出明确规定。从列宁的思想来看，这种过渡应该是一个相当长的历史时期。只有取得社会主义建设的胜利后，在各民族日益接近的情况下，才能逐步向单一制过渡。

到20世纪20年代末，苏联社会主义改造基本结束后，在工业化和农

业集体化的社会主义建设中，斯大林已经开始扩大和加强联盟中央的权力，缩小和削弱各加盟共和国的自决权。伴随着苏联前两个五年计划的完成，各民族经济的迅速发展，民族间经济文化差距的缩小，斯大林认为苏联已经建成了社会主义，各民族经济文化社会获得了全面发展，民族间存在的事实上的不平等已经基本消除，民族关系团结和谐，民族问题基本解决，社会主义建设开始向更高阶段迈进。在此情况下，斯大林过早地开始了向单一制国家的过渡。二战后为了迅速恢复经济和开展重建工作，争当世界大国，斯大林继续加强中央集权，维持高度集中的国家领导体制，这使多民族国家日益失去发展的活力。过分强调全苏统一的国家利益，轻视各加盟共和国和民族地区的特殊利益，导致各加盟共和国与联盟中央之间的利益冲突和矛盾加剧。此外，俄罗斯联邦共和国享有特权地位，致使民族关系发生变形①。

虽然列宁提出民族自决权思想的最终目的是各民族的接近与融合，但是他认为这是各民族自由平等发展过程中的自然融合，列宁反对任何强制的兼并和人为地加速民族融合的行为。斯大林片面理解列宁的民族自决权理论，拔高苏联社会发展进程，人为地强行进行民族融合，这种状况必然造成了苏联民族政策中理论与实践的矛盾和脱节。

值得肯定的是，斯大林执政初期，各民族建立了自己的政权机关，结合自己的民族特点发展本民族的经济和文化，取得了显著的成就。但就其处理民族问题的全局来看，列宁民族自决权思想只是得到了部分落实。其最为关键的是，在协调中央和加盟共和国之间利益关系时，没有处理好各加盟共和国的民族自决权和促进多民族国家的发展问题。列宁赋予各加盟共和国很大的自决权，除了上交中央部分权力外，各加盟共和国绝大部分事情要由本共和国自行决定。但从斯大林时期的实际情况看，长期实行的中央高度集权的国家体制，使得各民族共和国掌握的权力十分有限，联盟中央加强集中领导，同各地方力争扩大自主权的斗争博弈从未停止。中央政府限制和削弱地方共和国自决权的做法，背离了列宁民族自决权思想的初衷。

① 1989年12月27日《真理报》，转引自赵常庆、陈联壁等《苏联民族问题研究》，社会科学文献出版社2007年版，第113页。

第七章

民族自决权思想发展现状及其争议问题评析

二战后，民族自决权思想得到了国际社会的普遍认可，逐渐发展成为国际法上的一项集体人权和国际法律原则，推动了殖民体系的废除和殖民地民族自决权的实现。冷战后，苏联解体引发遍及全球的民族自决浪潮，使得民族自决权思想遭到了前所未有的挑战。

第一节　民族自决权思想在争论中发展

西方国家和第三世界对于民族自决权思想的认识和态度，经历了一个不同的发展变化过程，围绕着殖民地附属国的独立和非自治领土的归属问题，二者展开了激烈的争论。非殖民运动结束后，对民族自决权含义及其适用性问题的探讨成为主要焦点。

一　民族自决权思想在非殖民化过程中发挥了重要作用

一战后中东欧形成了第一次民族自决的高潮。在列宁和威尔逊等著名政治家的倡导和推动下，被压迫民族纷纷觉醒，掀起了轰轰烈烈的民族解放运动。随着奥匈帝国、沙皇俄国和奥斯曼帝国因战败或革命而解体，奥地利、爱沙尼亚、阿尔巴尼亚、捷克、立陶宛、匈牙利、拉脱维亚、波兰、罗马尼亚、南斯拉夫等一大批民族国家在民族自决的旗帜下实现了独立与统一。但这种民族自决的进程很快被第二次世界大战所中断。

第二次世界大战以后，在苏联和广大新独立国家的不断努力下，自决权被写入联合国宪章。宪章第一条规定："发展国际间以尊重人民平等权利及自决原则为根据之友好关系，并采取其他适当办法，以增强普遍和平。"① 宪章第11章和第12章关于非自治领土的宣言及国际托管制度的规定，也隐含对自决原则的承认甚或该原则的具体实施措施②。宪章规定托管国有义务根据非自治领土上居住的人民的特殊环境和发展阶段，逐步发展自治；要适当注意各国人民的政治愿望，并帮助他们逐渐发展自由的政治制度③。联合国的国际法院解释说："神圣托管的最终目标是有关人民的自决与独立。"④ 这是国际文件中首次对自决权做出明确的规定，使得自决原则正式成为国际政治原则。在联合国和国际社会的推动下，亚非拉民族解放运动再掀高潮，世界范围内的民族解放运动推动了民族自决权思想的发展。

为彻底摆脱或根除殖民主义，新获独立的广大发展中国家纷纷提出，应当将自决权原则由政治原则上升为法律原则，规定为法律权利。而西方国家则从其国家利益出发，竭力反对自决权原则，认为殖民地是宗主国的一部分，殖民地人民的民族解放斗争是"内乱"，宗主国应当进行武力镇压。

美国和苏联为了削弱和对抗传统的西方殖民大国，提升自己的国际影响和地位，积极支持世界民族的解放运动，反对殖民帝国，共同倡导民族自决权原则。罗斯福强调说："美国和苏联不是殖民大国，我们更容易讨论这些问题。我想殖民帝国在战争结束之后不会存在很长时间。"⑤

---

① 《联合国宪章》第一章第一条第二项，引自联合国新闻部编《联合国手册》（第二版），中国对外翻译出版公司1987年版，第476页。

② 白桂梅：《国际法上的自决权与少数者权利》，《中外法学》1997年第4期。

③ 《联合国宪章》，引自联合国新闻部编《联合国手册》第10版，中国对外翻译出版公司1987年版，第495页。

④ 国际法院报告16号，1971年6月21日，引自R. G. Steinhardt, *International Law and Self—Determination*（国际法与自决），英国大西洋委员会研究报告（1994年11月），第10页。

⑤ ［俄］瓦列金·别列什科夫：《斯大林私人翻译回忆录》，薛福岐译，海南出版社2004年版，第245页。

20 世纪 50 年代后，被压迫民族联合起来反对西方殖民体系的斗争，得到了国际社会和联合国的支持。在起草两个国际人权公约之初，苏联就建议必须明确规定人民的自决权。在其他国家的支持下，1951 年联合国大会通过决议，要求人权公约的起草要明确规定自决权。但因殖民体系还未瓦解，西方发达国家淡化联合国宪章第 1 章第 2 条所规定的自决权内容，认为自决权只是笼统的一般原则，而不能上升为一项法律权利；可以在序言中一般提及自决权，不能在具体条文中规定自决权。这种主张遭到了广大被压迫民族国家的强烈反对。

此后联合国若干决议中，自决就是殖民地人民独立权的概念日趋明确。联大 1952 年通过的《关于人民与民族自决权的决议》号召成员国“承认并提倡……非自治领土及托管领土各民族之自决权”[①]。人民与民族应先享有自决权，然后才能保证充分享有一切基本人权。自决由原来遵循的基本原则转变为享有的基本权利。万隆会议后，联大 1956 年 12 月 21 日通过的《关于各国内政不容干涉及其独立与主权之保护宣言》宣布，“鉴于大会为实现自决原则……各民族均享受完全自由，行使主权及维持国家领土完整之不可镬夺之权利，且凭此权利得自由决定其政治地位，及自由从事其经济、社会及文化发展”[②]。随着全世界范围内民族独立运动的兴起，联大 1960 年 12 月 14 日通过了著名的《给予殖民地国家和人民独立宣言》，即 1514 号决议。对《联合国宪章》中的自决权进行了全面的阐述：“所有的人民都有自决权；依据这个权利，他们自由地决定他们的政治地位，自由地发展他们的经济、社会和文化。……立即采取步骤，依照这些领地的人民自由地表示的意志和愿望，不分种族、信仰和肤色，无条件地和无保留地将所有权力移交给他们，使他们享受完全的独立和自由。”[③] 自决权是所有人民享有的一项基本权利，殖民地人民有权通过公民投票推翻殖民统治，恢复主权。

联合国和国际社会关于促进殖民地、附属国、非自治领土和托管领土实现自决权的思想取得了极大胜利。在《给予殖民地国家和人民独立

① 董云虎、刘武萍编：《世界人权约法总览》，四川人民出版社 1991 年版，第 1345—1346 页。

② 邢爱芬：《当代自决权问题新探》，《理论前沿》2003 年第 13 期。

③ 中国社会科学院法学研究所编：《国际人权文件与国际人权机构》，社会科学文献出版社 1997 年版，第 51 页。

宣言》颁布后，联大于1961年设立了"关于给予殖民地国家和人民独立宣言的执行情况特别委员会"，联合国大会和特别委员会曾多次列出和修改附属领土、托管地和非自治领土的名单。1962年依法解决荷兰和印度尼西亚关于西伊里安的归属问题，此后相继成功解决了40余块领土的独立或归属问题，如纳米比亚和津巴布韦等①。这极大地促进了世界民族争取自决权的斗争，国际上很快形成了一股反殖民化的浪潮。20世纪60年代后，几乎所有的欧美殖民地都在非殖民化的过程中，行使了自己的民族自决权，实现了民族独立，建立了主权国家。

二 民族自决权思想在非殖民化后期面临的新挑战

非殖民化运动基本结束之后，随着殖民地、非自治领土和托管领土等传统意义上自决权适用者的消失，自决权是否过时，是否还有存在的必要，是否适用于主权国家内部等问题成为人们关注和争论的主要问题。原来的民族集团国家和新独立的民族国家中，次主体民族仿效主体民族纷纷提出了自决要求，严重影响到国家主权和领土完整。为了维护国家统一和领土完整，新独立国家极力否定国内各民族的自决权；而丧失殖民地的西方发达国家极力主张自决权原则，声称它是一个民族的基本人权。他们希望通过民族自决权来插手发展中国家的内部事务，达到控制发展中国家以谋求私利的目的。到非殖民化后期，民族自决权几乎被降为西方国家实现其狭隘政治目的的工具②。针对西方国家上述主张，广大发展中国家展开了针锋相对的斗争。

联合国在民族自决权适用主体和范围上，虽然《给予殖民地国家和人民独立宣言》规定，所有人民都有自决权，但是并没有对"人民"进行定义或解释性规定。关于"人民"内涵的争论贯穿于人权盟约第1条起草的整个过程。以苏联为代表的一些国家如印度、阿富汗和沙特阿拉伯等坚持缩小自决权的适用范围，尽量将其限制在殖民地人民的范围之

① 宁骚：《民族与国家——民族关系与民族政策的国际比较》，北京大学出版社1995年版，第200页。

② 王英津：《论西方国家主流自决观的历史演变——从威尔逊到卡塞斯》，《唯实》2009年第12期。

内。印度、阿富汗和沙特阿拉伯等已获独立的国家，因担心不限定自决权的适用范围，可能导致一国的少数者要求行使自决权，因而极力主张对民族自决权的适用范围进行限定。印度声明：“‘自决权’一词仅适用于在外国统治下的人民，不适用于主权独立国家或一个人民或民族的一部分，这是国家统一的根本。”① 在人权盟约起草过程中，阿富汗和沙特阿拉伯要求在他们关于自决的决议草案中删去“人民”字样②。

与上述国家主张限制自决权的适用主体相反，法国、英国、比利时和荷兰等老牌殖民主义国家反对限制自决权的适用范围，更反对将其仅限于殖民地人民。他们企图通过扩大自决权的适用范围，分裂或肢解广大发展中国家。荷兰等国就对印度等国的保留性声明提出反对意见，他们认为：“任何限制该项（自决）权利的范围或附加条件的企图都将损害自决权的概念，并将严重削弱其普遍接受的性质。”③ 费兹莫里斯就认为：“将民族自决权适用于殖民地，而把国内地区排除在外，势必造成一种双重标准，因此在法律上是荒谬的。”④ 由于当时各国对自决权的适应范围和“人民”的解释难以达成一致，为协调各方意见，国际人权公约没有给自决权下任何定义，从而成为一种妥协的产物。

在民族自决权的内容问题上，西方发达国家和广大发展中国家也存在严重分歧。英法等老殖民主义和以美国为首的新殖民主义国家，都期望通过与发展中国家的经济贸易来向后者渗透，并最终通过控制其经济、文化甚至社会发展来控制后者。因此，他们极力主张自决权单指政治上的独立权，而不包括经济、社会和文化独立权。但对于广大发展中国家来说，经济上的独立与政治上的独立同等重要。他们虽然在政治上获得了独立，但殖民主义遗留下来的贫穷、落后状况远未消除。“没有经济自决和经济独立，政治独立是一句空话。”⑤ 为了消除旧的殖民主义的影响

---

① 《在联合国秘书长登记的国际多边条约汇编》，1991 年，第 124—125 页。

② 白桂梅：《国际法上的自决权与少数者权利》，《中外法学》1997 年第 4 期。

③ 提出反对的国家主要有：法国、西德和荷兰。——参见《在联合国秘书长登记的国际多边条约汇编》英文版，1991 年，第 182 页。

④ 日本国际学会：《国际法辞典》，世界知识出版社 1985 年版，第 240 页。

⑤ ［南斯拉夫］米兰·布拉伊奇：《国际发展法原则》，中国对外翻译出版公司 1989 年版，第 231 页。

并防止新殖民主义的产生，他们要求自决权必须包括经济独立权和自然资源的永久主权。

在国际人权公约起草的过程中，智利代表提出应在自决权条文中加上国家对自然资源永久主权的建议案。虽然西方发达国家代表极力反对，但人权委员会最终通过了该提案，决定在人权公约中加入天然资源的条款①。经过联合国大会激烈争论，民族自决权被写入1966年12月9日通过的两个国际人权公约，即《经济、社会、文化权利国际公约》和《公民权利和政治权利国际公约》。两公约都在第1条第1款中用同样的措辞规定："1. 所有人民都有自决权，他们凭这种权利自由决定他们的政治地位，并自由谋求他们的经济、社会和文化的发展。2. 所有人民得为他们自己的目的自由处置他们的天然财富和资源，而不损害根据基于互利原则的国际经济合作和国际法而产生的任何义务，在任何情况下不得剥夺一个人民的生存手段。3. 本盟约缔约各国，包括那些负责管理非自治领土和托管领土的国家，应在符合联合国宪章规定的条件下，促进自决权的实现，并尊重这种权利。"② 这是国际社会首次明确规定民族自决权是一项集体人权，自决权逐渐由殖民地民族的独立权转变为人民的集体人权③。

此后，自决权原则得到了国际社会的普遍认可。1970年联大通过的《国际法原则宣言》，1975年欧安会通过的《赫尔辛基最后文件》等国际文件都宣布了自决权原则。1974年联大通过的《建立新的国际经济新秩序宣言》和《各国经济权利和义务宪章》，不仅重申了一切民族均有自决权，并且将"民族平等和自决权利"列为国际经济关系的基本原则之一。这一规定将民族自决权的内容拓宽到经济、社会和文化领域。1986年联大通过的《发展权利宣言》指出，人的发展权利意味着充分实现民族自决权，包括人权的两项国际公约规定的对他们的所有自然资源和财富行使不可剥夺的完全主权。由此，民族自决权成为世界各民族人民的发展权利，并内含保护人权的因素④。

---

① 董云虎、刘武萍编：《世界人权约法总览》，四川人民出版社1990年版，第1348页。

② http：//wenku. baidu. com/view/88b81542336c1eb91a375dc9. html.

③ 陈祥福：《民族自决权：历史、现实及困境》，《西藏民族学院学报》（哲学社会科学版）2004年第3期。

④ 同上。

三　民族自决权危机的应对举措

20世纪70年代后，实现民族自决权的世界各民族，全身心地投入到发展民族经济的工作中，促进了世界经济的巨大发展。但是，20世纪80年代末90年代初，发生了震惊世界的苏东剧变。以此为策源地，如多米诺骨牌似地引发了全球范围内民族分离主义和民族“自决”浪潮。发达国家和发展中国家都不同程度地受到影响，引起了世界人民的深刻反思。为了应对多民族国家的民族自决权危机，各国进行了大量的研究和探索，提出了三种不同的应对举措。

第一，将自决权限定在殖民地人民，否定主权国家范围内的少数民族享有自决权，如印度等国在签署两个国际人权盟约时所持的立场。由于两个国际人权盟约清楚地规定所有人民都有自决权，并未限定它的适用范围仅仅是殖民地人民。因此，从国际社会的实践来看，第一种做法与国际法的精神相违背，显然行不通。

第二，否定主权国家范围内的少数民族享有自决权，但承认主权国家作为一个整体享有民族自决权。目前绝大多数学者都坚持此种方法，其中包括前苏联科热尼科夫、奥地利的阿·菲德罗斯，我国王铁崖、宁骚等①。他们认为民族自决权原则成为国际法基本原则，主要是指该地区的所有人民和所有组成它的各民族，作为一个整体享有民族自决权，而不是给予每个具体的少数民族的，“当今世界的各个民族国家的范围内，作为国族的各个组成部分的民族，是不享有民族自决权的”②，否定主权国家或人民中的一部分享有自决权是保持国家完整所必须的③。相反，如果认为每个民族都有自决权，就会严重损害国家统治权的权威。民族自决虽不等同于民族分立，但作为自决的不良后果之一就是国家领土分离，这是任何主权国家都不支持的，所以民族自决原则不能成为一项处理国

① 慕亚平、郑艳：《亦论民族自决权》，《中山大学学报》（社会科学版）1998年第2期。

② 宁骚：《民族与国家——民族关系与民族政策的国际比较》，北京大学出版社1995年版，第399页。

③ 管建强：《我国宜对〈公民权利盟约〉作出保留及调整相对的国内法》，《法学》1999年第4期。

内民族关系的原则和政策。

此外，大多数学者认为，承认主权国家内部少数民族享有自决权还会破坏现有既定的国家格局。一般认为，全世界现有大小民族 3000 多个[①]，如果每个民族都独立建国，世界就可能有 3000 至 5000 个国家，这种彻底改变现有国家格局的态势是不可想象的。当今世界国家格局在大民族的作用下已基本定型，小民族已失去独立建国的机会和条件。民族自决权作为一项国际法的权利，它的承受主体应是国际法主体，国内民族不是国际法主体，因而不能直接享有国际法的权利，除非该民族成为国际社会公认的民族实体。国际法上的“民族自决”或“人民自决”讲的是一国之民族或人民与他国民族或人民之间的关系，决不是指一个多民族国家中各民族之间的关系。民族自决的主体应是独立民族国家的人民和民族整体，即“国族”[②]。若不区分国家民族之间的关系和一国内部的民族关系，欲用之解决一国之内的民族问题，是对自决原则的曲解，是违反国际法的[③]。

第三，承认所有民族都有自决权，其中也包括主权国家范围内的少数民族，但应当将民族自决权分为外部自决权和内部自决权。研究自决权问题的专家卡塞斯教授，在 1995 年出版的《人民自决权：法律再评析》一书中，界定了“自决权的内外划分理论”。所谓“内部自决权”是指在现有主权国家内寻求本民族的政治、经济和文化发展。它是“真正自治（self - government）的权利，即人民真正自由地选择自己的政治和经济政制（regime）。内部自决权是一种持续的权利”[④]，其主要内容包括基本的公民权利和政治权利，维系和发展本民族文化、宗教和语言、平等参与政府政治的权利等。所谓“对外自决权”是在现有主权国家的范围之外，寻求独立的政治地位，自主地处理本民族的国际事务和安全事

① 宁骚：《民族与国家——民族关系与民族政策的国际比较》，北京大学出版社 1995 年版，第 59 页。此外还有人认为民族有 2000 多个。UNPO 组织认为有 5000 多个。

② 王佐龙：《对国际法中民族共同地域与自决权的再认识》，《青海民族研究》（季刊）1999 年第 4 期。

③ 程晓霞：《〈西藏的地位〉与民族自决——斥范普拉赫对西藏地位前景的分析》，《法学家》1992 年第 4 期。

④ Antonio Cassese, *Self - Determination of Peoples: A Legal Reappraisal*, Cambridge: Cambridge University Press, 1995, p. 101.

务的权利。对外自决等于脱离现在的主权国家而独立建国[①]。在一定条件下，主权国家内部的少数民族有权行使“民族自决权”，这与主权国家的领土完整之间不存在直接冲突。但当少数民族的基本人权，受到大规模的严重侵害，危及该民族的生存，并且不大可能在现有主权国政治范围内求得解决时，受害民族可以行使“对外自决权”，即脱离出去另组新的独立主权国家[②]。

除了卡塞斯以外，德国学者魏智通亦持此观点，他认为“对内自决”是指“一个国家的国民可以不受外界的干涉，自由决定其政治、经济、社会组织和文化发展的方式。另外，自决权还包含着民主的因素，也就是人民有权保持和维护其独特性”。在反殖民领域，“自决权的含义近似自主决定其政治地位的权利，即脱离国家邦联的权利”[③]。与上述观点大同小异，许多西方学者都认为，内部自决可以消除因分离与国家领土完整的冲突使自决原则面临的危机。因为作为内部权利，内部自决权可能要求主权国家从根本上重新调整国内法，以便使得各方都能遵守，而不需要重新划分国家的边界[④]。

20世纪90年代初，伴随着内部自决权概念的提出，西方国际法学界出现了自决权向少数者权利和个人权利渗透的现象。他们主张自决权不仅是所有人民的权利，而且是每个人的权利。卡塞斯教授在解释两个国际人权公约第1条中关于“自由决定他们的政治地位”的规定时指出，国际人权公约第1条第1款要求人民选择他们的立法者和政治领导人时，任何国内权力机构本身都不能对其进行任何方面的操纵或者施加不当影响。内部自决权是公民权利和政治权利国际公约规定的所有权利的集中体现[⑤]，它的先决条件是所有人口享有表达民众意愿的权利和自由。反过

① Antonio Cassese, *Self - Determination of Peoples: A Legal Reappraisal*, Cambridge: Cambridge University Press, 1995, p. 19.

② Ibid., p. 1.

③ ［德］沃尔夫刚·格拉夫·魏智通：《国际法》，吴越、王晓飞译，法律出版社2002年版，第255页。

④ Gregory H. Fox, Book Review: Self - determination In The Post - Cold War Era: Anew Internal Focus? 16 Michigan Journal of International Law (Spring, 1995), p. 734.

⑤ Antonio Cassese, *Self - Determination of Peoples: A Legal Reappraisal*, Cambridge: Cambridge University Press, 1995, p. 53.

来，“所有的公民权利和政治权利是对内部自决权的最好的解释，特别是言论自由（第19条）、和平集会权（第21条）、自由结社权（第22条）、选举权（第25条乙款），以及直接或通过自由选举的代表间接地参与管理公务的比较概括的权利”①。弗兰克教授认为，到《公民权利和政治权利国际公约》生效时，“自决权已经进入它的第三个发展阶段：它不再是仅仅适用于特定领土（先是欧洲战败国，后是海外托管领土和殖民地）的规则，而成为每个人的权利”②。西方学界的这种现象打破了集体权利和个人权利的界限。

第二节　列宁民族自决权思想的争议及其评析

从民族自决权思想面临的危机及各国学者提出的应对措施来看，目前关于民族自决权思想的认识相当混乱，分歧很大。为了正确应对各种民族自决主张，促进民族发展，很有必要对有关争议问题进行梳理并作出评析。

一　民族自决权思想的主要争议

目前国际国内学界关于民族自决权思想的主要争议，集中体现在民族自决权的概念、适用主体、分类和与主权国家统一问题等四个主要方面。

（一）关于民族自决权概念的含义

由于列宁对民族自决权思想的巨大贡献和影响，当今许多学者在提到民族自决权概念的含义时都引用了列宁的论述，即民族自决权是民族

① Antonio Cassese, *Self - Determination of Peoples: A Legal Reappraisal*, Cambridge: Cambridge University Press, 1995, pp. 52 - 53.

② Thomas M. Frank, “The Emerging Right to Democratic Governance”, in Vol. 86 American Journal of International Law, 1992, pp. 58 - 59.

脱离异族集体成立独立民族国家的权利。从该定义出发，一些主权国家的民族分离主义，打着民族自决的旗号，大行分裂国家之实。他们认为列宁坚持所有民族都有成立独立国家的权利，因此本民族应当分离出去独立建国。与此相反，鉴于此举给多民族国家主权统一和领土完整构成的严重威胁，有人主张将民族自决权局限于殖民地人民或者处于外国占领下的土地或者民族，极力否定主权国家内部民族享有自决权。此外，还有人引用西方政治思想中，民族自决就是民族独立自主的正当性的概念，指出民族自决既是一种思想，也是一个过程。打着民族独立建国旗号大行分裂主权国家之实的“民族自决权”，与以维护主权国家统一和领土完整为由反对“民族自决权”的观点，都是片面的。二者的根本错误就是没有正确理解民族自决权的含义及其实现形式之间的联系和区别。与列宁预测单一民族国家是资本主义发展的通例相反，多民族国家成了当今世界的法则，这使得民族自绝权概念上的争论更加突出。民族自决的含义及其与国际法其他原则的关系问题，成了亟待明确的现实问题①。

（二）关于民族自决权的适用主体

民族自决权思想是西方资产阶级首先提出来的，他们在同神权和王权对抗时，通过动员民族力量来整合社会。西欧各民族的形成过程与民族国家的建立过程基本是同步的，因此，在西欧民族中自决权的适用主体没有异议，即民族自决权的适用主体是单一民族，其实现形式的最高级别是建立单一民族的民族国家。但是中东欧和世界其他民族的发展与西欧明显不同，他们民族和国家的发展过程是不同步的，有些是先有民族后建立国家，有些先建立国家，然后才形成了民族。由此，出现了不同民族共处一国和同一民族分属不同国家的现象，多民族国家成了世界民族发展的通例。恩格斯较早地注意到了这种现象，他曾经从中东欧民族交错杂居的现实情况出发，提出应当区分不同层次的民族。列宁针对帝国主义民族压迫和全球性的殖民政策，明确提出所有民族都有自决权，这主要是指推翻民族压迫而言的。革命胜利后，他在维护民族平等方面

---

① ［日］寺泽一等主编：《国际法基础》，朱奇武等译，中国人民大学出版社 1983 年版，第 152 页。

成为典范。

在目前关于民族自决权的适用主体上，有人主张民族自决权只适用于殖民地或者处于外国奴役下的被压迫民族；有人主张作为国族意义上的民族享有自决权，而主权国家范围内的族群没有自决权；还有人主张自决权适用于一切民族，民族不分大小都有自决权。此种情况在民族自决权思想的实际运用过程中造成了极大的混乱。在明确提出自决原则的国际文件中《联合国宪章》、《给予殖民地国家和人民独立宣言》和人权公约都使用的是“人民自决”，只有1970年国际法原则宣言用了“民族自决”，而上述文件都没有界定“人民”和“民族”的含义。据此，有学者指出，战后国际法上的自决原则，增强了同人民的联系而淡化了民族成分，甚至有人提出自决与民族无关的看法①。

（三）关于民族自决权思想的内外划分问题

对于西方学界提出的“自决权内外划分理论”，学者们褒贬不一。持否定意见的学者认为，把自决权划分为对内和对外自决权，且“内部自决权”归结为民主、自治等内容，容易混淆国际法和国内政治的界限，很容易导致外国假借自决权的名义来干涉他国内政②。国际法和国内政治虽有一定的联系，但两者有根本区别。一国采取的政府形式与政治制度，应由本国人民自己自由决定。人民对国家政治制度不满而否定甚至推翻政府，是一个国家的内政，不属于国际法调整的范围③。西方社会即使不直接将自决权视为个人的权利，坚持“内部自决权”的思想也会自然地把自决权与个人的人权联系起来④。

但持肯定意见的学者指出，不区分对外自决与对内自决，就无法解释当前自决权问题所面临的众多挑战⑤。他们认为所谓对外自决权就是指独立权，分离权，即从原主权国家脱离开组建新的主权国家。外部自决

---

①　李红杰：《由自决到自治》，中央民族大学出版社2009年版，第218页。

②　王英津：《论西方国家主流自决观的历史演变——从威尔逊到卡塞斯》，《唯实》2009年第12期。

③　白桂梅：《国际法上的自决》，中国华侨出版社1999年版，第85—86页。

④　同上书，第218页。

⑤　邢爱芬：《当代自决权问题新探》，《理论前沿》2003年第13期。

是一次性权利，殖民地、托管领土从原殖民统治国家脱离，建立自己的主权国家，只需一次，并不需要反复脱离才能实现。在20世纪80年代末以前，殖民地民族从殖民统治国家脱离出来，建立自己独立的主权国家就是运用对外自决权。受殖民统治的国家有权行使对外自决权即脱离权，应当给予肯定和鼓励。对内自决权主要指自主权、自治权以及发展自我经济、文化、宗教、习俗等权利。内部自决是持续性的，可以反复使用。对内自决权不是一次就能够完成，而是要制定一系列法律、法规和各种政策，持续不断地进行。如果由于外来干涉或内部某些原因而中断，则对内自决权也受到干扰。这种对内自决权是一种"自己决定权"，这个"自己"是指一个整体，指某个民族或区域的整体，而非单个的个人，自决权是一项集体人权而非纯粹的个人权利。

（四）关于民族自决权思想和主权国家的统一问题

如何理解民族自决权思想和主权国家完整统一的关系问题，是人们争论的核心焦点问题。民族自决权对于民族国家犹如一把"双刃剑"，它时而表现为凝聚民族国家力量的黏合剂，时而表现为分裂民族国家的切割机。从发展进程来看，19世纪以前的民族自决权思想在联合和凝聚各民族组成独立国家的过程中，表现出极强的向心力，受到了西欧诸国的热烈欢迎和大力提倡，其中包括德国和意大利等实现民族统一的国家。而20世纪的民族自决权思想，主要表现为分裂国家的离心力，如第一次世界大战后东欧三大帝国的崩溃、二战后殖民体系的瓦解、冷战后多民族国家的解体等。

作为反对民族压迫和主张民族平等的民族自决权思想，受到了无产阶级和广大被压迫民族的热烈欢迎，在非殖民化过程中，发挥了凝聚民族力量反抗民族压迫的重要作用。与发生在缺乏民主的专制统治之下和殖民时代的民族自决权受到普遍欢迎不同，冷战后，苏联和东欧等通过合法的、民主协商建立起来的统一主权国家内部的"民族自决"运动，却遭到了人们的普遍反对，因为这些国家的政府是经过选举产生的代议制政府①。多民族国家的民族分离和分裂现象，对现有国家的主权完整和

① 任东来：《自决原则在历史上的实践及其含义的演变》，《太平洋学报》1997年第3期。

领土统一形成了严重的威胁。

二 民族自决权思想争议评析

民族和民族自决权是一个历史性的概念，它在一定的历史发展阶段产生，并将随着历史的发展而归于消亡。因此，要正确理解民族及其自决权思想，就必须将其与特定的历史条件联系起来，这样才能对其进行正确的解读和判断。现将民族自决权思想的主要争议问题进行简单评述，以加深对民族自决权思想的正确认识和理解。

（一）关于民族自决权概念的含义

要正确理解民族自决权概念的内涵，就必须区分其内涵和实现形式的联系和区别，并且联系特定的时代背景和社会历史条件来具体问题具体分析。只有这样，才能对民族自决权思想作出正确的符合实际的理解。

从思想来源看，民族自决权最本质的含义是强调民族集体独立自主的正当性，是指任何民族都享有独立自主地处理本民族事务和命运的权利。民族究竟应当采取什么样的方式来实现这种权利，即民族自决权的实现形式，是多种多样的，这种权利的实现形式在不同时期具有不同的表现。民族既可以采取与其他民族联合的形式，也可以采取与其他民族合并的形式，既可以采取在主权国家范围内自治的形式，也可以采取从主权国家分离出去独立建国的形式。独立建国权是民族自决权的最高实现形式。但是并不是所有民族都适合采取这种最高级别的民族自决权，分离和分裂独立建国的民族自决权实现形式并不总是有利于所有的民族。民族自决权的实现形式取决于该民族所处的时代背景和具体的经济、政治、文化和社会等历史条件。不同民族所处的具体历史条件决定了各个民族的民族自决权的实现形式是各不相同的。民族究竟应该采取怎样的形式来实现自决权，要与本民族的经济历史发展条件联系起来综合考虑。

就列宁所处的帝国主义时代来看，当时世界最鲜明的特点是世界民族被分为压迫民族和被压迫民族，处于压迫民族的大国民族极力否定被压迫民族的自决权。从当时反对民族压迫和争取被压迫民族独立和解放的视角，列宁提出了民族自决权思想。列宁关于民族自决权的定义既包含了最初意义上“民族自己决定自己命运权利”的内涵，更突出了帝国主义发展阶段，大国统治民族极力否定各被压迫民族政治自决权情况下，民族自决权的实现形式更多地表现为被压迫民族从压迫民族的统治下分离出来的独立建国权。列宁关于民族自决权的实现形式，仅仅意味着在帝国主义殖民时代，民族自决权是指民族分离权，民族独立和成立民族国家的权利，不能将其随意扩展或者照搬。

就目前关于民族自决权概念的理解，离不开全球化的大环境。由于民族的迁移和全球流动史无前例地频繁，民族杂居现象更为普遍。在这种情况下进行民族区分更为困难，建立单一民族的国家更是遥不可及。从二战后国际文件中关于自决权的规定可以看出，尽管国际社会承认自决权原则是公认的国际政治原则和法律权利，但鉴于民族分布交错杂居的状况，国际社会在承认自决原则时，尽力淡化自决与民族的联系而突出人民意识，这既是适应新时期新情况的合理选择，又有利于维护国际社会的和平与稳定。我们应当坚持民族平等，反对民族压迫和民族特权，承认民族无论大小都享有独立自主地处理本民族命运的权利，尊重民族选择最适合本民族发展的政治经济文化社会模式的权利。在此基础上尽量避免以分离形式实现自决权，要突出公民意识和公民权利。

（二）关于民族自决权的适用主体

西方资产阶级民族的形成和民族国家的建立是同步的，民族是民族自决权的当然主体。列宁在分析了资本主义民族运动的经济历史条件后认为，西欧民主革命时期资本主义国家建立的单一制民族国家，促进了资本主义的巨大发展，由此，资本主义发展的通例是单一制的民族国家，这是一切民族运动的发展趋向。中东欧多民族国家是资本主义发展的例外，是内部发展不完善的国家形态，其内部的各民族同样享有自决权。从推翻民族压迫政策和坚持民族平等原则出发，列宁认为民族自决权思想适用于一切民族，其中包括主权国家内部的各民族。所有民族无论大小强弱贫富都有民族自决权。民族可以按照自己的意愿独立自主地安排自己的事务，任何国家和个人都不能从外部进行干涉。他赋予国内乌克兰等民族自决权震惊了世界。但是列宁并不是绝对地看待民族自决权，而是认为民族自决权是从属于无产阶级革命的次要问题。因此，只要有利于无产阶级革命，就应当支持各民族自决的要求。反之，则应当加以反对。任何民族在行使自决权时都不能损害别的民族的利益。

从民族自决权含义来看，列宁关于民族自决权适用主体的思想无疑是正确的。从民族享有独立自主地处理本民族命运的观点出发，应当承认所有民族都有自决权。联合国土著人口工作组起草的《土著人权利宣言草案》中，同样承认土著民族享有自决权。在第 4 条中规定："土著民族有自决权。凭着这项权利，他们自由地决定他们的政治地位，自由地谋求他们的经济、社会和文化的发展。"① 这就说明，所有民族都有自决权。但是在实现民族自决权的时候，要采取谨慎的态度，要采取切实可行的合理合法的民族自决权的实现形式。在实现本民族自决权的时候，不能给其他民族造成损失或伤害。

（三）关于民族自决权思想的内外划分问题

国内外学者提出民族自决权内外划分理论，虽然有其合理的成分，也不失为解决某些民族自决权问题的可选之策。但从总体上讲，对民族自决权进行如此划分弊大于利，不利于人们正确认识和解决民族问题。因为对于民族自决权思想的内外划分理论，容易造成国内政治和国际政治界限和概念的混乱，引起人们的误解。对民族自决权的内外划分，容易引起外来势力借口维护自决权而干涉别国内政，使得民族遭受外来干涉的可能性大增，这与民族不受任何外力干涉自己处理本民族事务的原则相悖，不利于解决民族问题。民族自决权是一项集体人权，更不能将其等同于个人权利。

列宁和斯大林等曾经不止一次地强调，由于每个民族发展的特殊性，决定了每个民族在实现自决权时都是不同的，必须辩证地看待每一个民族的自决权及其实现形式。在目前同样如此，对待民族自决权时，必须结合每个民族的具体情况，具体问题具体分析。从有利于民族自身发展的视角，提出最适合该民族发展的自决权实现形式。在解决民族问题时不应当使观念支配环境和条件，而是要根据环境和条件的变化适时调整

---

① Henry J. Steiner, Philip Alston, *International Human Rights in Context: Law, Politics, Morals*, 1996.

自己的观念和政策①。

（四）关于民族自决权思想和主权国家的关系

由于民族自决原则的运用先是表现为西欧民族同大一统的神权统治和封建王权的分离，后来又与非殖民化运动紧密地联系在一起，主要表现为摆脱殖民统治，建立独立国家，这使得许多人认为自决权就是分离权。但实际上，将自决权等同于分离权的观点，是对民族自决权思想的曲解。西欧反神权反封建的斗争过程中伴随着民族的形成和产生，殖民地摆脱殖民统治的国家独立，是恢复被剥夺的主权，属于分立而不是分离。自决权不等于分离或分裂，分离只是自决权的实现形式之一。自决权的实现形式除了独立外，还包括并入他国或与他国联合，或者实行自主或自治等。实行民族自决权的真正危机，不在于承认一国范围内少数民族是否享有民族自决权的问题，而是尽量避免以分离形式实现自决权而引起的武力冲突，及其所造成的动荡和破坏问题。

就目前的现状来看，以分离和独立建国的形式实现民族自决权的方式是不现实的，也是国际社会极力反对的自决权实现形式。从维护世界和平和坚持民族平等的目的出发，联合国和国际社会提出了人民自决权，同时坚决反对分裂主权国家的行为。它们有关民族自决权的大多数文件中，在规定了所有人民的民族自决权后，都不同程度地强调和规定了维护国家主权独立和领土完整的条文。如《给予殖民地国家和民族独立宣言》中强调，“任何旨在部分地或全面地分裂一个国家的团结和破坏其领土完整的企图都是与联合国宪章的目的与原则相违背”②。《关于国家间合作与友好关系的国际法原则宣言》指出，“一个民族自由决定建立自主独立国家，与某一独立国家自由结合或合作，或采取任何其他政治地位，均属该民族实施自决权之方式”③。同时指出，“以上各项不得解释为授权或鼓励采取任何行动，局部或全部破坏或损害在行为上符合上述各民族享有平等权及自决权原则并因之具有代表领土内不分种族、信仰或肤色

① 李红杰：《由自决到自治》，中央民族大学出版社 2009 年版，第 154 页。

② 中国社会科学院法学研究所编译：《国际人权文件与国际人权机构》，社会科学文献出版社 1993 年版，第 51 页。

③ 董云虎、刘武萍编：《世界人权约法总览》，四川人民出版社 1990 年版，第 951 页。

之全体人民之政府之自主独立国家之领土完整或政治统一。每一国均不得采取目的在局部或全部破坏另一国国内统一及领土完整之任何行动”①。联合国1993年维也纳世界人权大会通过的《维也纳宣言和行动纲领》再次明确指出，实现民族自决权不得解释为授权或鼓励采取任何行动去全部或局部地解散或侵犯主权和独立国家的领土完整或政治统一。

从总体上看，一国内部各民族民族自决权的行使属于一个国家的内部事务，使用得当就会有利于巩固国家主权和领土的完整性。各民族应尽量摒弃创建新国家的自决权实现方式，在主权国家范围内谋求本民族的政治经济地位，发展本民族文化。主权国家也要坚持民族平等原则，维护各民族当家作主的权利，真正贯彻落实各民族的自决权，才能维护国家的统一和领土完整。

① 董云虎、刘武萍编：《世界人权约法总览》，四川人民出版社1990年版，第952页。

结　语

民族和民族自决权是一个历史概念，它在人类社会发展的一定阶段出现，并将随着人类社会普遍联系的加强而最终退出历史舞台。民族自决权的实现与特定的历史发展条件密切相关。在资产阶级民主革命时期，资产阶级利用民族自决权思想动员和凝聚了整个民族的力量，来对抗神权思想和封建王权。此后随着资本主义的全球扩张，民族自决权思想不断传播。

列宁民族自决权思想是资本主义发展最高阶段——帝国主义时代条件下的产物，从无产阶级革命任务和被压迫民族利益出发，列宁肯定和继承了主张民族平等和反抗压迫的早期民族自决权思想，揭露了欧洲殖民帝国异化了的民族自决权思想，批判了第二国际社会党内部关于殖民政策的错误认识及其民族文化自治思想，从反抗殖民压迫的立场出发，主张一切民族都有自决权。

列宁认为民族自决权问题上重要的是坚持民族平等，民族自由和自愿，民族间的民主联系，实现民族真正自愿、平等的联合。只有用革命手段摧毁旧的、帝国主义用强制方式建立起来的殖民关系，给予各民族独立自主权，才能建立起完全平等自愿的联合。只要民族之间的联系不是自愿的和平等的，民族就有分离的权利。至于民族的疆界划在哪里，民族之间应当采用哪种方式实现自决权等，均是次要问题。

列宁民族自决权思想是一个彻底的反帝反殖的口号。它是帝国主义时代各被压迫民族彻底反对殖民统治和民族压迫，要求民族平等和争取民族解放的革命原则。它是被压迫民族向压迫民族要求的自决，主要实现形式是被压迫民族从殖民帝国统治下分离出去成立独立自主的民族国家。解放被压迫民族的关键是处于统治地位的大国民族社会党人的民族政策。英、法、德、日、俄、美等压迫民族的社会党人与民族压迫政策彻底决裂，承认和坚持被压迫民族有自决权，不但有利于解放被压迫民族，而且更有利于压迫民族自身的解放。

列宁民族自决权思想是一个团结联合的口号。它是促进各民族工人阶级和劳动人民在平等、民主和相互信任基础上，实行自愿联合，加强民族团结的革命原则。各民族联合和团结是无产阶级革命的真正目标，而民族自决权是实现各民族联合和团结的前提和基础。只有实现真正意义上的民族自决，才能在真正平等自愿民主的基础上，建立相互信任的无产阶级国际主义团结合作，推翻国际资本主义的统治，实现社会主义，彻底消灭民族压迫和剥削，最终实现各民族的接近与融合。

列宁民族自决权思想第一次将民族自决权思想同帝国主义时代无产阶级革命和殖民地问题联系起来，从而拓展了民族自决权的适用范围，使争取民族自决权的斗争由俄国或欧洲反对民族压迫的局部问题，变为各被压迫民族、各殖民地和半殖民地民族从帝国主义压迫下解放出来的世界性问题。他第一次把殖民地、半殖民地人民争取民族自决权的斗争，与社会主义革命联系在一起，从而使民族自决权成为一个与无产阶级国际主义相结合的彻底的革命的人权原则。列宁民族自决权思想是殖民地、半殖民地人民争取民族解放斗争的思想武器，推动了长期遭受外国侵略和奴役的民族和国家的独立，并最终使民族自决权成为一项国际法律权利。

民族自决权是民族独立自主地处理本民族事务的权利，是民族不受外界干扰，尤其是不受外部武力干预自由地安排本民族发展的权利。多民族国家中利用民族自决权旗号争取民族利益的现象说明，彻底否定主权国家内各民族的自决权并非行之有效的解决民族问题的办法。只要还有民族存在，民族自决权思想就不会过时，它和民族争取独立、建立和平、稳定、公正、合理的国际新秩序、实现基本人权和民族发展权等休戚相关。因此，只要还有民族存在，就不能否认民族自决权思想，不能否定民族享有不受外界干扰自由地处理自己事务的权利。民族自绝不是民族分离，承认民族自决权不一定导致民族分离。对民族自决权必须要有理性的认识，在坚持所有民族都有自决权的前提下，要摒弃那种认为一旦获得独立，就能解决所有问题的狭隘思维，因为这种偏执只会导致民族偏见和滋长极端民族主义，国际社会极力否定和排斥以分离和独立建国形式实现民族自决权。

在民族自决权问题上的重点和关键，不是要不要承认国内各民族的自决权问题，而是应当采取什么方式来实现民族自决权的问题。在帝国主义将民族分为压迫民族和被压迫民族的前提下，世界绝大多数被压迫民族要真正实现自决权，只能采用从民族压迫中分离出来，成立独立国家的实现形式。在和平与发展的时代主题下，多民族国家是民族发展通例的情况下，民族不能一味地追求民族分离和独立建国，而要根据本民族历史经济发展阶段，辩证地具体地提出实现民族自决权的最佳方式，不能过分夸大民族因素，应尽量减少和避免以分离形式实现民族自决权，给现有的主权国家和国际社会造成的危害。

从目前的国际形势来看，必须承认世界上一切民族都有民族自决权，都有处理本民族事务的权利。但是每个民族实现民族自决权时，不能损害其他民族的正当权益。民族自决要尊重国家主权，尊重他国内政，要以维护和尊重国家主权和领土完整为前提。分裂主权国家造成的民族冲突和社会动荡不利于民族发展，在将来的民族发展过程中更是不太现实的自决权的实现形式。主权国家作为国际社会的基本构成单位和维护世界和平稳定的主要力量，对内享有自由决定本民族政治地位，自由选择本民族发展道路，自由运用本民族自然资源和能源的权利，应当在民族平等基础上积极谋求民族经济发展，维护社会稳定；对外必须遵守国际法规定的权利义务，尊重其他民族自决权的实现，坚决反对利用民族自决权为借口干涉别国内政和破坏别国领土完整的企图和行为。而主权国家内部的各民族应当坚持主权高于自决权原则，不要以自决权为借口来分裂民族国家，一味追求领土或独立建国，它们对外应当积极维护民族国家的主权统一和领土完整，对内在主权国家范围内积极寻求本民族的政治、经济、文化和社会等的发展。在统一的多民族国家里，要尽量排除分裂民族国家的自决权实现形式。但是这不排除因为国内大规模的民族压迫、种族歧视和清洗等行为脱离主权国家的情况，只不过这种情况在民主政治高度发展的今天已经越来越少。

民族自决实质是文化同质性的高低与国家认同意识强弱的问题。在多民族国家，每个民族既有自己独特的民族亚文化和民族心理，又在共同生活的过程中，形成了反映民族共同文化的国民文化，二者之间是相辅相成，对立统一的。民族文化体现的是各族群的独特性，而国民文化则反映了各民族的共性；国民文化的发展如果以民族文化为支撑，对民族文化进行继承并随时保持发展更新，就会得到民族的认同，并被各民族自觉遵守；而民族文化如果以国民文化为导向，与国民文化的发展保持同向性，就能够维护国家社会的稳定。因此，在国民文化的构建上，多民族国家应当在坚持民族多元的基础上，尽量淡化民族特性和民族意识，突出以民主政治和公民理念为核心的同质内核，强调国民文化与民族文化的和谐共生，强化国家认同意识，培养国家认同感，使公民意识代替族际意识，增强国家的凝聚力。必须促进不同背景和文化的人群相容共处，加大族际协商的力度和渠道，使各民族人民积极参加国家和社会事务的管理，真正感觉到自己是多民族国家的主人，才能改善民族关系和加强民族团结，共同维护国家的统一。

民族权利的理性追求应当是民族的政治平等与经济发展的现代化。一方面，民族自决权最终目的就是获得良好的发展条件，促进民族经济的发展。这是民族自决权思想提出的最初目的，也是目前各种民族自决权主张的深层动因。只有在现实中坚持和实现真正的民族自决，才能为民族发展提供良好的条件，在真正自决的基础上实现各民族平等地、自由地、完全自愿地接近与融合。另一方面，只有摆脱经济上的落后与依附状态，国家才能实现真正自决；强大的民族经济是维护民族自决权的物质保障。只有民族经济得到发展，人民生活得到改善，才能促进各民族公民意识、公民权利和民主政治观念的发展，加强各民族的经济联系，消除民族壁垒，淡化族际观念，促进文化生活等方面的共同发展和进步。

多民族国家的各民族，应当在维护现有主权国家领土统一和主权完整的前提下，积极谋求改善本民族的地位，大力发展本民族的经济，推动民族政治、文化和社会建设，加强与其他民族的团结和合作，促进各民族的共同进步。同时，各国应该在不违背国际法上承担的国际义务的前提下，进一步完善保护少数者权利的法律制度。在改革、开放、民主化过程中，扩大各民族在政治、经济和文化建设等方面的独立自主权，调动各民族人民的积极性，促进民族经济的进一步发展。

20 世纪的民族解放运动证实了列宁关于民族运动历史发展趋向的第一个预言，即民族觉醒，反对民族压迫、争取民族解放和建立独立民族国家的阶段。列宁关于民族运动历史发展趋向的第二个预言，即各民族之间联系日益加强、民族壁垒逐渐被打破、国际统一形成，各民族最终融合也部分得到证实。当今世界，各种类型和各种层次的地区性经济合作组织和全球化联系广泛发展，发轫于西欧共同体的世界经济一体化趋势也日益发展和不断壮大，世界各民族之间的联系和交流更加深入和频繁，人类社会的发展进程正在印证着马克思主义者对于人类社会发展规律的预言。

因此，列宁民族自决权思想并未过时，依然具有普遍的现实意义。每个民族要结合本民族各自不同的情况来解决民族问题，绝不要照搬别人的经验和做法。民族自决权是相对的、有条件的，其运用与实施应顺应时代潮流，符合社会和民族发展的规律，符合本民族人民的根本利益。否则，对民族自决权的曲解和滥用只会对民族国家和人民的利益造成巨大损害，并进而给国际社会带来动荡不安，危及世界的和平与发展。

参考文献

中文

一　经典著作类

1. 中共中央马克思恩格斯列宁斯大林著作编译局：《马克思恩格斯选集》（第2版），人民出版社1995年版。
2. 中共中央马克思恩格斯列宁斯大林著作编译局：《列宁全集》（第2版），人民出版社1984—1990年版。
3. 中共中央马克思恩格斯列宁斯大林著作编译局：《列宁文稿》，人民出版社1977—1979年版。
4. 中共中央马克思恩格斯列宁斯大林著作编译局：《斯大林全集》，人民出版社1955年版。
5. 中国社会科学院民族研究所编：《马克思恩格斯论民族问题》（上、下），民族出版社1987年版。
6. 中国社会科学院民族研究所编：《列宁论民族问题》（上、下），民族出版社1987年版。
7. 中国社会科学院民族研究所编：《斯大林论民族问题》，民族出版社1990年版。

二 著作类

1. 白桂梅：《国际法上的自决》，中国华侨出版社 1999 年版。
2. 陈黎阳：《苏联解体后的俄罗斯民族主义》，重庆出版集团重庆出版社 2006 年版。
3. 陈国新、杜玉银：《马克思主义民族理论发展史》，云南大学出版社 2001 年版。
4. 董云虎、刘武萍编：《世界人权约法总览》，四川人民出版社 1990 年版。
5. 董云虎：《从国际法看人权》，新华出版社 1998 年版。
6. 邓蜀生：《伍德罗·威尔逊》，上海人民出版社 1982 年版。
7. 房宁、王炳权：《论民族主义思潮》，高等教育出版社 2004 年版。
8. 龚学增：《马克思主义民族宗教理论教程》，中共中央党校出版社 2004 年版。
9. 果洪升：《中国与前苏联民族问题对比研究》，中央民族大学出版社 1997 年版。
10. 华辛芝：《列宁民族问题理论研究》，内蒙古人民出版社 1987 年版。
11. 华辛芝、陈东恩：《斯大林与民族问题》，中央民族大学出版社 2002 年版。
12. 何润：《马克思主义民族理论经典导读》，中央民族大学出版社 1998 年版。
13. 浩帆：《社会主义社会民族问题研究》，内蒙古人民出版社 1986 年版。
14. 郝时远、阮西湖：《当代世界民族问题与民族政策》，四川民族出版社 1994 年版。
15. 金涛、孙运来：《世界民族关系概论》，中央民族大学出版社 1996 年版。
16. 刘先照：《论社会主义民族关系》，民族出版社 1991 年版。
17. 梁守德：《民族解放运动史》，北京大学出版社 1985 年版。
18. 李红杰：《由自决到自治》，中央民族大学出版社 2009 年版。
19. 李庆余：《11 个美国人和现代中国》，安徽大学出版社 1998 年版。

20. 马啸原：《西方政治思想史纲》，高等教育出版社 1997 年版。
21. 宁骚：《民族与国家——民族关系与民族政策的国际比较》，北京大学出版社 1995 年版。
22. 潘晓娟、张辰龙：《当代西方政治学新词典》，吉林人民出版社 2001 年版。
23. 潘志平：《民族自决还是民族分裂》，新疆人民出版社 1999 年版。
24. 钱乘旦：《欧洲文明：民族的融合与冲突》，贵州人民出版社 1999 年版。
25. 沈志华：《苏联历史档案选编》（第 12 卷），社会科学文献出版社 2002 年版。
26. 时殷弘：《新趋势·新格局·新规范》，法律出版社 2000 年版。
27. 宋德星：《列宁民族自决思想及其内在矛盾》，《战略与外交》，军事译文出版社 2003 年版。
28. 陶文钊：《中美关系史（1911—1950）》，重庆出版社 1997 年版。
29. 王家福等：《中国人权百科全书》，中国大百科全书出版社 1998 年版。
30. 王铁崖：《国际法》，法律出版社 1995 年版。
31. 王铁志、沙伯力：《国际视野中的民族区域自治》，民族出版社 2002 年版。
32. 王德禄、蒋世和编：《人权宣言》，求实出版社 1989 年版。
33. 王鹏飞：《近代国际关系史》，北京师范学院出版社 1990 年版。
34. 王联：《世界民族主义论》，北京大学出版社 2002 年版。
35. 王晓德：《梦想与现实——伍德罗·威尔逊“理想主义”外交研究》，中国社会科学出版社 1995 年版。
36. 王绳祖：《国际关系史（1917—1929）》第 4 卷，世界知识出版社 1995 年版。
37. 王玮：《美国对亚太政策的演变》，山东人民出版社 1995 年版。
38. 魏贻恒：《全民公决的理论与实践》，中国人民大学出版社 2007 年版。
39. 徐杰舜、覃乃昌：《民族自治权论》，广西教育出版社 1991 年版。
40. 许新、陈联璧等：《超级大国的崩溃——苏联解体原因探析》，社会科学文献出版社 2000 年版。
41. 张建华：《厚积与聚发——对苏联民族主义的历史考察》，香港新世纪出版社 2001 年版。
42. 张建华：《苏联民族问题的历史考察》，北京师范大学出版社 2002 年版。
43. 张建华等：《红色风暴之谜：破解从俄国到苏联的神话》，中国城市出版社 2003 年版。
44. 赵常庆、陈联璧：《苏联民族问题文献选编》，社会科学文献出版社 1987 年版。
45. 赵常庆、陈联璧等：《苏联民族问题研究》，社会科学文献出版社 2007 年版。
46. 赵一凡编：《美国的历史文献》，生活·读书·新知三联书店 1989 年版。
47. 中共中央统战部编：《民族问题文献汇编》，中共中央党校出版社 1991 年版。
48. 中国社会科学院民族研究所、世界民族研究室编：《外国民族问题与民族政策》，时事出版社 1988 年版。
49. 中国社会科学院法学研究所编译：《国际人权文件与国际人权机构》，社会科学文献出版社 1997 年版。
50. 周一良、吴于廑：《世界通史资料选辑：近代部分》（上册），商务印书馆 1964 年版。
51. 周尚文、叶书宗、王斯德：《苏联兴亡史》，上海人民出版社 2002 年版。

三　期刊论文类

1. 白桂梅：《论内部与外部自决》，《法学研究》1997 年第 2 期。
2. 白桂梅：《国际法上的自决权与少数者权利》，《中外法学》1997 年第 4 期。
3. 蔡芹：《论民族自决权原则》，《承德民族师专学报》2005 年第 4 期。
4. 陈力：《马克思明确提出“民族自决权”原则的时间》，《民族研究》1989 年第 3 期。
5. 陈联璧：《列宁的民族自决权思想新议》，《俄罗斯中亚东欧研究》

1989 年第 4 期。

6. 陈联壁:《俄罗斯民族关系理论和政策的变化》,《东欧中亚研究》1999 年第 1 期。

7. 陈联壁:《研究世界民族问题的一步力作——〈民族自决,还是民族分裂〉》,《东欧中亚研究》1999 年第 3 期。

8. 陈联壁:《民族自决权新议》,《民族研究》2001 年第 6 期。

9. 陈波、边塞:《列宁的民族自决权思想及其人权意义》,《理论月刊》2006 年第 1 期。

10. 陈祥福:《民族自决权:历史、现实及困境》,《西藏民族学院学报》(哲学社会科学版)2004 年第 3 期。

11. 程国花:《"民族自决权"原则的历史作用、时代局限及其替代选择》,《江汉论坛》2005 年第 6 期。

12. 程人乾:《简论国家主权原则与民族自决原则之间关系的演化》,《世界民族》2001 年第 2 期。

13. 程晓霞:《〈西藏的地位〉与民族自决——斥范普拉赫对西藏地位前景的分析》,《法学家》1992 年第 4 期。

14. 储昭根、于英红:《一战后民族自决原则的公认与效应》,《世界民族》2007 年第 4 期。

15. 崔之元:《民族自决权、人权与主权——从南斯拉夫解体谈起》,《战略与管理》1999 年第 4 期。

16. 崔之元:《民族自决权、人权与主权》,《读书》1999 年第 8 期。

17. 丁彦冬:《浅议民族自决权》,《黑龙江科技信息》2008 年第 29 期。

18. 董士昙:《对民族分离主义特征的几点思考》,《中共济南市委党校学报》2000 年第 4 期。

19. 董士昙:《民族分离主义与恐怖主义关系论》,《聊城大学学报》(社会科学版)2005 年第 4 期。

20. 杜红:《正确理解民族自决权原则》,《西藏民族学院学报》(社会科学版)1993 年第 1 期。

21. 杜幼德:《民族自决权、分离权和区域自治的理论来源与实践得失——中苏民族自治问题比较研究一得》,《中央民族学院学报》1989 年第 1 期。

22. 杜幼德：《中苏政体区别论——兼谈民族自决权、分离权与区域自治的理论来源与实践得失》，《西藏研究》1990 年第 1 期。
23. 范生姣：《论民族区域自治在我国政治生活中地位的变化》，《凯里学院学报》2008 年第 2 期。
24. 房广顺、杨捷：《民族自决权的历史发展与现实运用》，《沈阳师范学院》（社会科学版）1994 年第 2 期。
25. 高四梅、潘广辉：《民族自决原则的欧洲哲学渊源及在现代的发展》，《世界民族》2003 年第 4 期。
26. 高燕平：《从国际法角度看民族自决权》，《中国政法大学学报》1990 年第 4 期。
27. 管建强：《我国宜对〈公民权利盟约〉作出保留及调整相对的国内法》，《法学》1999 年第 4 期。
28. 郭丽丽、李广义：《从民族自决权原则看台湾的公投问题》，《陕西青年管程干部学院学报》2004 年第 4 期。
29. 关勋夏：《威尔逊与第一次世界大战》，《军事历史研究》1998 年第 3 期。
30. 桂全民、吴淑琴：《民族自决权——列宁处理民族问题的一个基本原则》，《兵团教育学院学报》2001 年第 3 期。
31. 胡美术：《民族区域自治与民族问题研究》，《前沿》2008 年第 12 期。
32. 华辛芝：《谈谈列宁是怎样提出民族自决权这个口号的》，《求是学刊》1982 年第 2 期。
33. 华辛芝：《斯大林民族理论评析》，《世界民族》1996 年第 4 期。
34. 华辛芝：《列宁的民族理论与实践——纪念列宁逝世 72 周年》，《世界民族》1996 年第 2 期。
35. 贺龙栋：《列宁的民族自决权理论与前苏联的民族分离主义运动》，《唯实》1999 年第 5 期。
36. 何平、李云霞：《论民族自决与国家主权——以科索沃独立为例》，《前沿》2009 年第 2 期。
37. 黄学贤：《试论列宁的民族自决权思想》，《江苏社会科学》1992 年第 3 期。
38. 纪大椿：《民族自决和中华民族的自决》，《民族研究》2000 年第

2 期。
39. 姜又春：《从联邦制设想到民族区域自治——中国共产党解决民族之路》，《贵州师范大学学报》（社会科学版）2006 年第 1 期。
40. 金炳稿：《有关民族定义的一些问题》，《民族问题》1985 年第 4 期。
41. 梁守德：《论列宁关于社会主义制度下的民族自决权原则》，《民族研究》1980 年第 6 期。
42. 李春晖：《从民族区域自治制度的建立看国家结构形式的确立》，《内蒙古师范大学学报》（哲学社会科学版）2008 年第 3 期。
43. 李云龙：《对冷战后民族分裂现象的思考》，《世界民族》2000 年第 1 期。
44. 李菁笛：《从国际法角度看台湾“入联公投”问题》，《新疆大学学报》（哲学·人文社会科学版）2008 年第 1 期。
45. 李娟、杨凤勇：《冷战后国家主权与民族自决权关系的异化》，《沧桑》2008 年第 2 期。
46. 李莉、刘花玲：《论国家主权与民族自决权的关系》，《甘肃社会科学》2004 年第 1 期。
47. 李国新、张栋磊：《浅论民族自决权——兼评“台湾法理独立”之非法性》，《南阳师范学院学报》2006 年第 4 期。
48. 李世龙、孟凡东：《斯大林民族定义形成的历史条件析论》，《黑龙江民族丛刊》2008 年第 5 期。
49. 李寿平：《孙中山国际法思想探析》，《北京理工大学学报》（社会科学版）2008 年第 1 期。
50. 李技文：《论列宁民族自决权思想形成的历史背景、思想内涵与实践》，《凯里学院学报》2009 年第 2 期。
51. 廉思、孙国华：《民族自决权实现方式的法理研究——以全民公决制度为对象的分析》，《政治学研究》2008 年第 3 期。
52. 廉思、潘维：《民族自决原则的演变与困境——以全民公决制度为视角的分析》，《社会科学》2008 年第 6 期。
53. 廉思、孙国华：《台湾“公投”的法理学辨析》，《中国人民大学学报》2008 年第 2 期。
54. 林志友：《论马克思民族自治理论在中国的运用与发展》，《青海民族学院学报》（社会科学版）2009 年第 1 期。
55. 刘锷：《如何正确理解民族自决权》，《内蒙古社会科学》1984 年第 3 期。
56. 刘凤健：《从民族自决权看台湾的“公投自决”》，《民族论坛》2003 年第 11 期。
57. 刘玉梅、郭继红：《“民族自决权”困境的历史解析》，《井冈山医专学报》2007 年第 5 期。
58. 刘渠：《论民族区域自治与民族自决权》，《中山大学学报》1957 年第 1 期。
59. 慕亚平、郑艳：《亦论民族自决权》，《中山大学学报》（社会科学版）1998 年第 2 期。
60. 慕亚平、许楚敬：《论殖民体系瓦解后的民族自决权》，《吉林大学社会科学学报》2000 年第 4 期。
61. 孟宪平：《民族自决权及其当代异化》，《许昌学院学报》2005 年第 3 期。
62. 孟晓坤：《如何正确看待民族自决权》，《法制与社会》2007 年第 12 期。
63. 欧阳杰、曾晓梅：《试析列宁阐发“民族自决权”原则的缘由及过程》，《井冈山学院学报》（哲学社会科学版）2006 年第 1 期。
64. 欧阳杰：《比较史学视野下的列宁与威尔逊的“民族自决权”思想》，《俄罗斯东欧中亚研究》2006 年第 5 期。
65. 欧阳杰：《列宁的“民族自决权”思想及贡献——以政治社会学为研读新视角》，《江西社会科学》2006 年第 7 期。
66. 欧阳云梓：《论陈独秀的人权思想》，《中共福建省委党校学报》2008 年第 3 期。
67. 庞森：《关于民族自决权的一些思考》，《国际问题研究》1997 年第 2 期。
68. 钱雪梅：《民族自决原则的国际政治限制及其含义》，《民族研究》2005 年第 6 期。
69. 戚兴元：《民族自决权“至上”吗》，《思想政治课教学》2003 年第 9 期。

70. 戚兴元：《关于民族自决权实施的三点思考》，《贵州民族研究》2004年第1期。
71. 任东来：《自决原则在历史上的实践及其含义的演变》，《太平洋学报》1997年第3期。
72. 茹莹：《世界民族自决原则的发展与当代国际法的困境》，《太平洋学报》2003年第1期。
73. 史晓红：《从民族自决角度看威尔逊的墨西哥政策》，《世界史研究》2007年第1期。
74. 史晓红：《一战前欧洲民族自决原则的理论及实践》，《洛阳师范学院学报》2008年第6期。
75. 时殷弘、张凤丽：《现实主义、理性主义、革命主义——国际关系思想传统及其当代典型表现》，《欧洲》1995年第3期。
76. 宋朝龙：《列宁帝国主义论中的三条线索——对传统“五大特征论”的置疑》，《海南大学学报》（人文社会科学版）2008年第5期。
77. 宋全：《必须正确看待民族自决权问题》，《西藏民族学院学报》（哲学社会科学版）2000年第3期。
78. 宋丽弘：《科索沃问题的历史由来与国际法思考》，《内蒙古民族大学学报》（社会科学版）2008年第5期。
79. 宋帮强：《试析日占时期台共政治大纲中“台湾独立”的真实内涵》，《当代世界社会主义问题》2008年第4期。
80. 苏钦：《国际人权公约中的民族自决权与我国的民族区域自治制度》，《中央社会主义学院学报》2006年第6期。
81. 孙建中：《国家主权与民族自决权的一致性与矛盾性》，《北京大学学报》1999年第2期。
82. 唐彩霞：《威尔逊的“民族自决”与中国山东问题》，《内蒙古师范大学学报》（哲学社会科学版）2003年第1期。
83. 田文林：《科索沃“独立”折射出国际斗争的深层问题》，《现代国际关系》2008年第4期。
84. 王炳煜：《早期马克思主义关于民族问题的思想》，《科学社会主义》1992年第1期。
85. 王冰：《民族自决权的历史演化》，《探索与争鸣》1999年第12期。

86. 王立行：《列宁关于苏俄民族自决权的基本理论》，《当代世界与社会主义》1993 年第 2 期。
87. 王鹏、郭鹏：《从科索沃独立看国际法上的分离与干涉》，《天津市政法管理干部学院学报》2008 年第 2 期。
88. 王彦敏：《列宁的〈和平法令〉与威尔逊的“十四点”》，《山东社会科学》2004 年第 7 期。
89. 王允武、黄基泉、文森：《“自治”理论及其中国实践》，《西南民族学院学报》（哲学社会科学版）2002 年第 7 期。
90. 王英津：《自决权与国家关系的再探讨》，《政治学研究》2002 年第 2 期。
91. 王英津：《自决权的历史演变及评析》，《毛泽东邓小平理论研究》2005 年第 4 期。
92. 王英津：《论作为自决权主体的“民族”与“人民”》，《福建论坛》（人文社会科学版）2008 年第 5 期。
93. 王英津：《论马克思主义经典作家的自决观》，《求实》2008 年第 5 期。
94. 王英津：《自决权理论的“三种版本”：比较与评价》，《学术探索》2009 年第 6 期。
95. 王英津：《论西方国家主流自决观的历史演变——从威尔逊到卡塞斯》，《唯实》2009 年第 12 期。
96. 王建廷、莫非：《民族自决权的内涵及其演变》，《社科纵横》2006 年第 5 期。
97. 王秀云、民开：《划清两种民族自决权的界限》，《济南大学学报》1998 年第 3 期。
98. 王小侠：《论威尔逊的全球主义》，《辽宁大学学报》（哲学社会科学版）2004 年第 2 期。
99. 王焕丽、李娟：《冷战后国家主权与民族自决权对立的原因探讨》，《河北省社会主义学院学报》2007 年第 3 期。
100. 王莉：《民族自决权的国际法解释及其与主权的关系》，《亚非纵横》2002 年第 1 期。
101. 王智娟、潘志平：《民族自决权、人权与主权》，《新疆师范大学学报》（哲学社会科学版）2001 年第 1 期。

102. 王佐龙：《对国际法中民族共同地域与自决权的再认识》，《青海民族研究》（季刊）1999 年第 4 期。

103. 万震：《冷战后民族分离主义运动与民族自决权》，《中南民族大学学报》（人文社会科学版）2002 年第 3 期。

104. 魏圆圆：《列宁与威尔逊民族自决思想差异之研究——从国际关系理论出发》，《江南社会学院学报》2007 年第 3 期。

105. 吴玉娟：《国际法上的民族自决权》，《广东广播电视大学学报》2008 年第 4 期。

106. 夏雨：《论民族自决权的实现》，《湖北大学成人教育学院学报》2007 年第 2 期。

107. 邢翠微、邓立群：《国家主权原则过时了吗？——兼论主权与人权、民族自决权的关系》，《政治学研究》2006 年第 3 期。

108. 邢爱芬：《当代自决权问题新探》，《理论前沿》2003 年第 13 期。

109. 项安安、张震宇：《论国际法上对民族自决权的界定》，《法制与社会》2006 年第 6 期。

110. 谢一彪：《论新民主主义的民族自决权问题》，《人文杂志》2007 年第 3 期。

111. 许晓萍：《有关民族自决权的几个问题》，《西北民族学院学报》（哲学社会科学版）2002 年第 1 期。

112. 谢忠、徐彬：《论列宁民族自决权理论的基本特点》，《求索》2007 年第 7 期。

113. 谢晓娟：《论民族自决权与国家主权》，《辽宁大学学报》（哲学社会科学版）2005 年第 1 期。

114. 熊坤新：《斯大林民族定义之我见》，《世界民族》1998 年第 2 期。

115. 徐博涵：《列宁晚期关于民族问题的思想理论与斗争》，《东欧中亚研究》1998 年第 4 期。

116. 杨小云：《论国家结构形式选择中的民族因素——新中国和前苏联的比较》，《湖南师范大学社会科学学报》2003 年第 6 期。

117. 杨小云：《全球化、新干涉主义和民族自决权：对民族国家主权的挑战》，《科学社会主义》1999 年第 6 期。

118. 杨宇杰：《正确认识民族自决，加快各民族共同繁荣》，《和田师范专科学校学报》（汉文综合版）2008 年第 2 期。

119. 杨泽伟：《论国际法上的民族自决与国家主权》，《法律科学》2002 年第 3 期。

120. 扬帆、植荣：《论民族自决权》，《首都师范大学学报》（社会科学版）1993 年第 2 期。

121. 姚爱琴：《对列宁"民族自决权原则"的历史考察和现实思考》，《青海民族研究》2005 年第 3 期。

122. 叶江：《当代西方的两种民族理论——兼评安东尼·D. 史密斯的民族理论》，《中国社会科学》2002 年第 1 期。

123. 余建华：《世纪之交世界民族分离主义运动的背景及其理论探析》，《世界民族》1999 年第 2 期。

124. 曾璐：《民族自决权与国家主权》，《国际观察》2002 年第 2 期。

125. 曾令良：《论冷战后时代的国家主权》，《中国法学》1998 年第 1 期。

126. 詹真荣：《正确理解民族自决权——驳范普拉赫的"西藏民族自决"论》，《党政干部论坛》1998 年第 10 期。

127. 张骥、武树霞：《民族自决权、新干涉主义和国家主权》，《国际关系学院学报》2002 年第 4 期。

128. 张祥云：《对列宁民族自决权思想的再认识》，《理论学刊》1997 年第 5 期。

129. 张新桥、郜永红：《略论国际法中的民族自决权》，《廊坊师范学院学报》2003 年第 1 期。

130. 张新平：《中亚五国民族和睦政策形成的因素分析》，《俄罗斯中亚东欧研究》2004 年第 4 期。

131. 张红：《全球化语境下的国家主权和民族自决权》，《兰州学刊》2008 年第 2 期。

132. 张文红、陈媚林：《关于列宁民族自决权原则的理解》，《广西师范大学学报》（综合专辑）1997 年增刊。

133. 张玉玲、姚爱琴：《略论民族自决权与国家主权》，《西北民族大学学报》（哲学社会科学版）2005 年第 5 期。

134. 张树青：《国际法中的两个民族问题——民族的法律地位和民族自决

权》，《西北史地》1994 年 3 期。

135. 张凤山：《论“台独”势力的“住民自决”》，《台湾研究》1999 年第 2 期。

136. 张澜：《伍德罗·威尔逊的民族自决思想》，《江西师范大学学报》（哲学社会科学版）2000 年第 3 期。

137. 张澜：《从威尔逊的民族自决思想看美国的政治扩张》，《华东师范大学学报》（哲学社会科学版）2003 年第 5 期。

138. 张建：《试论国际法上民族自决权的含义》，《和田师范专科学校学报》（汉文综合版）2006 年第 4 期。

139. 张镇强：《美国总统威尔逊在武装干涉苏俄中的作用》，《美国研究》1988 年第 4 期。

140. 赵万杰：《对“民族自决权”的再认识》，《乌鲁木齐职业大学学报》2004 年第 3 期。

141. 赵克仁：《联合国与巴勒斯坦民族自决权》，《世界民族》2001 年第 4 期。

142. 赵凤海：《民族自决：一个被扭曲的国际法原则——以科索沃独立为视角》，《商业文化》（学术版）2008 年第 2 期。

143. 赵新居：《民族问题复杂性之国际背景透视》，《新疆社科论坛》2003 年第 1 期。

144. 周天中：《正确理解和对待民族自决权原则——学习列宁关于民族自决权的思想》，《内蒙古大学学报》（哲学社会科学版）1989 年第 2 期。

145. 周天中：《中国共产党为什么以民族区域自治解决我国的民族问题——兼论民族自决权和联邦制》，《内蒙古人民大学学报》（人文社会科学版）1980 年第 1 期。

146. 周世伟：《从伊拉克问题透视民族自决权》，《当代经理人》（下旬刊）2006 年第 7 期。

147. 周相卿：《试论民族自决权》，《贵州民族学院学报》（社会科学版）1993 年第 2 期。

148. 周昆云：《民族自决权·联邦制·民族区域自治——抗日战争时期中国共产党民族理论思想的再探讨》，《广西民族研究》2001 年第

2 期。
149. 朱晓未：《民族自决权的历史演进及晚近发展》，《法制与社会》2006 年第 8 期。
150. 朱毓朝、茹东燕：《当代国际关系中的民族问题》，《世界民族》2004 年第 5 期。
151. 朱利江：《国际法院对国际人权法的贡献》，《外交评论》2006 年第 91 期。

四 学位论文

1. 曹晓晨：《“民族自决”原则在俄罗斯政治解决车臣问题中的困境》，硕士学位论文，外交学院，2005 年。
2. 储茂明：《论民族自决权对于我国民族区域自治的意义》，硕士学位论文，对外经济贸易大学，2003 年。
3. 崔建：《论人道主义干涉的非法性》，硕士学位论文，华东政法大学，2007 年。
4. 戴小明：《中国民族区域自治的宪政分析》，博士学位论文，华中师范大学，2006 年。
5. 德全英：《民族区域自治权——中国民族关系法制化的实践》，博士学位论文，中国社会科学院研究生院，2000 年。
6. 高韫芳：《当代中国中央政府与民族自治地方政府关系研究》，博士学位论文，中央民族大学，2006 年。
7. 桂展鹏：《中苏两党解决民族问题之路——以民族自决权理论为视角》，硕士学位论文，华中师范大学，2008 年。
8. 李健：《第三次民族主义浪潮探析》，硕士学位论文，聊城大学，2007 年。
9. 李娟：《国家主权与民族自决权之间关系的嬗变》，硕士学位论文，河北师范大学，2002 年。
10. 石勇：《苏联联邦体制的特点与缺陷》，硕士学位论文，聊城大学，2007 年。
11. 谭宏庆：《冷战后发展中国家主权面临的挑战与冲击》，博士学位论文，北京大学，2003 年。

12. 许彬：《从“民族自决”到“民族区域自治”——论中国共产党民族基本政策的历史转型》，博士学位论文，兰州大学，2007 年。

13. 徐会平：《民族区域自治权研究——中央与地方关系的视角》，硕士学位论文，山东大学，2007 年。

14. 吴图雅：《从列宁与斯大林关于民族问题的争论看列宁晚年的民族观》，硕士学位论文，内蒙古师范大学，2007 年。

15. 王青山：《冷战后民族冲突的兴起与国际组织的干预：经验与教训》，硕士学位论文，山东大学，2005 年。

16. 尹保丽：《威尔逊与国际联盟关系研究》，硕士学位论文，河南大学，2010 年。

17. 赵艳睿：《冷战后民族分离主义运动及其对世界政治的影响》，硕士学位论文，河北师范大学，2002 年。

18. 朱宗伟：《国家主义背景下的民族区域治理——清代以来新疆的政治发展研究》，博士学位论文，华中师范大学，2007 年。

五　译著、译文类

1. [奥] 阿·菲德罗斯：《国际法》，李浩培译，商务印书馆 1981 年版。

2. [澳] 安德鲁·文森特：《现代政治意识形态》，袁久红等译，江苏人民出版社 2005 年版。

3. [俄] 奥·阿·勒热舍夫斯基编：《斯大林和丘吉尔（1941—1945）》，王仲宣等译，东方出版社 2006 年版。

4. [俄] 瓦列金·别列什科夫：《斯大林私人翻译回忆录》，薛福岐译，海南出版社 2004 年版。

5. [俄] E. T. 盖尔达：《帝国的消亡——当代俄罗斯的教训》，王尊贤译，社会科学文献出版社 2008 年版。

6. [俄] 罗伊·麦德维杰夫：《让历史来审判——论斯大林和斯大林主义》，何宏江译，东方出版社 2005 年版。

7. [俄] 罗伊·麦德维杰夫：《政治日记》，山东人民出版社 1983 年版。

8. [德] 黑格尔：《法哲学原理》，范扬、张企泰译，商务印书馆 1961

年版。
9. ［德］康德：《法的形而上学原理》，沈叔平译，商务印书馆 1985 年版。
10. ［德］费希特：《对德意志民族的演讲》，梁志学等译，辽宁教育出版社 2003 年版。
11. ［德］沃尔夫刚·格拉夫·魏智通：《国际法》，吴越、王晓飞译，法律出版社 2002 年版。
12. ［法］卢梭：《社会契约论》，何兆武译，商务印书馆 1982 年版。
13. ［法］卢梭：《论人类不平等的起源和基础》，李常山译，商务印书馆 1962 年版。
14. ［法］埃莱娜·卡·唐科斯：《分崩离析的帝国：苏联国内的民族反抗》，郗文译，新华出版社 1982 年版。
15. ［法］托克维尔：《论美国的民主》上卷，董果良译，商务印书馆 1997 年版。
16. ［法］安德烈·莫鲁瓦：《美国史——从威尔逊到肯尼迪》，复旦大学历史系世界史组译，上海人民出版社 1977 年版。
17. ［美］安东尼·M. 奥勒姆：《政治社会学导论》，董云虎、李云龙译，浙江人民出版社 1989 年版。
18. ［美］罗伯特·康奎斯特编：《最后的帝国——民族问题与苏联的前途》，刘靖北、刘振前等译，华东师范大学出版社 1993 年版。
19. ［美］路易斯·费希尔：《神奇的伟人列宁》，彭卓吾译，中国社会科学出版社 1989 年版。
20. ［美］亨利·基辛格：《大外交》，顾淑磬、林添贵译，海南出版社 1998 年版。
21. ［美］J. 布卢姆等：《美国的历程》（上卷），杨国标、张儒林译，商务印书馆 1988 年版。
22. ［美］罗杰·劳·威廉斯：《欧洲简史——拿破仑以后》，吉林师范大学历史系翻译组译，吉林人民出版社 1975 年版。
23. ［美］斯塔夫里阿诺斯：《全球通史》下（第 7 版），董书慧等译，北京大学出版社 2005 年版。
24. ［美］罗伊·沃森·柯里：《伍德罗·威尔逊与远东政策》，张玮瑛、曾学白译，社会科学文献出版社 1997 年版。
25. ［南斯拉夫］米兰·布拉伊奇：《国际发展法原则》，中国对外翻译出版公司 1989 年版。
26. ［日］松井芳郎等：《国际法》（第四版），辛崇阳译，中国政法大学出版社 2004 年版。
27. ［日］寺泽一等主编：《国际法基础》，朱奇武等译，中国人民大学出版社 1983 年版。
28. ［苏］戈尔巴乔夫、［德］勃兰特等：《未来的社会主义》，中央编译局国际发展与合作研究所编译，中央编译出版社 1994 年版。
29. ［苏］阿·阿夫托尔汉诺夫：《苏共野史》，晨曦等译，湖北人民出版社 1982 年版。
30. ［苏］波将金等：《外交史》第 3 卷（上），史源译，生活·读书·新知三联书店 1982 年版。
31. ［苏］阿·涅纳罗科夫、阿·普罗斯库林：《苏联怎样解决民族问题?》，新闻社出版社 1983 年版。
32. ［苏］库尼娜：《1917—1920 年间美国争夺世界霸权计划的失败》，世界知识出版社 1957 年版。
33. ［苏］潘克拉托娃主编：《苏联通史》第 2 卷，山东大学译，生活·读书·新知三联书店 1980 年版。
34. ［苏］伊凡·麦斯特连柯：《苏共各个时期的民族政策》，林钢译，人民出版社 1983 年版。
35. ［意］马基雅维利：《君主论》，潘汉典译，商务印书馆 1985 年版。
36. ［意］马志尼：《论人的责任》，吕志士译，商务印书馆 1995 年版。
37. ［英］埃里·凯杜里：《民族主义》，张明明译，中央编译出版社 2002 年版。
38. ［英］洛克：《政府论》（下卷），叶启芳等译，商务印书馆 1964 年版。
39. ［英］布朗利：《国际公法原理》第 5 版，曾令良等译，法律出版社 2003 年版。
40. ［英］戴维·米勒：《布莱克维尔政治学百科全书》，中国政法大学出版社 1992 年版。

41. ［英］埃里克·霍布斯鲍姆：《民族与民族主义》，上海人民出版社2002年版。
42. ［英］厄内斯特·盖尔纳：《民族与民族主义》，中央编译出版社2002年版。
43. ［英］安东尼·D. 史密斯：《全球化时代的民族与民族主义》，中央编译出版社2002年版。
44. ［英］安东尼·D. 史密斯：《布莱克维尔政治学百科全书》，中国政法大学出版社2002年版。
45. ［英］约翰·麦克里兰：《西方政治思想史》，彭淮栋译，海南出版社2003年版。
46. ［英］以赛亚·伯林：《论民族主义》，秋风译，《战略与管理》2001年第4期。
47. ［英］约翰·弥尔顿：《为英国人民声辩》，何宁译，商务印书馆1978年版。
48. ［英］J. S. 密尔：《代议制政府》，汪瑄译，商务印书馆1982年版。
49. ［英］罗素：《自由之路》（上、下册），李国山等译，文化艺术出版社1998年版。
50. ［英］艾瑞克·霍布斯鲍姆：《帝国的年代》，贾士蘅译，江苏人民出版社1999年版。
51. ［英］杰弗里·巴勒克拉夫：《当代史导论》，上海社会科学出版社1996年版。
52. ［印］兴戈兰尼：《现代国际法》，陈宝林译，重庆出版社1987年版。
53. 杰瑞·J. 信普森：《世界民族自决原则的发展与当代国际法的困境》，《太平洋学报》2003年第1期。
54. 格·格·沃多拉佐夫、纳·帕·莫罗佐娃、兴吾：《列宁的事业失败了吗?》，《当代世界社会主义问题》1992年第2期。
55. H. Ф. 布加伊：《论30—40年代苏联驱逐民族出境问题》，于洪君译，《世界民族》1990年第4期。
56. 罗伊·麦德维杰夫：《关于斯大林时代受害者的人数》，忻俭忠译，《国际观察》1989年第2期。

英文

1. Aleksandar Pavkovic and Peter Radan, *In Pursuit of Sovereignty and Self – Determination: Peoples, States and Secession in the International Order*, Index of papers, Macquerie University Law Journal, 1, 2003.

2. Amitai Etzioni, *The Evils of Self – Determination*, Foreign Policy, No. 89, Winter 1992 – 1993.

3. Antonio Cassese, *Self – Determination of Peoples: A Legal Reappraisal*, Cambridge: Cambridge University Press, 1995.

4. August Heckscher, *The Politics of Woodrow Wilson Selections from His Speeches and Writings*, New York: Harper and Brothers Publishers, 1956.

5. Arthur S. Link, ed., *The Papers of Woodrow Wilson*, Princeton University Press, 1958 – 1994. Vol. 37. vol. 46.

6. Betty Miller Unterberger, *Self – Determination*, *Encyclopedia of American Foreign Policy*, 2002.

7. Charles Seymour, ed, *The Intimate Papers of Colonel House Arranged as a Narrative*, Poston 1926 – 1928, Vol. 4.

8. Cherylyn Brandt Ahrens, *Chechnya and the Right of Self – Determination*, Columbia Journal of Transnational Law, 2004.

9. Chimène Keitner, Oxford University, *Self – Determination: The Legacy of the French Revolution*, paper presented at International Studies Association Annual Meeting, March 2000.

10. Christian Tomuschat (ed), *Modern Law of Self – Determination*, Martinus Mijhoff Publishers, 1993.

11. Dov Ronen, *The Quest for Self – Determination*, New Haven: Yale University Press, 1979.

12. Emilioj, Cardenasand Maria Fernanda Canas, *The limits of Self – Determination*, *Self – Determination and Self – Administration.*

13. *Foreign Relations of the United States*, United States Government Office,

Washington, 1914.

14. Geir Lundestad, *The American "Empire" and Other Studies of U. S. Foreign Policy in a Comparative Perspective*, Oxford University Press, 1990.

15. Gregory H. Fox, *Book Review: Self – determination In The Post – Cold War Era: Anew Internal Focus?* 16 Michigan Journal of International Law, (Spring, 1995).

16. G. Starushenko, *The Principle of National Self – Determination in Soviet Foreign Policy*, Foreign Languagers Publishing, Moscow, 1964.

17. Harry Beran, *A Democratic Theory of Political Self – Determination for a New World Order*, in Percy Lehning (ed), Theories of Secession (1998) 36, 39, 42 –43.

18. Hurst hannum, *Self – Determination in the Post – colonial Era*, in Self – determination: International Perspectives, edited by Donald Clark and Robert Willianmson, St. Martiri's Press Inc., 1996.

19. James Crawford, *The Rights of People: "Peoples" or "Governments"? In the Rights of People*, 1988.

20. Johathan I. Charney and J. R. V. Prescot, "Resolving Cross – trait Relation between China and Taiwan", *American Journal of International Law*, vol. 9, 2000 (7).

21. John Howard Clinebell and Jim Thomson, "Sovereignty and Self – Determination: The Right of Native Americans under International Law", *Buffalo Law Review*, Vol. 27, 1978.

22. John Stuart Mill, *Utilitarianism, Liberty, and Representative Government.*

23. John T. Rourke, ed., *Taking Sides: Clashing Views on Controversial Issues in World Polities*, 7th edition, Guilford, Connecticut: Dushkin Publishing Group, 1996.

24. Michla Pomerance, *Self – Determination in Law and Practice*, 1982.

25. Martin Griffiths, "Self – determination, International Society And World Order", *Macquarie University Law Journal*, 1, 2003.

26. Mortimer Sellersed, *The New World Order: Sovereignty, Human Rights, and the Self – Determination of Peoples*, Oxford, 1996.

27. N. Gorden Levin Jr. , *Woodrow Wilson and World Politics: America Response to War and Revolution*, Oxford, 1968.

28. Patric Thornberry, "Self – Determination, Minorities, Human Right: A Review of International Instruments", see, *International and Comparative Law Quarterly*, vol. 38, 1989.

29. Philip Spencer, Howard Wollman, *Nationalism – A critical introduction*, London: Sage Publications, 2002.

30. R. G. Steinhardt, *The Right to Self Determination*, United Nations Monthly Chronicle, 1970.

31. Robert Lansing, *The Peace Negotiation: A Personal Narrative*, Boston and New York: Houghton Mifflin Company, 1921.

32. Ray S. Baker and William E. Dodd, *The New Democracy Presidential Messages, Addresses and Other Papers* (1913 – 1917), New York: Harper and Brothers Publishers, V1, 1926.

33. S. James Anaya, *A Contemporary Definition of International Norm of Self – Determination*, 3 Transnational Law and Contemporary Problems, 1993.

34. S. J. Anaya, *Self – Determination as a Collective Human Right under Contemporary International Law*, in P. Aikio and M. Scheinin eds. , Operationalizing the Right of Indigenous Peoples to Self – Determination, Abo Akademi University, 2000.

35. "Self – Determination Not a New Expedient; First Plebiscite Was Held in Avignon During the French Revolution—Forthcoming Book Traces History and Growth of the Movement", *New York Times*, July 20, 1919, 69.

36. The Department of State, ed. , *Papers Relating to the Foreign Relations of the United State*, Washington United States Government Printing Office, 1920 – 1925, 1913.

37. Thomas D. Musgrave: *Self – Determination and National Minorities*, New York: Oxford, 1997.

38. Thomas M. Frank, "The Emerging Right to Democratic Governance", in Vol. 86 American Journal of International Law, 1992.

39. Vita Gudeleviciute, "Does the Principle of Self – determination Prevail over

the Principle of Territorial Integrity?" *International Journal of Baltic Law, Vytautas Magnus University School of Law*, Volume 2, No. 2, April, 2005.

40. Walker Connor, *Nation – building or Nation – Destroying*? John Hutchinson and Anthony D. Smith: Nationalism I, Routledge, 2000.

41. Whittle Johnston, "Reflections on Wilson and the Problems of World Peace", in Arthur S. Link, ed., *Woodrow Wilson and A Revolutionary World*, 1913 – 1921. New York, 1978.

42. William R. Keylor, "Versailles and International Diplomacy", in Manfred F. Boemeke, etc. eds., *The Treaty of Versailles: A Reassessment after* 75 *Years*, Washington, D. C.: German Historical Institute, and Cambridge: Cambridge University Press, 1998.

网站

http: //baike. baidu. com/view/1153790. htm.

http: //galenet. galegroup. com/servlet/OVRG.

http: //wenku. baidu. com/view/88b81542336c1eb91a375dc9. html.

附　录

《列宁全集》中有关民族自决权思想论述的文章

以下文章从《列宁全集》（中文第 2 版）析出：第一个数字代表卷号，后面的数字是页码。

以下为著作：

1902—1912 年

1902 - 01 - 08 和 02 - 18 之间《俄国社会民主工党纲领草案》 6 - 195 ［首提］

1903 - 02 - 01 《论亚美尼亚社会民主党人联合会的宣言》 7 - 88 - 90 ［详述］

1903 - 07 - 15 《我们纲领中的民族问题》 7 - 218 - 226 ［详述］

1904 - 07 - 20 《俄国社会民主工党第二次代表大会文献》 7 - 250 ［提及］

1903 - 05、08 《俄国社会民主工党第二次代表大会材料》 8 - 375 ［提及］

1905 - 04 《俄国社会民主工党第三次代表大会文献》 10 - 148 - 149 ［提及］

1905 - 06 - 27 《革命军队和革命政府》 10 - 323 - 322 ［提及］

1905 - 06 - 27 以前《〈革命军队和革命政府〉一文的两个提纲》 10 - 385 ［提及］

1906－03 下半月《修改工人政党的土地纲领》 12－228 ［提及］

1907－11、12《社会民主党在1905—1907年俄国第一次革命中的土地纲领（第二章）》 16－230－231 ［提及］

1907－11、12《社会民主党在1905—1907年俄国第一次革命中的土地纲领（第四章）》 16－302 ［提及］

1908－07－05《社会民主党在俄国革命中的土地纲领》 17－147－148 ［提及］

1908－10－16《巴尔干和波斯的事变》 17－207 ［提及］

1912－11－11 以后《关于工人代表的某些发言问题》 22－217 ［提及］

1912－11－13（不晚于）《关于杜马中的工人代表和他们的宣言问题》22－220－221 ［论述］

1913年

1913－04－09《今天的俄国和工人运动》 23－58－59 ［提及］

1913－05－25 以前《向拉脱维亚边疆区社会民主党第四次代表大会提出的纲领草案》，该文详细论述了民族文化自治的思想 23－215－217 ［详述］

1913－06－26 以前《民族问题提纲》23－329－337 ［详述］

1913－07－16《立宪民主党人论乌克兰问题》23－354－355 ［提及］

1913－09－5《自由派和民主派对语言问题的态度》23－449－450 ［论述］

1913－03《〈马克思主义三个来源和三个组成部分〉一文提纲》23－469－472 ［提及］

1913－09《有党的工作者参加的俄国社会民主工党中央委员会1913年夏季会议的决议》24－60－62 ［论述］

1913－10、12《关于民族问题的批评意见》24－123－154 ［详述］

1913－12－11《立宪民主党人和“民族自决权”》24－217－219 ［论述］

1913－12－14《俄国学校中学生的民族成分》24－231－233 ［提及］

1913－12－15《论俄国社会民主工党的民族纲领》24－235－240 ［详述］

1913－12－17《再论按民族分学校》，论述民族文化自治 24－247－249 ［论述］

1913－12－20《民族自由主义和民族自决权》24－259－261 ［详述］

1914 年

1914－01－10 和 20 之间《关于民族问题的报告提纲》24－287－299 ［论述］

1914－02－20《再论“民族主义”》24－351－352 ［论述］

1913－09《关于民族问题的决议草稿》24－405－406 ［论述］

1914－04－06 以后《关于民族政策问题》25－70－74 ［详述］

1914－05－10《精致的民族主义对工人的腐蚀》25－152－154 ［详述］

1914－02、05《论民族自决权》25－223－285 ［详述］

1914－02、03《〈论民族自决权〉一文的提纲》25－449－456 ［提及］

1914－08－23、24《革命的社会民主党在欧洲大战中的任务》26－6－7 ［提及］

1914－09－28 以前《战争和俄国社会民主党》26－17－19 ［提及］

1915 年

1915－06、07《德国机会主义论战争的一本主要著作》26－292－293 ［论述］

1915－07、08《和平问题》26－314－318 ［详论］

1915－07、08《社会主义与战争》（俄国社会民主工党对战争的态度）26－340－341 ［论述］

不晚于 1915－09－12《致国际社会党委员会（I. S. K. ）》27－38－39 ［提及］

1915－10－15 前《关于〈帝国主义和民族自决权〉演讲的材料》27－64－76 ［论述］

1915－10－16《革命的无产阶级和民族自决权》27－77－85 ［详述］

1916 年

1916－01、02《社会主义革命和民族自决权［提纲］》27－254－268 ［详述］

1916－01、02《〈社会主义革命和民族自决权〉提纲的短记》27－269 ［提及］

1916－02－16《论俄国当前的口号：没有兼并的和约和波兰独立》27－279 ［详述］

1916－02－19和03－07《论“和平纲领”》27－284－289 ［详述］

1916－02、03《俄国社会民主工党中央委员会向社会党第二次代表会议提出的提案》27－300－301 ［详述］

1915－10－16以后《〈革命的无产阶级和民族自决权〉一文材料》27－445－449 ［详述］

1916－02、03《俄国社会民主工党中央委员会向社会党第二次代表会议提出的提案的要点和初稿》，该文详细论述了兼并问题 27－467－469 ［详述］

1916－07《关于自决问题的争论总结》28－16－57 ［详述］

1916－07《关于波兰社会民主党人在齐美尔瓦尔德代表会议上的宣言》28－58 ［提及］

1916－08、09《论正在产生的“帝国主义经济主义”倾向》28－98－107 ［详述］

1916－08、09《对彼－基辅斯基［尤－皮达可夫］〈无产阶级和金融资本时代的“民族自决权”〉一文的回答》28－108－114 ［论述］

1916－08、09《论面目全非的马克思主义和帝国主义经济主义》28－115－170 ［详述］

1916－09、10《遇到三颗松树就迷了路》28－182－183 ［论述］

1916－12－07以后《对论最高纲领主义的文章的意见》28－221－222 ［提及］

1917年

1917－01《〈统计学和社会学〉一书提纲》28－400－404 ［提及］

1917－03－11《远方来信 第三封信：论无产阶级民兵》29－45 ［提及］

1917－03－26以前《第五封〈远方来信〉的要点》29－56－57 ［提及］

1917－04－10《无产阶级在我国革命中的任务》29－165－166 ［论述］

1917－04－17《在彼得格勒工兵代表苏维埃士兵部会议上的发言》

29 - 275 [提及]
1917 - 04《俄国社会民主工党［布］第七次全国代表会议（四月代表会议）文献》29 - 385 - 387、398 [详述]
1917 - 04 - 29《俄国社会民主工党［布］第七次全国代表会议文献〈关于民族问题的讲话〉关于民族问题的决议》29 - 424 - 431 [详述]
1917 - 04 - 30 和 05 - 01《芬兰和俄国》29 - 468 - 471 [详述]
1917 - 04、05《修改党纲的材料〈党纲的理论、政治及其他一些部分的修改草案〉》29 - 476 - 477 [论述]
1917 - 04、05《修改党纲的材料〈关于修改党纲的草案〉》29 - 486 - 487 [论述]
不晚于 1917 - 04 - 24《俄国社会民主工党党纲修改草案初稿》29 - 506 [论述]
1917 - 05 - 05《给刚诞生的……“新”政府的小礼物》30 - 30 [提及]
1917 - 05 - 07 以前《给工厂和团队选出的工兵代表苏维埃代表的委托书》30 - 38 - 40 [详述]
1917 - 05 - 14 的演讲《战争与革命》30 - 85 - 86 [论述]
1917 - 05 - 25《是同资本家做交易，还是推翻资本家?》30 - 167 - 168 [详述]
1917 - 06 上旬《在全俄工兵代表苏维埃第一次代表大会上的讲话》，1 关于对临时政府的态度 2 关于战争（兼并）30 - 258 [论述]
1917 - 06 - 09《在全俄工兵代表苏维埃第一次代表大会上的讲话 2 关于战争》30 - 262 - 263 [论述]
1917 - 06 - 14《乌克兰》30 - 312 - 313 [详述]
1917 - 06 - 15《乌克兰问题和俄国执政党的失败》30 - 319 - 322 [详述]
1917 - 08、09《国家与革命》31 - 74 - 75 [提及]
1917 - 09 - 06《革命的任务》32 - 151 - 152 [论述]
1917 - 10 - 06、08《论修改党纲》32 - 369 - 370 [详述]
1917 - 10 - 25《全俄工兵代表苏维埃第二次代表大会文献》1 告工人、士兵和农民书 33 - 5 [提及]
1917 - 11 - 22《在全俄海军第一次代表大会上的讲话》33 - 111 - 113 [详述]

1917 - 11 - 27《和平谈判纲要》33 - 117 - 118 [详述]
1917 - 12 - 3《告乌克兰人民书》33 - 140 [论述]
1917 - 12 - 30《人民委员会关于拉达给人民委员会的答复的决定》33 - 216 [提及]

1918 年

不晚于 1918 - 01 - 03《被剥削劳动人民权利宣言》33 - 224 - 229 [论述]
1918 - 01 - 07 - 02 - 11 以前《谈谈不幸的合约问题的历史》33 - 254 [提及]
1918 - 01 中旬《全俄工兵农代表苏维埃第三次代表大会文献》33 - 286 - 287 [论述]
1918 - 01 - 13《在全俄铁路员工非常代表大会上关于人民委员会工作的报告》33 - 302 - 303 [提及]

1919 年

1919 - 02《俄共［布］纲领草案》36 - 85 - 87 [详述]
1919 - 02《俄共［布］纲领草案》5 党纲中民族关系方面的条文 36 - 101 - 102 [详述]
1919 - 03 - 19《俄共［布］第八次代表大会文献》3 关于党纲报告 36 - 141 - 147 [详述]
1919 - 03 - 19《俄共［布］第八次代表大会文献》4 关于党纲报告的总结发言 36 - 164 - 168 [详述]
1919 - 11 - 29《俄国［布］中央关于乌克兰苏维埃政权的决议》37 - 328 [论述]
1919 - 12 - 16《立宪会议选举和无产阶级专政》38 - 20 - 21 [论述]
1919 - 12 - 28《为战胜邓尼金告乌克兰工农书》38 - 45 - 48 [详述]

1920 年

1920 - 02 - 02《在第七届全俄中央执行委员会第一次会议上关于全俄中央执行委员会和人民委员会工作的报告》38 - 102 - 103 [论述]
1920 - 03 - 01《在全俄哥萨克劳动第一次代表大会上的报告》

38 –185 –187 [论述]
1920 –05 –10《致印度革命协会》39 –111 [提及]
1920 –06、07《为共产国际第二次代表大会准备的文件》39 –162 –163 [论述]
1920 –06、07《共产国际第二次代表大会材料》39 –430 –431 [提及]

以下为书信：

1903 –05 –24《致叶 –米 –亚历山德罗娃》44 –346 [论述]
1913 –12 –06《致斯 –格 –邵武勉》46 –378 –380 [详述]
1914 –05 –19《致斯 –格 –邵武勉》46 –473 [论述]
1914 –05 –20《致亚 –安 –特罗雅诺夫斯基》46 –475 [提及]
1914 –07 –06 以前《致斯 –格 –邵武勉》46 –489 –490 [提及]
1915 –07 –24 以后《致戴 –怀恩科普》47 –142 [提及]
1915 –07 –26《致亚 –米 –柯伦泰》47 –143 [提及]
1915 –07 –28 以后《致格 –叶 –季诺维也夫》47 –150 [提及]
1915 –07 –28 和 08 –02 之间《致格 –叶 –季诺维也夫》47 –151 [提及]
不早于 1915 –08 –04《致亚 –米 –柯伦泰》47 –161 [论述]
1916 –02 –24《致维 –阿 –卡尔宾斯基》47 –260 [提及]
1916 –03 –08《致罕丽达 –罗兰 –霍尔斯特》47 –265 –267 [论述]
1916 –03 –11 以后《致亚 –加 –施略普尼柯夫》47 –273 –274 [提及]
不早于 1916 –3 –20《致亚 –米 –柯伦泰》47 –286 –287 [提及]
1916 –04 –10 以后《致格 –列 –皮达可夫、叶 –波 –博什、尼 –伊 –布哈林》47 –304 –305 [提及]
1916 –03 –11 以后《致亚 –加 –施略普尼柯夫》47 –317 [提及]
1916 –05 –06 和 13 日之间《致亚 –加 –施略普尼柯夫》47 –352 –353 [提及]
1916 –07 –30《致格 –叶 –季诺维也夫》47 –388 [提及]
1916 –08 –02 和 11 日之间《致格 –叶 –季诺维也夫》47 –392 [提及]
1916 –08 –22 以前《致格 –叶 –季诺维也夫》47 –401 –402 [提及]
1916 –08《致格 –叶 –季诺维也夫》47 –408 –409 [提及]
1916 –08《致格 –叶 –季诺维也夫》47 –418 [提及]

1916－10－5《致格－叶－季诺维也夫》47－431 ［提及］
不早于1916－10《致尼－达－基克纳泽》47－452 ［提及］
1916－11－30《致伊－费－阿尔曼德》47－464－465 ［提及］
1916－12－14以后《致尼－达－基克纳泽》47－476－479 ［论述］
1916－12－26《致格－李－什克洛夫斯基》47－494 ［提及］
1917－01－30《致伊－费－阿尔曼德》47－532－533 ［论述］
1916－05－29《致卡－伯－拉狄克》47－625 ［提及］
1914－02－11《致安－伊－乌里扬诺娃－叶利扎罗娃》53－432－433 ［提及］

以下为笔记：

54－19－20《〈我们的言论报〉摘录》 ［论述］
54－341－342《尤尼乌斯：〈社会民主党的危机〉》 ［详述］
54－467－468《约－阿－霍布森：〈帝国主义〉》，笔记“K”（“卡帕”） ［提及］
54－645 笔记“O”（“奥米克隆”）目录 ［提及］
54－649－650《马克思：1878年写的关于国际的文章。关于民族自决的意见》 ［提及］
54－654－655《德尔布吕克：〈政府和人民的意志〉》 ［论述］
54－673－675《伦施：〈社会民主党，它的终结和成就〉》 ［提及］
54－682－683《马克思论法兰西争取自由的战争（1871年1月）》 ［提及］
54－770－771《“埃格尔哈夫”笔记》 ［提及］
54－851－852《〈工人报〉的〈关于帝国主义和民族压迫的提纲〉的摘要》 ［提及］

后　记

本书是我四年攻读博士学位的结晶，是博士论文的进一步升华。回首本书的写作与出版过程，萦绕在心间的只有感恩！

首先要衷心感谢博士导师李景治教授。2007 年，承蒙导师不弃，招入门下，使我有幸聆听导师亲身指导教诲。导师不仅在平时的学习和生活中给予诸多帮助和指导，而且在工作就业等各方面都给予关心照顾。博士学位论文能够最终顺利完成，倾注了导师大量心血。从论文选题、题目确定到研究思路、研究方法，直至框架结构甚至文字斟酌，导师都不遗余力地给予指导和帮助。在该书出版之际，老师不辞辛苦，亲为作序，其爱护之情更是难以言表。导师渊博的学识、严谨的思想和创新的思维时刻激励和鞭策着我不断奋力拼搏。

其次要感谢国际关系学院的老师们。九年前，我有幸获得了到中国人民大学攻读博士学位的机会，这是我一生中永远难忘的宝贵时光。中国人民大学汇聚诸多国内一流大师，他们的博学和睿智开阔了我的视野，拓展了我的思维。在中国人民大学国际关系学院这个国内一流的学术群体中，我受到了良好的学术训练，为该书的写作奠定了坚实的基础。

本书的撰写、修改和完善过程，得到中国人民大学高放教授、蒲国良教授、张惟英教授等老师的悉心指导，他们对书稿写作提出了许多真知灼见。高放教授高屋建瓴地指出了本书写作过程中应当注意的现实问题，并且结合自己研究经验提供了有关民族自决权思想的真知灼见。此外，中央编译局王学东教授、中共中央党校胡振良教授、中国人民大学陈新明教授、北京外国语大学王明进教授等老师，亦提出了建设性的修改意见和建议，在此表示诚挚的谢意。

感谢中共陕西省委党校的两位同事、博士同学曹延莉副教授和刘永青副教授多年来的相知相伴，感谢中共陕西省委党校对本书出版的大力资助！本书的顺利出版，还要真诚感谢中国社会科学出版社朱华彬编辑的辛勤劳动！

我还要特别感谢亲人们给予我的巨大支持。感谢我的父母亲，他们以无私的爱支持鼓励我走到今天。虽然父亲已经谢世，天地般厚重的养育恩情已无法报答，只能祝福母亲能够健康长寿。感谢爱人孟宏斌在生活中给予我和儿子无微不至的关怀，儿子琦琦积极向上的学习态度时刻感染激励着我，这些都成为该书写作的坚强后盾和无限动力。

我已过不惑之年，人生之路漫漫，我将快乐前行。

最后，用最诚挚的心再次感谢所有曾经帮助过我的人！

陈娥英

2016 年 7 月 30 日于西安